CONCORDAT

ENTRE LES DIVERSES

OPINIONS POLITIQUES.

IMPRIMERIE DE GUIRAUDET.

CONCORDAT

ENTRE LES DIVERSES

OPINIONS POLITIQUES,

AU MOYEN DE QUELQUES DISPOSITIONS QUI, EN COMPLÉTANT LA CHARTE, CONTRIBUERAIENT A LA RENDRE PARFAITE;

ESSAI.

« Si tous les hommes de probité et de talent
« se veulent enfin réunir dans un système mo-
« narchique, non-seulement ils épargneront à
« la France, de nouveaux malheurs, mais ils
« sauveront l'Europe que menace une grande
« révolution..... *Ce qui nous divise réellement*
« *est peu de chose.*

Mémoires touchant Mgr le Duc de Berry,
par M. le Vicomte de Châteaubriand.

A PARIS,

CHEZ GUIRAUDET ET GALLAY, IMPRIMEUR ET LIBRAIRE,
RUE SAINT-HONORÉ, N° 315;
ET CHEZ LES PRINCIPAUX LIBRAIRES.

1822.

AVANT-PROPOS.

Ce fut au nom de la liberté et de l'égalité, que la révolution de France commença, en 1789, et que, bientôt après, elle bouleversa tout le royaume. Ce fut encore, pour y établir un gouvernement représentatif fondé sur la liberté et l'égalité, et pour propager partout au dehors, ce système et ces principes, qu'elle détrôna et assassina Louis XVI, et qu'elle déclara et fit la guerre aux autres Rois. Tous les Souverains de l'Europe s'étaient armés pour empêcher ces principes et ce système de se répandre dans leurs états, et pour les détruire en France. Quel sujet d'étonnement et de méditation ne sera-ce donc pas, pour la postérité, de lire, dans l'histoire, qu'en 1814, le premier acte de Louis XVIII, en rentrant dans son royaume, et le premier soin de presque tous les autres Monarques, après avoir triomphé de la révolution française, aient été de donner ou de promettre, à leurs peuples, des constitutions conformes à ce même système, et basées sur ces mêmes principes; et que, par ces concessions ou ces promesses, en condamnant les anciens modes, et quelques-uns même, les formes actuellement existantes de leur propre gouvernement, ils aient ainsi, non-seulement sanctionné les révolutions qui avaient déjà changé ceux-là, mais encore légitimé d'avance celles qui auraient pour objet de changer les autres!!! Toutefois, si les idées qui ont régné de nos jours, lui sont fidèlement transmises, et qu'elle comprenne et apprécie bien quel fut l'esprit de notre siècle, la postérité reconnaîtra facilement que cette détermination des Souverains a été inspirée par les réflexions les plus sages, et par les sentimens les plus nobles.

On avait vu, en 1789, tous les Français concourir, presque unanimement et avec transport, à la révolution qui se fit alors chez eux, et le plus grand nombre aussi des bons esprits, dans tout le reste de l'Europe, applaudir à cet événement et approuver hautement les changemens qu'il annonçait. On avait vu depuis que cette révolution, malgré tous les fléaux qu'elle avait attirés sur la France, s'était propagée de tous côtés, et que la plupart des autres peuples, loin d'être arrêtés par ce terrible exemple, étaient venus successivement se précipiter dans la même carrière, pour obtenir pareillement des gouvernemens représentatifs; et, comme les maladies ne naissent pas de la santé, on avait dû en conclure qu'il existait, dans l'état social, soit quelques besoins, soit quelques intérêts nouveaux qu'il fallait satisfaire; ou qu'il y avait, dans les anciennes lois constitutives des gouvernemens, relativement à la situation et aux mœurs actuelles des peuples, quelque chose, soit d'inopportun, soit d'insuffisant, qu'il fallait également ou modifier, ou suppléer; en un mot, que les régimes anciens n'étaient plus appropriés aux circonstances présentes, et que les progrès de la civilisation, l'accroissement et surtout la diffusion des lumières et des richesses, exigeaient qu'il fût donné, aux pouvoirs, une organisation et une direction nouvelles.

En voyant, d'une autre part, en combien peu de temps les plus fortes monarchies avaient été renversées, et avec quelle facilité même avaient été subjugués les gouvernemens que les insurrections attaquaient, ou intimidés ceux qu'elles menaçaient, on avait dû reconnaître qu'il existe, hors des pouvoirs constitués, une certaine force morale qui les domine, qui est toute-puissante quoique invisible, qu'il est nécessaire conséquemment d'écouter et de ménager, et à qui il est plus nécessaire encore, par une autre juste conséquence, de donner des organes tels qu'il ne soit jamais possible de se méprendre sur ce qu'elle désire. En voyant, en outre, que, par une fatale anomalie, le maintien de la royauté semblait être désormais, partout, une affaire de condescendance et de procédé, plutôt qu'un devoir de justice et un besoin d'ordre et d'intérêt publics, on dut juger aussi que les anciennes lois fondamentales des monarchies avaient perdu leur empire, et qu'il fallait indispensablement leur en donner d'autres. En voyant enfin, avec quelle chaleur, malgré les distances qui les séparaient et les rivalités d'intérêts, de commerce, et d'industrie qui les divisaient, les peuples avaient épousé les querelles, les uns des autres, et s'étaient soutenus mutuellement contre leurs gouvernemens, on dut juger pareillement qu'un intérêt prédominant, celui de la cause de la liberté, était devenu, entre les diverses nations, le centre moral d'une confédération tacite, et le lien commun au moyen duquel elles formeraient désormais, pour ainsi dire, un seul tout politique, et un seul tout irritable dont aucune partie ne pourrait plus être blessée sans que la sensation ne s'étendît partout, et n'entraînât ou ne rendît imminente, une déflagration générale; et cette autre considération dut encore faire sentir la nécessité de changer les anciennes formes des gouvernemens, et de les mieux approprier à l'esprit du temps.

Le vulgaire attribue toutes les révolutions qui se sont succédées depuis les révolutions d'Amérique et de France, à des poignées de conspirateurs, et leurs succès, à l'audace avec laquelle ils les auraient entreprises, ou à la terreur qu'ils auraient répandue. Heureusement, les hommes d'État qui siégent dans les conseils des Souverains, ne se sont point laissé entraîner à partager une erreur qui aurait été extrêmement fatale, puisqu'elle les aurait égarés dans le choix des mesures à prendre. Ils ont donc reconnu que les insurrections avaient bien été généralement tramées et suscitées par un petit nombre de personnes, mais qu'elles n'avaient triomphé que parce que l'opinion publique les favorisait. Assurément, quelques individus ne réussiraient pas à faire prévaloir tout à coup, des idées contraires aux mœurs générales, ni à faire tolérer des actes opposés à la décence. Si, dans les affaires politiques, ils entraînent si facilement, après eux, les masses des nations, c'est donc évidemment, parce que les choses qu'ils leur annoncent, ou qu'ils leur proposent, sont conformes à leurs vœux. Ils ne peuvent être, et ils ne sont, en effet, puissans que par l'art avec lequel ils attirent à eux les peuples, en flattant leurs intérêts, leurs sentimens, ou leurs opinions; et, ce qui le prouve incontestablement, c'est l'état de faiblesse où ces individus sont toujours tombés, alors que les choses annoncées ou promises n'ont pas été accomplies, et que les peuples, s'apercevant qu'ils avaient été trompés, se sont retirés d'eux, et les ont délaissés.

L'esprit révolutionnaire n'est qu'un effet; la cause en est ailleurs: et, comme l'a dit M. de Pradt, avec une justesse qui me semble, cette fois-ci, incontestable, il ne cédera point à des paroles magiques, à des imprécations mille fois répétées. Le véritable moyen de l'éteindre, n'est donc point de le proscrire, mais bien de lui retirer ses alimens, c'est-à-dire, de redresser les torts, ou de satisfaire les besoins qui le produisent ou le fomentent. Pour empêcher les peuples, d'aspirer à des changemens de gouvernement, il faut leur accorder ce qu'ils réclament avec raison; pour les rendre inaccessibles aux menées par lesquelles on voudrait les faire insurger, il faut leur donner les moyens de s'occuper légalement de leurs intérêts légitimes; il faut, en un mot, fonder les institutions qui leur sont nécessaires, et dont l'absence fut toujours la principale cause des révolutions.

Jamais peut-être, à aucune autre époque de l'histoire, les trônes de l'Europe n'ont été, en si grand nombre à la fois, occupés par des Souverains personnellement doués d'autant de vertus, de lumières et de sagesse, et aussi sincèrement disposés à faire le bonheur des peuples. Ces Princes ont dû dès lors, reconnaître facilement, et vraisemblablement même sans peine, que l'esprit du siècle, tout entier, est tourné aux systèmes positifs, aux règles fixes, et aux décisions légales; qu'aujourd'hui, plus que jamais, il est, dans les mœurs publiques, de ne se soumettre qu'à l'ascendant de la justice, ou à l'autorité de la raison; et qu'il faut indispensablement, pour que la royauté reprenne ou conserve son empire, que l'équité lui rallie le respect des peuples. Ils ont dû juger conséquemment qu'il était nécessaire de définir et de régler le pouvoir, de manière qu'il ne soit plus exercé que de conformité aux intérêts généraux, et qu'il fallait même, pour en convaincre les peuples, les faire participer au gouvernement. D'un autre côté, ces Princes qui venaient d'éprouver l'attachement de leurs sujets, dans la lutte qu'ils avaient eu à soutenir contre Buonaparte, et qui avaient été vivement touchés du courage et du dévouement avec lesquels ils en avaient été aidés à s'affranchir de son joug, étaient bien plus portés encore à adopter tout ce qui pouvait contribuer à les rendre heureux. Toutes les pensées des Souverains se trouvaient donc d'accord, et ce fut, à la fois, par de profondes raisons de politique, par de sages motifs de justice, et par de sincères sentimens d'amour pour leurs peuples, qu'en 1814, ils leur donnèrent, ou leur promirent des constitutions.

Ces concessions, ou ces promesses, assurément les Souverains les firent de bonne foi. Aujourd'hui pourtant, on dit qu'ils semblent, les uns, regretter leurs concessions, et, les autres, hésiter à tenir leurs promesses. Mais, si cela était vrai, y aurait-il bien, en effet, de quoi s'en étonner ? Quand on jette les yeux sur les divers pays où des constitutions ont été établies, qu'y voit-on? Partout, la royauté est sans cesse compromise et menacée, et, bien loin de se fortifier, sa puissance y décline sensiblement de jour en jour. Partout aussi, la discorde y agite et divise les esprits. Le malaise, l'incertitude, et l'anxiété s'y font sentir dans toutes les positions, et on n'y vit plus que dans l'attente et la crainte de l'avenir.

Quel tableau, la France particulièrement, ne nous offre-t-elle pas? La paix et le bonheur, qui y étaient rentrés avec les Bourbons, paraissent ne pouvoir désormais y être affermis. La Charte, qui devait assurer leur règne, et unir étroitement les peuples avec cette auguste famille, n'a pas su les défendre contre l'attentat du 20 mars; et il semble que c'est même depuis qu'elle a été donnée, que les dissensions ont recommencé, et n'ont fait que s'accroître de plus en plus. Toujours est-il certain que toutes les idées y sont aujourd'hui brouillées, et les opinions divisées et subdivisées au point qu'on ne peut plus s'entendre, qu'on ne sait plus ce qui est juste et patriotique ou ne l'est pas, ni à qui on doit accorder son estime et sa confiance ou la refuser, et que nous semblons être arrivés à cet état de trouble, et à cette espèce de confusion des langues, qui sont désignés, dans l'Écriture, comme les signes infaillibles de la dissolution des empires.

Ce tableau paraîtra peut-être exagéré à quelques esprits superficiels. Il serait cependant susceptible de plus sombres couleurs. On pourrait aussi le justifier par les autorités les plus augustes. Voici, en effet, ce que contenait le discours émané du trône, à l'ouverture de la session de 1819 : « Une inquiétude vague, mais « réelle, préoccupe tous les esprits ; chacun « demande au présent des gages de sa durée. « La nation ne goûte qu'imparfaitement les « premiers fruits du régime légal et de la paix ; « elle craint de se les voir arracher par la vio- « lence des factions ; elle s'alarme de leur ar- « deur pour la domination ; elle s'effraie de « l'expression trop claire de leurs desseins (1). »

Cet état des choses, loin de s'améliorer, n'a fait que s'aggraver depuis, et la preuve en est dans l'adresse qui a été présentée au Roi, par la Chambre des députés, dans le mois de dé-

(1) Il est à remarquer que, dans ce même discours, après avoir annoncé que « toutes les craintes, tous les « vœux indiquaient la nécessité d'une garantie nouvelle » le Roi s'est exprimé ainsi : « Fondateur de cette Charte, « à laquelle sont inséparablement liées les destinées de « mon peuple et de ma famille, j'ai senti que, s'il est une « amélioration qu'exigent ces grands intérêts, aussi-bien « que le maintien de nos libertés, et qui ne modifierait « quelques formes réglementaires de la Charte que pour « mieux assurer sa puissance et son action, il m'appar- « tient de la proposer. »

cembre 1821. Par cette adresse, la Chambre a réclamé « ces institutions nécessaires, sans les- « quelles *la Charte ne saurait vivre.* » Elle a représenté à Sa Majesté, que les peuples attendaient ces institutions, comme « le complément « de ses bienfaits, » et elle a ajouté (quel aveu! surtout cette partie de l'adresse ayant été votée à l'unanimité), elle a ajouté, dis-je : « Alors « les passions se calmeront d'elles-mêmes, et « les défiances s'évanouiront. »

Après cela, si on ne peut pas dire que les constitutions données, dans ces derniers temps, aux peuples, ont été la source des dissensions qui les agitent, n'est-il pas du moins évident qu'elles sont bien loin d'avoir réalisé l'espoir que les Souverains avaient conçu, d'assurer, par elles, le bonheur de leurs peuples? Et, dès lors, devrait-on s'étonner, quand cela serait vrai, que ceux-ci regrettent les concessions qu'ils ont faites, et que les autres hésitent à effectuer celles qu'ils avaient promises?

Des factieux en prennent occasion d'accuser les Rois de s'être mis actuellement à conspirer contre les peuples; mais il n'y a pas plus de fondement à cette imputation, qu'il n'y en a à soutenir, comme le font, de leur côté, de sots Courtisans ou des fauteurs perfides du pouvoir absolu, que l'intervention des peuples dans les affaires publiques, est incompatible avec la royauté. Ce qu'on pourrait seulement en conclure, et ce qui paraît, en effet, trop vrai, c'est que les constitutions qui ont été données jusqu'ici, n'avaient pas été suffisamment bien combinées. Du moins, c'est là une question qu'il est juste et convenable d'examiner, avant de se livrer à des accusations soit contre les souverains, soit contre les peuples.

Pendant vingt-cinq ans, les révolutionnaires avaient travaillé, avec le plus grand acharnement, à éteindre, dans le cœur des Français, leur amour naturel pour l'auguste race des Bourbons, et à leur faire redouter son rétablissement et le retour de ceux qui l'avaient suivie en exil. D'une autre part, la révolution avait tout détruit. L'ancien édifice social avait été renversé, et ses fondemens arrachés et dispersés. Le terrain politique ne présentait plus que des débris et des ruines. Dans de telles circonstances, il était sage, il était urgent que Louis XVIII fît connaître solennellement, dès son arrivée en France, d'après quel système, et d'après quels principes il gouvernerait. La déclaration de Saint-Ouen, du 2 mai 1814, fut publiée dans cette vue, et cette déclaration, par laquelle Sa Majesté annonçait qu'elle était « résolue d'adopter une constitution libérale..... « qu'elle convoquait, pour le mois de juin suivant, le Sénat et le Corps législatif, en s'engageant à mettre sous leurs yeux, le travail

« qu'elle aurait fait avec une commission choi-
« sie dans le sein de ces deux Corps, » et où enfin elle posait d'avance, avec une profonde sagesse, et une générosité magnanime, les bases de la nouvelle constitution; cette déclaration, dis-je, remplit tous les cœurs, d'admiration, d'amour et de confiance. Il était également urgent de réaliser les promesses faites, de donner des institutions positives, et en conséquence la Charte fut promulguée; mais elle fut promulguée le 4 juin, c'est-à-dire, trente-trois jours après; or ce simple rapprochement des dates a déjà suffi, sans doute, pour faire préjuger que les commissaires qui avaient été chargés de rédiger la Charte, n'eurent pas le temps de bien remplir cette tâche. Cela se concevra bien mieux encore, si l'on considère que les uns eurent tout au plus seize jours pour préparer le travail, et, les autres, douze jours pour le réviser (1).

---

(1) Voir les journaux de cette époque.

« On assure, disait, sous la date du 19 mai 1814, le journal des Débats du 20, que MM. Dambray, de Montesquiou et Ferrand, chargés, par le Roi, de rédiger le plan de la nouvelle constitution, doivent aujourd'hui remettre leur travail à Sa Majesté. Ce travail sera présenté ensuite à une commission du Sénat et du Corps législatif. »

« La commission du Corps législatif, nommée par le Roi, pour l'examen de la nouvelle constitution, disait en-

Quels que fussent leurs talens, ces hommes d'État avaient-ils bien pu, en si peu de jours,

---

core, sous la date du 20 mai, le journal des Débats du 21, est composée de MM. Lainé, Félix Faulcon, Chabaud-Latour, de Bois-Savary, Duhamel, Duchesne de Gillevoisin, Faget de Baure, Clausel de Coussergues et Blancart de Bailleul. M. le Chancelier de France a adressé à chacun de ces membres, la lettre suivante :

« Le Roi, Monsieur, vous a nommé pour l'un des membres de la commission destinée à concourir au travail important qui devra être mis sous les yeux du Sénat et du Corps législatif, conformément à la déclaration du 2 mai.

« J'ai l'honneur de vous prévenir que la commission se réunira dimanche 22, à deux heures, à l'hôtel de la Chancellerie. Je me félicite, Monsieur, d'être, auprès de vous, l'organe des volontés du Roi. Je suis persuadé que le Corps auquel vous appartenez, verra, avec plaisir, dans la nomination de la commission, que, ce travail préparatoire ne pouvant être fait que par un petit nombre d'individus, le choix de Sa Majesté s'est porté sur des membres qui avaient tous reçu, dans diverses circonstances, des témoignages mérités de la confiance de leurs collègues.

« Recevez l'expression des sentimens avec lesquels je vous suis, Monsieur, bien sincèrement attaché.

Signé DAMBRAY. »

« On a publié, disait le journal des Débats du 23 mai, une liste inexacte des Sénateurs que le Roi a nommés membres de la commission chargée du travail préparatoire de la constitution. Voici leurs noms : MM. Barthélemy, le maréchal Serrurier, Barbé-Marbois, Fontanes, Germain-Garnier, Pastoret, Semonville, Boissy-d'Anglas et Vimar. »

accomplir une œuvre aussi difficile que l'est celle de donner une bonne constitution à une nation de trente millions d'âmes, et à une nation aussi avancée dans la civilisation, que l'est le peuple français? Une telle question se résoud par elle-même, et c'est en même temps y répondre, que de la faire. Aussi la nécessité de réviser la Charte, se fit-elle bientôt sentir. Il ne s'était pas encore passé un an, et déjà elle avait été solennellement reconnue. La promesse d'effectuer cette révision, fut annoncée et accueillie comme un bienfait, quelques jours avant le 20 mars 1815.

Dans une ordonnance du 13 juillet suivant, portant convocation des Colléges électoraux pour la nomination de nouveaux députés, le Roi s'exprima ainsi : « Notre projet était de modifier, « *conformément à la leçon de l'expérience et* « *au vœu bien connu de la nation*, plusieurs « articles de la Charte, touchant les conditions « d'éligibilité, le nombre des députés, et quel- « ques autres dispositions relatives à la forma- « tion de la Chambre, à l'initiative des lois, et « au mode de ses délibérations.

« Le malheur des temps ayant interrompu « la session des deux Chambres, nous avons « pensé..... qu'il importait, surtout dans de « telles circonstances, que la représentation « nationale fût nombreuse..... et qu'enfin les

« élections servissent comme d'expression à « l'opinion actuelle de nos peuples.

« Nous nous sommes donc déterminés à dis« soudre la Chambre des députés, et à en con« voquer, sans délai, une nouvelle; mais le « mode des élections n'ayant pu être réglé par « une loi, non plus que les modifications à « faire à la Charte, nous avons pensé qu'il « était de notre justice, de faire jouir, dès à « présent, la Nation, des avantages qu'elle doit « recueillir d'*une représentation plus nom« breuse*, et MOINS RESTREINTE *dans les condi« tions d'éligibilité.*

« A ces causes, etc.,

« Nous avons ordonné et ordonnons ce qui « suit :

« Art. 1er. La Chambre des députés est dis« soute.

« Art. 2 et 3. Les Colléges électoraux se réu« niront, etc.

« Art. 4. Le nombre des députés des dépar« temens est fixé conformément au tableau « ci-joint (c'est-à-dire porté de 262 à 395).

« Art. 8. Les électeurs des colléges.... pour« ront siéger, pourvu qu'ils aient *vingt et un « ans accomplis*.

« Art. 10. Les députés peuvent être élus *à « l'age de vingt-cinq ans.*

« Art. 14. Les art. 16, 28, 35, 36, 37, « 38, 39, 40, 41, 42, 43, 44, 45 et 46 de la

« Charte seront soumis à la révision du Pou-
« voir législatif, dans la prochaine session des
« Chambres (1).

Ainsi, par cette ordonnance, en même temps qu'il appela les Chambres à réviser divers articles de la Charte, le Roi en modifia lui-même provisoirement plusieurs. Tant, alors, était déjà sentie, la nécessité d'y faire des changemens!

L'art. 1er de l'ordonnance du 5 septembre 1816 vint, bientôt après, il est vrai, interdire toute révision de la Charte; mais cet article parut, à beaucoup de personnes, n'y avoir été inséré, par certains Ministres, que pour faire accroire, au peuple, que ceux que l'ordonnance du 13 juillet 1815 avait appelés à délibérer sur les changemens à faire à la Charte, voulaient la détruire, au lieu de l'améliorer. Cette opinion s'est trouvée complétement justifiée, lorsqu'on a vu depuis, par le discours d'ouverture de la session de 1819, que ces Ministres avaient eux-mêmes conseillé au Roi (2) de modifier la Charte, et surtout lorsqu'on a vu l'un d'eux pro-

(1) L'art. 16 de la Charte est relatif à l'initiative des lois; l'art. 28, à l'âge auquel les Pairs ont droit d'entrer dans leur Chambre et d'y délibérer. Les art. 35 et suivans concernent le cens nécessaire pour être électeur ou député, le mode de composition de la Chambre des députés et ses formes de délibération.

(2) Voir le renvoi, page 9.

poser, dans cette session, un nouveau mode d'élection essentiellement contraire aux dispositions de la Charte. Mais, ce qui a généralement surpris, c'est que ce même Ministre ait proposé, en même temps, les mesures les plus liberticides et, entre autres, la publicité des votes.

La Charte aurait dû, dès le principe, embrasser l'ordre social tout entier, et le régler de manière que tout ce qui concerne l'organisation politique, eût été mis hors de discussion, ou que du moins il ne restât rien à décider qui pût la modifier essentiellement, et remuer ainsi les bases de notre existence politique; mais, bien au contraire, elle a laissé presque tout à faire. Une prompte révision était donc nécessaire, et c'est un grand malheur, sous plusieurs rapports, qu'elle ait été différée.

D'abord, lorsque les lois organiques de l'État, sont faites à de longs intervalles, il est fort à craindre que la nature du gouvernement ne soit perdue de vue, et altérée; et, en effet, nous avons vu, par le projet de loi, sur les élections, proposé dans la session de 1819, et par celui qui a été adopté, le 29 juin 1820, qu'au lieu de chercher à étendre les droits du peuple, comme on voulait le faire, en 1815, on ne travaille plus qu'à les restreindre.

En second lieu, comme les malheureux effets des imperfections de la Charte ont été généralément sentis, encore bien que tout le monde n'ait pas su les rattacher à leur véritable cause, il est arrivé que les uns, pleins du souvenir du passé si souvent brillant de bonheur et de gloire, déplorent la perte de l'ancien ordre de choses qui ne peut plus revenir; que d'autres, courant après une perfection fantastique, rêvent des institutions et des changemens qui de nouveau bouleverseraient la société; et qu'ainsi, de toutes parts, chacun exprimant, au sujet des lois organiques qui restent à faire, ou des regrets, ou des vœux analogues à sa façon de penser, la discorde et la calomnie ont trouvé là de nouveaux moyens de répandre la méfiance et la désunion, et d'agiter et d'aigrir les esprits.

Les définitions claires épargnent et abrégent les disputes de mots : de même, a dit un de nos plus profonds publicistes, M. Fiévée, les déterminations nettes sont les plus propres à prévenir ou à abréger les querelles politiques. Il faudrait donc se hâter de compléter l'ensemble de nos institutions. On tarirait, par ce moyen, la source la plus certaine de nos dissensions. D'abord, ce serait ôter, aux factieux, le prétexte d'élever des clameurs et de calomnier en prêtant à autrui, des arrière-pensées liberticides. D'un autre côté, en fixant définitivement tous les bons Français, sur ce qui leur convient et sur ce qu'ils doivent vouloir en fait d'organisation politique, ce serait les soustraire au danger de prendre le change dans cette importante matière. Par-là encore on unirait étroitement ensemble les véritables royalistes, et on les formerait enfin en une seule armée régulière et disciplinée, marchant vers un but fixe, et se ralliant au même point d'appui.

Dans le nombre des conditions nécessaires pour une bonne organisation sociale, il en est contre lesquelles il existe des préjugés, et que, pour cela peut-être, on craint de mettre présentement en discussion. Dans ce cas, ce serait mal juger, ou plutôt ce serait ne pas bien connaître la saine partie du peuple. En effet, la parfaite sincérité a toujours, sur elle, un ascendant qui lui fait facilement accueillir les demandes légitimes. Si, aujourd'hui, elle paraît défiante, c'est parce qu'en voyant qu'on avait cherché à éluder la liberté, au moyen de dispositions mensongères, elle a pu croire qu'on avait voulu la bercer par de vaines apparences; mais cela n'empêchera pas qu'aussitôt que l'on s'occupera franchement d'unir les libertés avec le pouvoir, on ne la trouve disposée à consentir à tout ce qui, en affermissant celles-là, sera nécessaire pour donner de la force à celui-ci, et c'est dans cette conviction que j'ai entrepris le travail que je soumets en ce moment.

Pour me faire mieux comprendre, j'ai cru devoir préciser et résumer mes idées en forme d'articles. J'ai été conduit ainsi à présenter comme une nouvelle rédaction d'une partie de la Charte. J'aurai, par-là, peut-être, l'air de proposer une autre organisation sociale, et, dès lors, je dois craindre de me voir en butte aux ridicules et aux sarcasmes dont on ne manque guère, et avec juste raison, d'accabler ceux qui proposent un changement de constitution. La manie de faire de la politique, qui agite les moindres individus, et celle de changer de forme de gouvernement, qui travaille tous les peuples, ont eu, jusqu'ici, des résultats si funestes, et nous en font pressentir de si terribles encore, qu'il n'est point étonnant que les écrivains, à qui on attribue de les avoir fait naître, ou de les entretenir, soient tournés en dérision, ou livrés à l'animadversion publique. Toutefois, il ne faudrait pas confondre avec ces écrivains, et comprendre dans la même réprobation, ceux qui n'ont en vue que d'arrêter les progrès du mal et de ramener à une saine doctrine. Aujourd'hui même que tant de nations ont quitté le terrain uni et facile où elles marchaient, et qu'elles se trouvent jetées sur une pente rapide et parsemée d'écueils et de précipices, aujourd'hui qu'il est reconnu impossible, soit de la leur faire remonter, soit de les y retenir, au lieu de se borner à déplorer cette position, et à maudire ceux qui les y ont amenées, il serait sûrement plus convenable d'encourager ceux qui conseillent de se détourner des fausses routes, et qui entreprennent d'indiquer de meilleures voies. Sans doute, pour bien remplir une pareille tâche, il serait besoin d'avoir beaucoup de talent. Cependant, sans avoir le génie des Aristote, des Platon, des Cicéron, des Machiavel, des Montesquieu, des J.-J. Rousseau, etc., nombre d'hommes aujourd'hui, en France, sont peut-être en état d'émettre d'aussi bonnes idées que ces grands publicistes.

Notre révolution a duré si long-temps; elle a présenté tant de phases diverses, et, dans ces flux et reflux d'événemens prodigieux et contraires qu'elle a incessamment produits, elle nous a tous individuellement bercés de tant de promesses, d'espérances, et d'illusions, ou obsédés par tant d'appels, de réquisitions, de violences, de menaces, et de périls; elle nous a sans cesse donné aussi tant de sujets de joie ou d'affliction, et rendus témoins ou victimes de tant de victoires et de revers, de conquêtes et de pertes, de créations et de ruines, de choses admirables et de catastrophes horribles, qu'aucun de nous n'a pu ni rester indifférent, ni même s'abstenir de s'intéresser vivement aux affaires publiques. D'un autre côté, cette révolution a, tour à tour, et si rapidement, produit et essayé tant de combinaisons et d'organisations sociales, mis en honneur ou proscrit, consacré ou condamné, établi ou renversé tant de maximes et tant de systèmes opposés de morale et de gouvernement, qu'on peut dire, avec vérité, qu'elle a concentré dans une seule et courte période de quelques années, les divers événemens de tous les siècles, et donné ainsi, à la génération présente, toute l'expérience du genre humain. Dans ce terrible et à jamais déplorable cours pratique de la science des gouvernemens, chacun de nous a donc pu apprendre à démêler le mérite ou les défauts des diverses institutions politiques, et à apprécier les inconvéniens ou les avantages des différens modes d'organisation sociale. Nous avons pu même, sur des questions où se sont égarés quelquefois de grands publicistes qui ne les traitaient que d'après leurs lectures et leurs méditations, nous faire des idées plus justes, et devenir, ou nous croire, sans vanité, devenus capables d'ouvrir des avis salutaires, et de proposer des mesures dignes d'attention.

Pour mon compte, en voyant que, dans ces temps de trouble et de confusion, toutes les vérités les plus essentielles ont été obscurcies, et qu'un grand nombre d'hommes vertueux se trouvent dans des rangs opposés, pour avoir adopté, ou pour avoir conservé des opinions diverses, j'ai pensé qu'il serait très-heureux que l'on pût concilier et satisfaire toutes celles qui ont des fondemens raisonnables, et, après avoir beaucoup réfléchi sur ce problème, je ne l'ai pas jugé insoluble. Il m'a paru, au contraire, que non-seulement une transaction, entre les trois principales opinions politiques, c'est-à-dire, entre la Démocratie, l'Aristocratie, et la Monocratie ou Royauté, était possible, mais encore qu'elle n'exigerait de chacune d'elles, que de très-légères concessions réciproques, et celles-là même uniquement, qui sont absolument nécessaires pour les préserver, les unes comme les autres, des excès auxquels elles sont toutes sujettes de leur nature. Il m'a paru, en outre, que cette transaction, si elle était sagement combinée, serait très-avantageuse, tout à la fois, et à la Démocratie, et à l'Aristocratie, et à la Royauté, en ce qu'elle donnerait, à chacune d'elles, cette extension et ce développement qui leur manquent, qu'elles désirent, et qui leur seraient véritablement nécessaires pour être en état d'opérer le bien. Il m'a paru, enfin, qu'en ralliant et unissant ainsi ensemble tous les partisans de ces trois sortes de gouvernemens, cette transaction porterait notre chère France, au plus haut degré de bonheur et de puissance.

Une pareille transaction paraîtra, sans doute, un rêve. J'ose assurer qu'elle ne serait pourtant que la juste application des vrais principes sociaux, et même qu'au fond, comme le porte l'épigraphe que j'ai empruntée de M. de Châteaubriand : « Ce qui nous divise réellement est peu de chose. » Malheureusement le temps et le talent m'ont manqué également pour donner, à la démonstration de cette assertion, la force, la précision, et la clarté qui l'auraient rendue évidente; mais, en réclamant l'indulgence pour la manière dont j'ai traité mon sujet, je crois pouvoir, avec quelque confiance, appeler sur lui, l'attention du gouvernement, celle de mes concitoyens, et j'ajouterai même celle des étrangers; car, dans un moment où presque tous les peuples de l'Europe tendent à avoir des institutions sociales analogues, je me suis flatté encore que la théorie politique que je vais exposer pour mon pays, pourrait être utile pour d'autres.

Cette théorie repose sur des vérités éternelles que tous les honnêtes gens retrouveront au fond de leur cœur, et dont la plupart même avaient été déjà émises. Je n'ai guère fait que les recueillir et les coordonner, et je ne prétends pas m'attribuer d'autre mérite. Afin qu'elles eussent plus d'autorité, je les ai même reproduites textuellement, toutes les fois que l'ordre de mon travail me l'a permis, et j'en ai cité les auteurs, lorsque ma mémoire me les a rappelés.

Pour peu que l'on examine, sous ses diverses faces, le sujet de mon ouvrage, on reconnaîtra aisément qu'il est des plus vastes, et qu'en le traitant même sous la forme d'un simple essai, il était bien difficile de le resserrer, autant que je l'ai fait, sans rompre la liaison des idées, et sans brusquer quelquefois les transitions. Quoi qu'il en soit, il m'a paru naturel de le diviser, et d'en présenter les diverses parties, dans l'ordre suivant :

Considérations préliminaires.

(1) Cette expression est tirée du latin et du grec.

Formes des différens pouvoirs.

Dispositions accidentelles.

CONCORDAT

ENTRE LES DIVERSES

OPINIONS POLITIQUES.

CHAPITRE PREMIER.

Exposé sommaire de ce qui a été fait par nos Rois, jusqu'en 1788, *pour rendre les Français libres et heureux.*

FONDÉE depuis 1400 ans, la Monarchie française se trouvait, en 1788, placée au plus haut degré de puissance et de prospérité. Elle occupait alors, sur la scène du monde, comme dans l'histoire des temps antérieurs, le rang le plus glorieux, et elle le devait principalement aux Princes qui l'avaient gouvernée. Ses annales remplies des plus brillans souvenirs, commandaient surtout l'admiration des peuples divers, et plus particulièrement la reconnaissance des Français, en leur montrant que la dynastie qui règne sur la France depuis près de 900 ans, n'avait produit, dans ce long espace de temps, à très-peu d'exceptions près, que de grands et bons Rois, et que ces Rois, inspirés par la justice, par un heureux instinct, ou par une saine politique, avaien presque tous senti qu'ils seraient d'autant plus puissans (1) que la France jouirait de plus de bonheur, et qu'ils avaient, en conséquence, employé pour la rendre heureuse, tous les moyens que l'esprit et les mœurs des temps où ils vivaient, leur avaient suggérés.

Ces Monarques appelèrent eux-mêmes leurs sujets à la liberté (2). Ils les forcèrent à s'affranchir (3). Ils établirent les communes, et, en

---

(1) S.-Louis recommanda, en mourant, à son fils, « de maintenir les franchises et libertés des villes du « royaume, car plus elles seront riches et puissantes, lui « dit-il, plus tes ennemis et adversaires douteront de les « assaillir. »

Louis VI dit à son successeur : « Souvenez-vous, mon « fils, que la royauté n'est qu'une charge publique dont « vous rendrez un compte très-rigoureux après votre « mort. »

Charles V ne trouvait « les Rois heureux, qu'en ce « qu'ils ont le pouvoir de faire du bien. »

Louis XII aimait mieux voir les courtisans « rire de son « avarice, que les peuples pleurer de ses dépenses. »

Henri IV disait : « Si Dieu me donne vie, je ferai qu'il « n'y aura pas de laboureur dans mon royaume, qui n'ait « moyen d'avoir la poule dans son pot. » Il disait aussi : « Ayant le cœur de mon peuple, j'en aurai ce que je « voudrai. »

(2) Louis-le-Gros.

(3) Louis-le-Hutin déclara qu'il « voulait que dans « le royaume des Francs, la réalité répondît au nom, « parce que, selon le droit de nature, chacun doit naître « Franc. »

leur permettant de se choisir des maires, des consuls, des échevins, ils créèrent le pouvoir municipal, fondèrent ainsi les libertés publiques, et leur donnèrent, tout à la fois, les plus sûres garanties. Bientôt après ils introduisirent les communes dans les États-généraux du Royaume (1), et les mirent enfin, par cette mesure, au niveau du clergé et de la noblesse qui, jusque là, les avaient dominées.

La dispensation exacte de la justice est une des premières conditions du bonheur des hommes réunis en société. Pour assurer également cet inappréciable bienfait, à leurs peuples, nos Rois les avaient soustraits d'abord, aux vexations des seigneurs, en autorisant l'appel, aux juges royaux, des sentences des justices seigneuriales; ils créèrent ensuite, sous le nom de parlemens, de grands corps judiciaires assez forts et assez imposans pour résister à l'influence des grands, et ils leur conférèrent le dépôt des lois et le soin de veiller à leur exécution; ils firent plus, ils ordonnèrent qu'en fait de justice (2), on n'eût point égard aux lettres missives « et « qu'on suivît toujours la loi, malgré les ordres « contraires (3) que l'importunité aurait pu leur

(1) Philippe-le-Bel.

(2) Philippe-le-Long.

(3) Louis XII, par un édit de 1499.

S.-Louis reprochait au comte d'Anjou, son frère, d'avoir fait mettre en prison un de ses vassaux; il lui de-

arracher ; » ils chargèrent même expressément les parlemens de les éclairer par des remontrances, si leur religion venait à être trompée ; ils rendirent les offices inamovibles (1), et, afin que les choix des magistrats fussent meilleurs, ils réglèrent que, pour chaque place vacante (2), les parlemens présenteraient trois sujets entre lesquels le Gouvernement en nommerait un ; ils statuèrent, en outre, que nul ne serait reçu dans un office de magistrature, sans information de vie et mœurs ; enfin, pour environner la magistrature de plus de considération, ils en avaient fait un quatrième ordre, et ils lui avaient donné séance aux États-généraux (3).

---

mandait « s'il croyait être au-dessus des lois, parce qu'il « était son frère. »

Nous avons vu, avant la révolution, notre Roi actuel, après avoir perdu un procès, au Conseil, féliciter lui-même les juges.

C'est une chose que les historiens ont remarquée, à la gloire de nos Rois, que lorsqu'ils prenaient volontairement tant de mesures pour assurer le règne de la loi et l'impartialité des tribunaux, un des Rois d'Angleterre (Henri III) s'attribuait au contraire le pouvoir de dispenser des lois ; et que les Anglais furent même obligés d'user de violence, pour faire insérer, sous Jean-Sans-Terre, dans l'art. 5 de la grande Charte, qu'il ne serait plus accordé aucun ordre par lequel un tenancier devrait perdre son procès.

(1) Louis XI.

(2) Louis XII.

(3) Henri II. 1558.

La législation de nos Rois portait un caractère particulier de sollicitude et de bienveillance pour les peuples. Elle défendait de troubler les laboureurs dans leurs travaux, de s'emparer de leurs personnes, des instrumens, des bœufs, et de tout ce qui sert à l'agriculture. Elle ordonnait que « nul des bourgeois ne serait retenu « prisonnier, s'il pouvait donner caution de se « représenter en justice. » Un de ces Rois (1) s'écriait, au sujet de quelques vexations commises envers des paysans : « S'en prendre à mon « peuple, c'est s'en prendre à moi ! »

Il n'y a ni liberté durable, ni justice assurée pour les peuples livrés à l'ignorance. Aussi, nos Rois eurent-ils soin d'exciter et de protéger les études, de tout leur pouvoir.

L'Université de Paris portait, depuis un temps immémorial, le titre de leur fille aînée. Ils lui avaient accordé des immunités et des priviléges si étendus qu'elle avait eu jusqu'à 25 mille étudians ; mais c'est surtout sous le règne des Bourbons que l'instruction publique a été le plus favorisée. Le premier Roi de cette branche (2) « aimait mieux que l'on diminuât sa dépense « et que l'on ôtât de sa table, pour en payer « ses lecteurs (les professeurs du collége de

(1) Henri IV.

(2) Henri IV.

« France). » Tous ses successeurs à l'envi imitèrent son zèle, et encouragèrent, par toutes sortes de moyens, les progrès des lettres, des sciences et des arts. Un nombre infini de colléges, d'académies et d'universités furent fondés; des prix furent institués avec profusion, des priviléges, des honneurs et des pensions furent distribués avec la plus grande libéralité; des bibliothéques, des cabinets, des collections, des dépôts, et des musées furent créés avec munificence, et offrirent partout gratuitement (1) des sources abondantes de lumières et d'instruction. Profitant de tant d'avantages, et animés par les encouragemens que leur prodigua Louis XIV, les sciences, les arts et les lettres prirent, sous son règne, le plus grand essor. On a fait observer que, pour prix de ses bienfaits, ils ont rendu son nom immortel. Il paraîtra étrange, mais si, en effet, les lettres, les sciences et les arts, comme on ne saurait le contester, servent à éclairer l'esprit, à élever les sentimens, et à fortifier le caractère, il ne serait pas moins vrai de dire que Louis XIV, en excitant partout

(1) Il n'est pas indifférent, a dit M. de Châteaubriand, de faire observer que, sous Buonaparte au contraire, les élèves furent obligés non-seulement de payer l'éducation que l'Université donnait, mais encore celle qu'elle ne donnait pas, puisqu'elle percevait un droit sur les élèves des institutions particulières qui ne suivaient pas ses cours.

l'amour du beau, et en répandant l'instruction dans toutes les classes de ses sujets, a aussi beaucoup contribué à inspirer aux Français, l'amour de la véritable liberté.

L'agriculture, le commerce, et l'industrie furent protégés et encouragés avec non moins de zèle et de sollicitude, par tous nos Rois, mais encore plus par ceux de la branche des Bourbons. La haute et constante faveur qu'accordèrent Henri IV à Sully, et Louis XIV à Colbert, les routes, les ports et les canaux dont ils enrichirent le royaume, et que leur grandeur et leur magnificence ont fait comparer aux travaux des Romains, prouvent assez qu'ils n'avaient pas moins à cœur d'ouvrir et de multiplier sur tous les points de la France, des sources abondantes de prospérité, que d'assurer l'illustration de leur règne. Aussi, par les résultats accumulés de tant d'efforts, de soins et de zèle, de la part de nos Rois, pour le bonheur de notre belle France, quel magnifique tableau n'offrait-elle pas, en 1788? Aucun autre empire alors n'était plus florissant, aucun autre peuple n'était plus heureux. Pour surcroît d'avantages, il était gouverné par le Prince le plus éclairé, le plus vertueux et le plus paternel, par cet infortuné Louis XVI, qui, monté sur le trône à 20 ans, dans l'âge de l'inexpérience et des passions, avait commencé son règne par un acte de bienfaisance, en remettant, à ses sujets, le droit de joyeux avénement, et qui en avait à jamais illustré plusieurs autres époques, par la suppression de la servitude, de la corvée et de la torture, par la restitution, aux protestans, de leurs droits civils, et par la création des administrations provinciales.

Eh bien! c'est cependant de cette monarchie qui existait, avec tant de gloire, depuis 1400 ans, que l'on a dit, en 1788, et que l'on répète encore aujourd'hui, qu'elle n'avait pas de constitution; c'est de ces Rois qui avaient tant fait en faveur de leurs peuples, que l'on a dit alors, et que l'on répète aujourd'hui, que leur gouvernement était despotique; c'est enfin de ces Français si éclairés et si heureux, que l'on a dit alors et que l'on répète aujourd'hui, qu'ils étaient esclaves. Certes, c'est avec bien plus de raison que l'on a pu dire, au contraire, que les Français étaient alors tourmentés de la maladie du bonheur, surtout quand on a vu le haut et le bas clergé, la haute et la petite noblesse, les parlemens et les autres corps judiciaires, en un mot, tous les divers ordres de l'État, et toutes les différentes classes de citoyens, demander à grands cris, et d'un mouvement spontané, la convocation des États-généraux et un nouvel ordre de choses.

CHAPITRE II.

Observations sur les diverses Constitutions adoptées, dans l'intervalle de 1788 à 1814, sous le même prétexte de rendre les Français libres et heureux, et vice fondamental de chacune d'elles.

Ce mouvement toutefois fut beau et véritablement majestueux. La nation semblait s'être levée simultanément toute entière, pour entourer le Roi, de son amour, pour lui exprimer ses vœux, et pour concourir, avec lui, à rendre à jamais durable le bonheur dont il la faisait jouir, en l'affermissant sur des fondemens solides, et sur des institutions propres à préserver désormais la France, de ces abus dans le gouvernement, que produisent trop souvent le caractère des Princes, ou les mauvais conseils des Ministres, et qu'on pouvait redouter, pour d'autres temps, quand on se rappelait la manière dont les favoris et les maîtresses avaient disposé du sort du royaume, sous la régence et dans les dernières années du règne de Louis XV.

Les cahiers et les mandats qui furent donnés,

alors et dans cette vue, sur tous les points du royaume, aux députés des trois ordres, pour la tenue des États-généraux, attesteront à jamais les généreux et patriotiques sentimens qui animaient toutes les classes de Français. Les cahiers du Tiers-État étaient unanimes sur le maintien des deux autres ordres. Ceux de la Noblesse et du Clergé l'étaient, à peu près tous, de leur côté, sur l'égalité de l'impôt, sur l'abolition des priviléges pécuniaires, etc. La plupart de ceux-ci contenaient, en outre, d'autres propositions très-libérales, votées par acclamation, et, en général, ils étaient encore plus prononcés que ceux du Tiers-État, pour la réforme des abus et la concession des droits publics. Tous les cahiers s'accordaient, au surplus, à demander qu'à l'avenir le talent conduisît à tout, et que chaque individu pût acquérir, dans l'État, l'influence et les fonctions dues aux vertus, aux lumières et aux richesses; en un mot, ils réclamaient toutes les améliorations dont l'ordre social était susceptible, et que rendaient désormais indispensables, l'esprit du siècle et les progrès des idées politiques.

Le vœu unanime de la nation tendait, en définitive, à ce qu'il fût accordé aux diverses classes de citoyens, une juste part dans les pouvoirs sociaux, et ce vœu était légitime, non seulement parce qu'il était fondé sur les antiques droits de la nation, mais encore parce que, dans toute société bien organisée, chacun de ses membres doit avoir la faculté de prendre connaissance des affaires communes, d'émettre son avis, et de donner sa voix.

Malheureusement ce vœu, ou plutôt les moyens de le réaliser, ne furent pas suffisamment précisés, ou assez promptement adoptés. Ceux qui méditaient déjà le bouleversement du royaume, eurent l'adresse, dès l'ouverture des États-généraux, d'élever une question propre à agiter la nation, celle de la vérification, en commun, des pouvoirs des députés. Elle devait entraîner la confusion des trois ordres; elle fut le sujet des plus violens débats, et, à la faveur des discussions qu'elle fit naître, toutes les opinions diverses que l'on peut se faire en matière de gouvernement, s'introduisirent, et se propagèrent bientôt dans la nation. On ne tarda même pas à entendre parler de l'excellence du gouvernement républicain, mais on était alors si éloigné de prévoir qu'une pareille opinion pût s'établir et prévaloir jamais en France, que des membres de l'ordre de la noblesse qui devinaient, a dit M. Fiévée, dans un seul principe, toutes ses conséquences, et qui prévoyaient, dans la confusion des trois ordres, le renversement de la monarchie, ayant voulu faire observer que c'est en adoptant le système d'opiner par tête, que les communes d'Angleterre avaient préparé l'affreuse catastrophe de la mort de Charles Ier, il leur fut répondu que de *semblables exagérations* n'auraient pas dû être présentées.

Ceux qui avaient réussi à faire réunir les trois ordres, en une seule assemblée, furent, à leur tour, vaincus avec les mêmes armes qui leur avaient fait obtenir ce succès, lorsqu'ils voulurent ensuite faire diviser cette assemblée, en deux Chambres. Dès lors, la monarchie fut détruite et la révolution triompha. L'édifice social à qui on avait d'ailleurs enlevé le lien de la religion, et le ciment de l'affection des peuples, ne présentant plus que des matériaux dissous ou simplement superposés, s'écroula, presque sans résistance, aux premiers coups qui, immédiatement après, lui furent portés.

Entraînée par la séduction, ou dominée par la violence, l'Assemblée dite Constituante, décréta bientôt l'abolition des ordres, la suppression de la noblesse, la spoliation du clergé, et successivement la destruction de toutes les institutions politiques et de toutes les supériorités sociales, et enfin, après avoir promené partout le niveau de l'égalité, elle donna une Constitution dite de 1791, où, par un déplorable renversement de toutes les idées d'ordre et de hiérarchie, elle avait constitué temporaires, toutes les fonctions publiques, et attribué le droit d'y nommer, à de simples citoyens payant seulement, les uns 3 fr., et les autres 30 fr. de contributions, et où elle avait abandonné toute la puissance législative, à une seule assemblée de 745 membres, et laissé dérisoirement le pouvoir exécutif, au Roi, après lui avoir ôté tout moyen d'action et de répression.

La Royauté, ainsi placée sans force, sans racines, et sans appui, au milieu de cette vaste plaine formée dans la société politique, était comme une haute tour isolée et sans fondation, qui appelle la foudre, et contre laquelle viennent battre les vents déchaînés. En butte à toutes les attaques, elle ne tarda pas à nous offrir, par la triste répétition de la catastrophe de Charles Ier, une nouvelle et peut-être (1) inutile preuve des dangers d'une seule assemblée populaire délibérante.

La Convention essaya d'organiser une démocratie pure. Elle fabriqua, fit accepter et jurer une autre Constitution dite de 1793, où tout Français âgé de 21 ans, et même tout étranger de cet âge, s'il était domicilié en France depuis un an, était admis à élire et à être élu pour tous les emplois publics, et à participer ainsi au gouvernement de l'État, mais, reculant

---

(1) Voyez les événemens qui se passent actuellement dans d'autres royaumes.

aussitôt devant son propre ouvrage, elle en suspendit la mise à exécution. Elle établit, en l'an 2 cette exécrable oligarchie, cet horrible gouvernement révolutionnaire au moyen duquel, en même temps qu'elle régnait, en tyran, sur chaque département, par ses proconsuls, elle était elle-même dominée par cinq à six de ses membres, sous le titre de Comité de salut public. Enfin, elle donna, en l'an 3, une autre Constitution trop démocratique pour qu'elle pût durer chez une nation vieille, nombreuse, et agglomérée sur un territoire circonscrit, mais où du moins, elle rendit hommage aux véritables principes, en divisant le Corps législatif en deux Chambres, et en établissant la perpétuité du pouvoir exécutif, par le renouvellement annuel de l'un des cinq Directeurs qui le composaient.

La Constitution de l'an 8, chef-d'œuvre d'idéologie, en créant un Premier Consul qui nommait à toutes les places, et disposait des finances et des forces de terre et de mer, prétendit limiter la durée de ses fonctions, à cinq ans, et balancer et contenir son autorité, par un Corps législatif..... muet, et par un Sénat délibérant..... à huis clos! Aussi, des sénatus-consultes complaisans vinrent-ils bientôt, par des lois *organiques de la république*, non pas transporter, mais bien consacrer dans la personne et dans la famille du Premier Consul, avec le titre d'Empereur, la puissance la plus absolue qui ait jamais existé. Ce pouvoir, sans contre-poids, se laissant emporter à la fougue et à la violence qui sont propres au despotisme d'un seul, a fini, à son tour, par aller se briser contre les bornes que la nature des choses, et la sagesse de la Providence ont assignées à tous les injustes pouvoirs sur la terre.

Ainsi, la France a vérifié sur elle-même, et a appris au Monde, par la plus terrible expérience :

En 1791, que la Démocratie renverse infailliblement bientôt la Royauté, lorsque celle-ci n'est pas défendue par une forte Aristocratie;

En 1793, en l'an 2, et en l'an 3, que la Démocratie, de quelque manière qu'elle soit organisée, ne peut pas, de son côté, se maintenir seule au sein d'une grande nation;

Et, en l'an 8, qu'une Royauté trop forte dévore bien vite les libertés publiques, absorbe tous les pouvoirs, et, devenue enfin despotique, se trouve, dès lors, exposée aux dangers attachés à tout gouvernement absolu, et finit par périr.

Toutes ces Constitutions avaient été accueillies avec transport, et applaudies avec enthousiasme. Chacune d'elles était un chef-d'œuvre, devait faire le bonheur de la France, être immortelle, etc., et bien des personnes qui ne jugent de la bonté d'une Constitution, qu'à la seule inspection du texte, comme vraisemblablement elles jugeraient de la solidité d'un édifice, à la simple vue de sa façade, vous disent même encore, avec assurance :

De la Constitution de 1791, qu'elle n'aurait pas péri, si la Cour n'en avait pas entravé la marche, ainsi que l'en accusaient alors les jacobins, ou si les jacobins, qui se disaient pourtant les seuls amis de cette Constitution, ne l'avaient pas eux-mêmes renversée, ainsi qu'ils s'en sont vantés depuis ;

De celle de l'an 3, qu'elle aurait duré éternellement, si les choix des premiers membres du Directoire avaient été meilleurs, ou si Buonaparte ne l'avait pas détruite ;

Et, de celle de l'an 8, qu'elle existerait encore, si Buonaparte n'avait pas eu l'ambition de se faire Empereur, ou si, après l'être devenu, il avait gardé plus de modération.

Ces Publicistes ignorent, sans doute, qu'une Constitution, comme toute bonne machine, doit marcher seule et produire l'effet auquel elle est destinée ; qu'elle ne doit supposer ni tous les hommes sages, ni tous les fonctionnaires vertueux, attendu que, dans ces cas, il ne serait besoin ni de lois, ni de pouvoirs. Ces Publicistes ignorent également sans doute, que les Constitutions ne sont faites que pour comprimer les méchans, contenir les ambitieux, et forcer tout le monde, les gouvernans, comme les gouvernés, à marcher dans la voie de la justice ; qu'elles doivent conséquemment renfermer en elles-mêmes, le principe de leur conservation et la garantie de leur durée ; en un mot, que, semblables au fils de Jupiter, à Hercule étouffant, de ses propres mains, les serpens qui s'étaient glissés dans son berceau, elles doivent être assez fortes pour se délivrer seules des monstres qui menacent leur enfance.

CHAPITRE III.

Combien toutes les circonstances étaient favorables, en 1814, *pour donner à la France, une bonne constitution!*

Envisagée sous ce point de vue, on ne peut sûrement pas dire que la Charte était parfaite ; car, si elle l'avait été, elle aurait aussitôt exercé son heureuse influence. Elle aurait immédiatement rallié tous les Français. Elle aurait soumis et captivé les uns, par l'évidence de ses avantages, et elle aurait enchaîné ou contenu les autres, par la force de ses ressorts. Le Gouvernement lui-même n'aurait eu, dès lors, qu'à s'abandonner au cours naturel des choses ; et, en suivant tout simplement les indications de la Charte, il aurait, de jour en jour, imposé plus de respect, et acquis plus d'ascendant. S'il en a été autrement, si le Gouvernement a rencontré partout des obstacles, si, peu de mois après la restauration et la promulgation de la Charte, les dissensions ont recommencé, si le 20 mars a eu lieu, si le malaise et l'anxieté n'ont pas cessé depuis de se faire sentir dans toute la société, si les jalousies et les haines se sont répandues partout, et semblent croître journellement, et si, à toutes les époques, chaque changement de ministère a entraîné ou fait craindre un changement de choses, reconnaissons enfin que la Charte n'a pas satisfait à tous les besoins de la France, qu'elle ne nous a pas donné toutes les institutions qui nous étaient nécessaires, qu'elle n'a pas réglé toutes les positions politiques, ou qu'elle ne les a pas réglées convenablement. C'est d'autant plus déplorable que le digne précurseur du Roi, S. A. R. Monsieur, dans son discours au Sénat, le 14 avril 1814, et Sa Majesté elle-même, dans sa proclamation du 2 mai suivant, datée de Saint-Ouen, avaient indiqué les bases essentielles pour consacrer tous les droits, tracer tous les devoirs, et reconstruire parfaitement notre édifice social. On peut ajouter encore que c'est d'autant plus malheureux que les circonstances étaient, en outre, extrêmement favorables pour élever un beau monument d'architecture politique.

Après vingt-cinq ans de troubles et de discordes, de dévastations et de guerres civiles ou étrangères, le Roi était rentré en France comme le soleil reparaît sur l'horizon le lendemain d'une nuit d'orage et de tempête. Sa présence avait chassé au loin et dissipé tous les nuages. Elle avait ramené et répandu partout la sérénité, le calme et le bonheur ou l'espérance. La confiance avait pénétré, et s'était établie dans tous les cœurs, en entendant S. A. R. Monsieur recommander l'union et la paix, et dire que rien n'était changé en France, excepté qu'il s'y trouvait un Français de plus; en voyant un de ses fils, Mgr le Duc de Berri, entouré des chefs de l'armée, se féliciter d'être au milieu de la gloire de la France; et en apprenant, par la publication d'une lettre du Roi, datée de Varsovie, le 26 février 1803, et qui sera un monument éternel de sa noble fermeté, en apprenant, dis-je, que Sa Majesté, dans son exil, observait attentivement ce qui se passait en France, et qu'elle savait gré du bien qu'ils faisaient à son peuple, à ceux-là même qui l'en avaient séparée, et qui l'en tenaient éloignée.

Aucun des malheurs qui accablaient alors la France, par suite d'une guerre désastreuse, ne pouvait être imputé à l'auguste famille des Bourbons, et elle ne devait qu'à Dieu, d'y être rentrée. En effet, c'était l'ambition de Buonaparte qui avait suscité cette guerre; d'une autre part, les puissances étrangères avaient essayé vainement de traiter avec lui; et enfin les efforts, en sens contraires, qui avaient été faits jusque là, par des Français même, ou pour détruire, ou pour maintenir la révolution (1), se trouvaient pareillement avoir été tous inutiles. La restauration des Bourbons était donc un véritable miracle. Aussi, à l'exemple de la Divinité à qui seule il était redevable du rétablissement de son pouvoir, Louis XVIII ne voulût en user que pour conserver. Il oublia tous les torts, et ne se rappela que des services. Ceux qui l'avaient suivi, et ceux qui étaient restés en France, s'étaient, à ses yeux, montrés également fidèles : les uns, par leur attachement à sa personne, et les autres, par leur attachement à la patrie; ceux-là, pour avoir conservé le Roi à la France, et ceux-ci, pour avoir conservé la France au Roi. Les guerriers qui rentraient avec lui, semblaient s'empresser de venir se réunir à ceux qui étaient restés en France, et dont les noms portés sur les ailes de la victoire avaient si souvent retenti à leurs oreilles, ex-

(1) Au 31 mars 1814, la Révolution fut renversée, mais ceux qui avaient combattu pour elle, n'avaient point été vaincus, et ceux qui avaient combattu contre elle, n'avaient pas été vainqueurs. Les actions des uns et des autres ne pouvaient être conséquemment ni jugées ni appréciées d'après ce résultat; elles restaient toutes excusables ou repréhensibles, honteuses ou honorables, criminelles, ou glorieuses, d'après les seules règles de la justice éternelle.

cité leur admiration, réjoui leurs cœurs, et flatté leur amour-propre national. Nos guerriers semblaient, de leur côté, contempler, avec émotion et respect, ces vieux soldats de la légitimité blanchis par le malheur, et un de nos plus illustres Maréchaux (M. le Duc de Tarente) unissant dans un même sentiment de bienveillance et de sollicitude, les intérêts des victimes de la fidélité, et ceux des victimes du patriotisme, demandait la création de 12 millions de rentes, pour, tout à la fois, indemniser les Émigrés de la perte de leurs biens, et compléter les dotations des militaires mutilés ou Chevaliers de la Légion-d'Honneur.

Après avoir servi sous des bannières différentes, les Français, à cette heureuse époque de 1814, se trouvaient donc tous ralliés sous la même, et les services rendus au Roi ou à la Patrie, lorsque le Roi et la Patrie étaient séparés, acquéraient encore un plus grand lustre de ce que la Patrie et le Roi étaient enfin à jamais réunis. Toutes les belles actions faites de part et d'autre, pouvaient, dès lors, être mises en commun; et, en rentrant ainsi dans le domaine de la nation, tous les brillans souvenirs qui s'y rattachaient, venaient accroître et enrichir encore cet immense patrimoine de gloire et d'honneur qu'elle n'avait pas cessé d'agrandir depuis 1400 ans.

D'un autre côté, il n'existait plus, en France,

de préjugés politiques. La révolution, en démontrant, par son triomphe, que les anciennes institutions étaient ou mal assorties ou insuffisantes, puisqu'elles n'avaient pu ni la prévenir, ni l'arrêter, nous avait appris, en même temps, par l'impuissance où elle avait été elle-même de se consolider, que des institutions sont pourtant indispensables pour maintenir l'ordre social.

Ainsi que les haines, toutes les préventions politiques étaient donc étouffées, et nous nous trouvions véritablement reportés aux premiers jours, aux beaux jours de 1789, désirant tous, avec la même ardeur, un meilleur ordre social, mais connaissant mieux à quelles conditions il peut être réalisé, et mieux disposés aussi à accepter ces conditions. L'opinion publique était parfaitement éclairée et très-fortement prononcée sur tous ces points ; et, sur les uns comme sur les autres, elle aurait même pu être un guide sûr et un auxiliaire puissant. En effet, si on l'avait consultée, ou plutôt si on l'avait écoutée, on nous aurait donné des institutions fortes, et la Charte aurait été complète et parfaite. Dans ce cas, on aurait aussi cherché à réparer, du moins en partie, les maux qui avaient pesé sur la France ; on aurait supprimé l'exercice des droits réunis ; on aurait en même temps indemnisé les Émigrés de la perte de leurs biens et assuré aux militaires qui étaient mutilés ou membres de la Légion-d'Honneur, le paiement intégral de leurs dotations. Tout ceci particulièrement était possible, et même très-facile.

Le budget établi par la loi du 23 septembre 1814, présentait un excédant de recettes de plus de 70 millions. A la vérité, il y avait une dette arriérée exigible; mais la plus grande partie de cette dette concernait des fournisseurs qui tous s'attendaient à être payés en rentes, et dont la plupart se seraient estimés heureux d'être payés ainsi, puisque, ayant entrepris ou continué leurs fournitures après l'expulsion du Corps législatif, à la fin de 1813, et sans budget légal, ils n'étaient pas créanciers légitimes, d'après les principes même de cette époque. D'ailleurs, comme il serait arrivé infailliblement que les rentes se seraient bientôt élevées au pair, il se serait trouvé, au fond, qu'ils auraient été payés intégralement et presque sans retard. On jugea à propos d'adopter un système plus savant; de les payer en obligations à 8 pour cent d'intérêt, remboursables en numéraire, dans trois ans, et de consacrer à ce remboursement, les 70 millions d'excédant de recettes, ainsi que le prix de 300 mille hectares de bois nationaux qui, à cet effet, furent mis en vente. On ordonna, en même temps, que la vente des biens des communes continuerait d'être faite au profit de l'État, et enfin les contributions directes de 1814, furent portées à une somme bien supérieure à celles de 1812.

Par ces diverses mesures, toutes les idées d'ordre et de justice que l'on avait attachées à la restauration, furent troublées et déconcertées; toutes les espérances de réparation des maux passés ou d'allégement des charges actuelles, que l'on s'était faites, furent déçues, et c'est là une des causes les plus certaines des nouveaux malheurs qui sont venus depuis affliger notre patrie. Ah! si au lieu d'effrayer les esprits, d'abord par un déficit de 1305, et ensuite de 759 millions, on avait présenté ce déficit, tel qu'il était véritablement (de 400 millions, tout au plus, puisque aujourd'hui même, en 1822, après huit années de liquidation, il ne s'élève pas à cette somme), et qu'on eût donné en paiement de cette dette arriérée, des rentes pour une somme annuelle de. . . . 20,000,000 fr.

Si on avait supprimé les exercices des droits réunis, ce qui aurait diminué les recettes, tout au plus de. 10,000,000

Si on avait affecté à l'indemnité des Émigrés, et au complément de la dotation des militaires ou mutilés, ou membres de la Légion-d'Honneur, au lieu

A reporter. . . . 30,000,000 fr.

Report. . .	30,000,000 fr.
des 12 millions de rentes demandées par M. le Maréchal duc de Tarente, ci.	15,000,000
Et qu'on eût affecté à la réduction des impôts, ou à la fondation d'une caisse d'amortissement, les autres.	25,000,000
Total. . .	70,000,000

le cours de la rente serait aussitôt, ou très-promptement du moins, monté au pair, l'intérêt de l'argent aurait baissé, et, par suite, tout aurait repris plus d'activité. L'agriculture, l'industrie et le commerce se seraient élevés rapidement au plus haut degré de prospérité, et même ensuite, par un heureux retour, et par l'accroissement des impôts sur les consommations autrement appelés indirects, ils auraient fourni au trésor public, de plus forts tributs et une plus grande abondance. Les indemnités accordées aux Émigrés auraient inspiré aux acquéreurs de domaines nationaux, plus de confiance dans le Gouvernement; le paiement intégral des dotations lui aurait concilié aussi l'affection des militaires; et en même temps la suppression des exercices des droits réunis lui aurait assuré l'amour et la reconnaissance des peuples. Alors, et les acquéreurs de domaines nationaux, et les militaires, et les peuples, en voyant tenir les promesses faites et réaliser toutes les espérances conçues, auraient été prémunis contre toutes les suggestions, et seraient tous restés inaccessibles à ces bruits mensongers par lesquels on leur a depuis si facilement fait croire que les services militaires ne seraient point recompensés, que les ventes de domaines nationaux seraient annulées, et que les dîmes et les droits féodaux seraient rétablis. Buonaparte n'aurait pas tenté de remettre le pied en France, ou, au sein de cette France, dès lors, tranquille et heureuse, il aurait trouvé le plus grand nombre des militaires et généralement tous les peuples, contraires à ses nouveaux plans de discorde et de guerre. Ce résultat eût été bien plus certain encore si, par une habile application de la science des finances et par l'emploi de ces moyens de crédit qui rendent l'impôt insensible en le répartissant sur plusieurs années, on eût, en outre, *comme cela eût été également très-facile*, signalé le retour des Bourbons, en France, par la suppression d'une grande partie des deux impôts les plus onéreux aux contribuables et les plus funestes à la prospérité publique : la contribution foncière et celle des patentes.

CHAPITRE IV.

Examen de la Constitution donnée, en 1814, sous le titre de Charte; nécessité pour tous les intérêts et pour toutes les positions, de la compléter et de l'améliorer.

La Charte sera éternellement un monument irréfragable de l'amour de Louis XVIII pour les Français, ainsi que de son désir, en leur accordant cette participation aux affaires publiques qu'ils avaient tant désirée, de leur procurer tous les avantages dont une union plus étroite du peuple et du Gouvernement peut être la source. La postérité reconnaîtra et admirera, comme la génération présente, les sentimens magnanimes qui ont inspiré la Charte, mais elle déplorera que ceux à qui son auguste fondateur en avait confié la rédaction, n'aient pas mieux rempli ses généreuses intentions, en en combinant plus convenablement les diverses dispositions. Elle s'étonnera surtout de retrouver, dans les articles relatifs aux droits publics des Français, des principes faux, ou qui peuvent donner lieu aux plus étranges prétentions, et elle verra pareillement, avec regret, que les dispositions les plus libérales de ces articles, aient manqué de garantie.

L'article 1er de la Charte, porte que : Les « Français sont égaux devant la loi, quels que « soient d'ailleurs leurs titres et leurs rangs ; » « et l'article 3 : « qu'ils sont *tous également* « *ment* admissibles aux emplois civils et mi- « litaires. »

Assurément, il est sous-entendu que ceux qui seront nommés aux emplois, réuniront d'ailleurs les vertus, l'instruction, la fortune, et les autres conditions nécessaires pour les bien remplir, ou pour répondre éventuellement de leurs prévarications. Il est bien évident que ces deux articles n'ont pas eu pour objet d'établir, en France, au point de civilisation où nous sommes, l'égalité des gouvernemens despotiques de l'Orient, ni de faire revivre l'égalité anarchique de 1793, et qu'on n'a ni entendu, ni voulu que notre Gouvernement pût jamais faire, suivant ses caprices, ni un juge, d'un homme illettré ; ni un receveur-général, d'un homme sans cautionnement ; ni tout à coup un colonel, d'un simple soldat, comme on faisait naguère en France, et comme on le fait encore en Turquie ; mais il n'est pas moins vrai que, d'après ces deux articles, cela serait constitutionnel, et que cette égalité que la Charte établit, ne profiterait ainsi qu'aux courtisans, comme celle de l'an 2 ne profita qu'aux intrigans de cette époque. Très-certainement les rédacteurs de la Charte auraient bien mieux rendu la pensée du Roi, si, par de sages dispositions, en ouvrant à tout le monde, l'accès des emplois, ils avaient assuré à l'ancienneté et au mérite seuls, l'avancement.

L'article 2 porte que « Les Français contri« buent *indistinctement, dans la proportion* « *de leur fortune*, aux charges de l'État. »

Il semblerait, d'après cet article, que, dans aucun cas, l'impôt ne devrait peser plus sur le pauvre que sur le riche; il semblerait aussi qu'il ne devrait point en être levé là où il n'y aurait point de fortune; il semblerait enfin que ceux qui jouissent de grands revenus connus, ne devraient point en être exempts. Cependant, non-seulement les vins médiocres qui sont la boisson du pauvre, sont imposés au même droit de circulation que les vins exquis que boivent les riches, mais encore il se trouve que l'homme riche, parce qu'il a de quoi acheter les vins en gros, est affranchi du droit de consommation que le pauvre ne supporte que parce qu'il ne peut les acheter qu'en détail. D'un autre côté, sur un héritage de 100,000 fr. grevé de 100,000 de dettes, le Trésor prélève, sous le titre de droit de succession, un impôt de 7 pour cent, encore bien que l'héritage, accepté sous bénéfice d'inventaire, ne présente aucun profit pour l'héritier; assurément, cet impôt, en réduisant de 7,000 fr. le dividende des créanciers antérieurs au décès, se trouve porter sur eux d'une manière qui peut leur paraître extrêmement injuste. Enfin des capitalistes qui possèdent notoirement plus de 170 millions de rentes sur l'État acquises, pour la plus grande partie, depuis la Charte, ne contribuent cependant pas aux charges publiques, pour un seul centime, à raison de cet immense revenu. Sans doute, il y a de très-bonnes raisons pour que tout cela soit ainsi, mais il n'en est que plus malheureux que les rédacteurs de la Charte lui aient fait dire que cela serait ou devrait être autrement.

L'art. 4 porte que « La liberté individuelle est « *également garantie*, personne ne pouvant « être poursuivi, ni arrêté que dans les cas « prévus par la loi, et dans la forme qu'elle « prescrit. »

Le but de cet article était évidemment de garantir que personne ne serait arrêté, ni détenu uniquement parce qu'il serait suspect, cependant nous avons vu, deux fois, depuis la Charte, porter et exécuter des lois qui autorisaient cet arbitraire.

L'art. 8 dispose que « Les Français ont *le* « *droit de publier et de faire imprimer leurs* « *opinions*, en se conformant aux lois qui « doivent réprimer les abus de cette liberté. »

Cet article aurait été dérisoire, comme l'article 4, s'il n'avait pas signifié qu'il n'y aurait plus de censure préalable, cependant cette censure préalable a été établie, en 1814, et, après quelques mois seulement d'interruption, elle a été encore, en 1820, remise en vigueur pour les journaux, et maintenue pendant près de deux ans.

L'art. 5 porte que « Chacun professe sa reli« gion, *avec une égale liberté*, et obtient, « *pour son culte, la même protection.* »

Certainement cet article ne veut pas dire qu'un Français, à qui il aurait plu d'embrasser, par exemple, la religion musulmane, pourrait la professer avec la même liberté, et obtenir, pour ce culte, la même protection dont doit jouir la religion de l'État, et bien moins encore que, par respect pour sa nouvelle opinion, il faudrait rapporter les articles du code civil, qui interdisent la bigamie. Une telle prétention serait révoltante, cependant celui qui oserait l'élever, pourrait la motiver sur le texte même de la Charte.

L'art. 6 se borne à dire que, « La Religion « catholique, apostolique et romaine est la *Religion de l'État.* »

Il eût été sûrement plus convenable que cet article eût exprimé, en même temps, quand ce n'aurait été que pour les limiter, les prérogatives qui doivent naturellement être attachées à ce titre de Religion de l'État.

L'art. 7 dispose que « Les Ministres de la « Religion catholique, apostolique et romaine,

« et ceux des *autres cultes chrétiens*, reçoi-« vent seuls des traitemens du Trésor royal. »

L'on n'a point désapprouvé que le Trésor fût chargé de payer des traitemens aux Ministres des cultes chrétiens des confessions d'Augsbourg et de Genève, mais on a regretté qu'en ne désignant pas ces deux cultes nominativement, on ait donné aux autres sectes chrétiennes qui existent déjà, ou qui pourraient désormais se former, le droit d'en réclamer aussi.

L'art. 12 s'exprime ainsi : « *La conscription* « *est abolie*; le mode de recrutement de l'ar-« mée de terre et de mer, est déterminé par la « loi. »

La conscription consistait en ce que tous les jeunes gens qui avaient atteint un certain âge, étaient obligés de tirer au sort pour former un contingent de soldats. Eh bien! c'est ce même système précisément que la loi du 10 mai 1818 qui détermine le mode de recrutement, a fait revivre.

Les art. 38, 39 et 40 qui exigent que l'on paie 300 fr. de contributions directes pour être électeur, et 1,000 fr. pour être éligible, et qui disposent en même temps que, dans un département où il ne se trouverait pas 50 personnes payant 1,000 fr., ce nombre de 50 sera complété par les plus imposés au-dessous de 1,000 fr., sont si peu combinés que, dans certains départemens, des hommes qui ne paient que 150 fr. sont *éligibles*, sans pouvoir être *électeurs*.

L'art. 40 précité portant que « Les électeurs « qui concourent à la nomination des députés, « ne peuvent avoir droit de suffrages, s'ils ne « paient une contribution directe de 300 fr., » avait généralement paru signifier, non pas qu'il n'y aurait plus d'assemblées primaires, mais seulement que les assemblées primaires ne pourraient désormais choisir les électeurs que parmi les contribuables imposés à 300 fr., et, en effet, le Gouvernement avait proposé lui-même, en 1816, une loi pour organiser des assemblées primaires et des assemblées électorales, et la Chambre des députés avait adopté ce double degré d'élection ; cependant, le 5 février 1817, il a été rendu une loi qui, en écartant le système des assemblées primaires à l'effet de nommer les électeurs, a déclaré électeurs de droit tous ceux qui paient 300 fr., et a dépouillé ainsi tous les autres contribuables au-dessous de 300 fr., du droit naturel de participer à la nomination des députés. On a prétendu alors que l'esprit et la lettre de la Charte ne conféraient ce droit, qu'aux contribuables de 300 fr. N'est-il pas singulier que cette intention de la Charte donnée, en 1814, ait été ignorée jusqu'en 1817, de tous les électeurs généralement, et que, jusque là aussi, elle ait été méconnue au point que le Gouvernement lui-même avait proposé, en 1816, et que la Chambre des députés avait également, de son côté, délibéré d'organiser les deux degrés d'élection ? N'est-il pas plus bizarre encore que le texte de la Charte se trouve avoir exprimé qu'il n'y aurait pas d'assemblées primaires, tandis que ses rédacteurs avaient tous positivement entendu (1) qu'il y en aurait ?

L'art. 46 portant « qu'*aucun amendement* « ne peut être fait à une loi, s'il n'a été proposé, « *en comité*, par le Roi, et s'il n'a été envoyé « et discuté dans les bureaux, » est tel qu'il n'a jamais été exécuté, et qu'aucun des membres de la Commission chargée de la rédaction de la Charte, ne saurait en justifier les dispositions, ni même en indiquer l'application.

L'art. 71 de la Charte est ainsi conçu : « La « noblesse ancienne reprend ses titres, la nou- « velle conserve les siens ; le Roi fait des nobles « à volonté ; mais il ne leur accorde que des « rangs et des honneurs, *sans aucune exemp-* « *tion des charges et des devoirs de la so-* « *ciété.* »

Cette dernière disposition qui fait évidem-

---

(1) Dans un discours prononcé, le 6 janvier 1817, à la Chambre des députés, M. Clausel de Coussergues a attesté que la Commission chargée, par le Roi, d'examiner le projet de Charte, l'avait unanimement entendu ainsi, et il a pris à témoin de ce fait, les députés et les pairs qui avaient, comme lui, été membres de cette Commission.

ment allusion aux priviléges et aux abus de cet ancien régime féodal qu'il serait aussi difficile aujourd'hui de ressusciter, que de réveiller la poussière des tombeaux, est certainement très-juste au fond; mais elle a été placée ici sans nécessité, puisque, sous le régime constitutionnel, et d'après les autres articles de la Charte, de pareils priviléges ne peuvent plus se reproduire, et elle a, d'un autre côté, le grave inconvénient d'entretenir la fausse idée que l'on s'est faite de la noblesse. La noblesse, en effet, la véritable noblesse, celle dont, suivant l'expression de Montesquieu, l'honneur est, pour ainsi dire, l'enfant et le père, loin de réclamer aucune exemption des charges et des devoirs sociaux, ne saurait jamais demander au contraire d'être distinguée que par des obligations, envers l'État, plus étroites et plus utiles. L'art. 71 de la Charte est donc défectueux, et pour ce qu'il dit, et pour ce qu'il ne dit pas, et parce qu'il exprime, sans nécessité, que les nobles ne seront pas exempts des charges et des devoirs communs, et parce qu'il n'assigne pas, comme il aurait dû le faire, des devoirs plus étendus, et des obligations plus grandes, aux nobles, qu'aux autres citoyens.

Sous d'autres rapports, la Charte laisse beaucoup à désirer. Elle ne contient aucune disposition propre à relever la dignité de la magistrature. Elle a omis aussi de dispenser aux Ministres de la religion, cette participation aux affaires publiques, qui est compatible avec leurs fonctions, et qui, en leur donnant plus d'ascendant sur les esprits, assurerait à la morale dont ils sont les organes, une influence plus salutaire.

La Charte est muette pareillement sur l'autorité administrative, cependant, soit que cette autorité forme un pouvoir distinct et séparé, ou qu'elle ne doive être regardée que comme une dépendance du pouvoir exécutif, il eût été convenable qu'elle eût été organisée par la Charte même. Certainement, la prérogative de nommer, de suspendre, de révoquer et de remplacer, à volonté, près de 500,000 préfets, sous-préfets, maires, adjoints de maire, conseillers de préfecture, conseillers de département, conseillers d'arrondissement, ou conseillers de commune, lesquels, exerçant leurs fonctions dans nos 86 départemens, dans nos 360 arrondissemens communaux, et dans nos 36,000 communes, semblent envelopper toute la France, comme d'un triple réseau, certainement, dis-je, cette prérogative est d'un très-grand poids dans la balance des pouvoirs politiques, et si les rédacteurs de la Charte n'avaient pas l'intention de l'attribuer définitivement à la Royauté, ils ne devaient pas la lui laisser provisoirement, de peur de rompre l'équilibre de ces pouvoirs.

Dans tous les cas, ils auraient dû organiser eux-mêmes l'autorité administrative, et ne point léguer à la législature, le soin d'en coordonner la composition et les attributions avec les autres dispositions de la Charte, pour ne pas exposer ainsi les trois diverses branches du pouvoir législatif, à la difficulté de s'entendre sur un objet dans lequel chacune d'elles a des intérêts différens et même opposés.

En considérant l'ensemble de la Charte, on ne saurait méconnaître que ses rédacteurs n'aient voulu attribuer à la Royauté, la prérogative de nommer à tous les emplois de l'autorité administrative, et, en effet, dans le système défectueux qu'ils ont établi, il serait impossible à la Royauté, de gouverner sans cette prérogative; mais on ne conçoit guère que ce soit au nom de Louis XVIII, qu'ils aient prétendu enlever aux Français, une partie des bienfaits de l'affranchissement que les communes devaient à ses ancêtres. Quoi qu'il en soit, il serait bien difficile que la Royauté, dans un temps, ou dans un autre, ne fût pas amenée par la force de l'opinion, ou par la puissance des souvenirs et des vieilles habitudes, à céder de nouveau, au peuple, le choix des maires et des conseillers de commune, d'arrondissement et de département, et, dès lors, que seront les préfets? Déjà la Royauté a été entraînée à faire des concessions sur ce point; elle ne pourra certainement pas en rester là, et, au surplus, c'en est assez pour neutraliser l'autorité des préfets, et rompre l'équilibre que les rédacteurs de la Charte sont présumés avoir voulu établir entre les pouvoirs.

La Charte a créé, pour servir de contre-poids à la Royauté, ou de barrière à la Démocratie, une Chambre des pairs, mais elle ne l'a pas mise en état de remplir cette double destinée. Elle ne lui a donné ni, dans l'opinion, les racines et l'appui qui lui seraient nécessaires pour balancer la force de la Chambre des députés, ni, sous le rapport de la fortune, cette indépendance dont elle aurait besoin pour résister aux séductions de la Royauté. Les rédacteurs de la Charte se sont bornés à dire, art. 24, que « La « Chambre des pairs est une portion essentielle « de la puissance législative; » en ne répétant pas ensuite la même chose, quand ils ont parlé de la Chambre des députés, ils ont bien fait voir qu'ils avaient senti la faiblesse naturelle de la Chambre des pairs. Mais, auraient-ils donc prétendu lui donner de l'importance, par une simple définition?

L'expérience avait trop fait connaître quelle est la force d'une Chambre des députés, pour qu'il fût nécessaire de la lui révéler, en disant d'elle aussi, qu'elle est une portion essentielle de la puissance législative. On savait assez qu'elle sentirait bientôt qu'émanée du peuple, elle avait, comme lui, une puissance irrésistible. On a cherché, au contraire, à diminuer cette puissance; et, pour cela, on a inséré dans la Charte, les dispositions suivantes: Art. 16. « Le Roi propose la loi. » Art. 44. « La de-« mande de cinq membres suffit pour que la « Chambre des députés se forme en comité se-« cret. » Art. 46. « Aucun amendement ne peut « être fait à une loi, s'il n'a été proposé, en co-« mité, par le Roi. » Art. 50 « Le Roi peut « dissoudre la Chambre des députés des dépar-« temens. » Mais, nouveaux Dalila, les rédacteurs de la Charte auraient-ils donc espéré pareillement d'enchaîner et de contenir cet autre Samson, avec des maximes et des règlemens?

Ce qui doit étonner davantage, c'est qu'ils aient négligé de régler au moins le mode d'élection des députés.

L'art. 35 de la Charte, porte que « L'organi-« sation des Colléges électoraux sera *déter-« minée par la loi.* » En 1816, ainsi que nous l'avons déjà dit, le Gouvernement en proposa une d'après laquelle, pour nommer les membres des Colléges électoraux, il y aurait eu des assemblées primaires composées des Maires, des Juges de paix, des Curés, etc. On craignit que les choix ne fussent trop ministériels. La Chambre de 1815 proposa, au contraire, de composer les assemblées primaires, de tous les citoyens payant 50 fr. de contributions, et on parut craindre que les choix ne fussent trop aristocratiques. On aurait pu proposer d'admettre dans ces assemblées, généralement tous les Français sans condition de contribution, et alors certainement les choix auraient paru devoir être trop démocratiques. Ainsi, par son silence sur ce point, la Charte, en mettant à la merci de la loi, l'organisation des Colléges électoraux, et en la rendant variable comme elle, a laissé la Chambre des députés sans constitution véritable et sans fixité; elle l'a exposée à être ou ministérielle, ou aristocratique, ou démocratique, suivant l'esprit qui aurait présidé à la formation de la loi organique du mode d'élection. Celle qui fut adoptée, le 5 février 1817, sans avoir aucun des avantages de ces modes divers, en réunissait tous les défauts. Elle pouvait également nous conduire, ou au Despotisme, ou à l'Aristocratie, ou à la Démocratie, puisque déjà, suivant que les partis, ou ministériels, ou aristocratiques, ou démocratiques, avaient eu l'habileté ou le temps d'établir leurs influences, les Colléges électoraux, obéissant aux impulsions qui leur avaient été données, ont fait des choix, ou ministériels, ou aristocratiques, ou démocratiques.

Effrayé de l'avantage que le parti démocratique avait su tirer de cette loi, le Ministère a, en 1820, proposé successivement deux autres modes d'élection, et fini par en faire adopter un troisième qui, par une triple violation de la Charte, élève le nombre des Députés de 262 à 430, délègue la nomination de 165 des 172 nouveaux députés, exclusivement au quart des plus forts contribuables des anciens Colléges, et transforme 249 des anciens députés des départemens, en simples députés d'arrondissemens. Ce nouveau système d'élection, qui a été établi par la loi du 29 juin 1820, et qui n'est pas mieux combiné que les précédens, pour le but qu'il fallait atteindre, présente cela de bizarre, que nous aurons désormais, à la fois, en vertu de la même loi, trois espèces différentes de députés : 249 députés nommés par des Colléges composés de tous les contribuables de 300 fr. et au-dessus, de chaque arrondissement; 16 députés nommés par des Colléges composés de tous les électeurs à 300 fr. et au-dessus, de 6 départemens; et 165 députés nommés par des Colléges composés seulement du quart des plus forts contribuables des 80 autres départemens.

Ce qu'il y a de malheureux, c'est que ce système peut produire les dissensions les plus déplorables. Il a été proposé et adopté en haine de ce que les électeurs à 300 fr. nommaient des députés trop libéraux, et dans l'espoir que les plus forts contribuables feraient des choix contraires. L'esprit qui a présidé à la formation de la loi du 29 juin 1820, en déterminera infailliblement, plus tôt ou plus tard, le double caractère et la double influence. Puisqu'on a considéré les Colléges des électeurs à 300 fr. comme dominés par les opinions appelées libérales, et les Colléges composés du quart des plus forts contribuables, comme imbus d'opinions qualifiées de monarchiques, ces deux espèces de Colléges tendront, d'année en année, à produire respectivement des choix analogues à cette distinction, et les députés de même que les électeurs seront, avec le temps, partagés en libéraux et en monarchiques, et par conséquent les rivalités d'abord, ensuite la discorde, et enfin la guerre civile se trouveront ainsi avoir été organisées par la loi elle-même. Certes, on s'est bien gardé, en Angleterre, de diviser légalement la nation, en Wighs et en Toris, et bien moins encore de leur assigner des contingens de députés, et des Colléges électoraux séparés.

Par une méprise non moins fatale, les rédacteurs de la Charte ont également mal déterminé les attributions de la Royauté. En voulant la fortifier, ils lui ont donné ou laissé des positions qui devaient infailliblement être attaquées et qu'elle ne saurait défendre, comme d'administrer tous les intérêts locaux, par des Maires et des Conseillers de son choix, d'influer sur la distribution de la justice criminelle, par la formation des listes des Jurés, etc. Ils lui ont donné aussi ou laissé des armes qui, pour être trop acérées, lui ont été déjà plus nuisibles qu'utiles, par exemple, la prérogative de distribuer, de continuer ou de retirer, à son gré, tous les emplois d'administration publique. Dans la même vue de donner plus de force à la Royauté, au lieu d'établir franchement et par des mesures constitutionnelles, son influence sur la Chambre des députés, ils avaient laissé cette Chambre réduite au nombre porté par la Constitution de l'an 8, comme s'il était possible de maintenir que 30 millions d'hommes ne fussent représentés que par 262 députés. Ils semblent enfin n'avoir vu la Constitution que dans l'organisation d'un seul pouvoir, le pouvoir législatif, et n'avoir encore considéré ce pouvoir législatif que comme un champ de bataille où les trois élémens qui le composent, seraient inévitablement placés dans un état d'hostilité et de lutte perpétuelles. Ils ont, en conséquence, cherché à fortifier le plus faible des trois, la Royauté, par des attributions accumulées, mais mal entendues; à relever la Pairie, par des définitions graves, mais vaines, et, au contraire, à affaiblir la Chambre des députés, par des règlemens sévères, mais impuissans.

Ces trois élémens ainsi créés et jetés, par la Charte, au milieu des fermens de troubles et de discordes qui, en 1814, couvraient toute la France, et au travers de cette multitude d'intérêts violens, de passions effrénées, et d'opinions furibondes qu'une révolution atroce avait, pendant 25 années, enfantés, soulevés, enflammés, et dont une politique perfide s'efforçait incessamment d'accroître de plus en plus l'incandescence, en rappelant des souvenirs odieux, ou en excitant des craintes chimériques, ces trois élémens, dis-je, ressemblaient à ces astres qui, dans les systèmes du monde, de quelques physiciens, auraient été lancés avec des forces inégales d'attraction et de répulsion, à travers les atomes et les tourbillons du chaos, et qui, saisissant leurs analogues, par des agrégations fortuites, auraient enfin, quoique dirigés par un aveugle destin, réalisé, entre mille autres combinaisons possibles, la seule qui pût produire ce magnifique ouvrage que nous offre l'univers. Placées au milieu de toutes les oppositions et de toutes les résistances sociales, pour les concilier, les trois branches du pouvoir législatif qui, dans les desseins de l'auguste fondateur de la Charte, devaient ou écarter, ou neutraliser, ou anéantir promptement toutes les influences malfaisantes, et produire et nous offrir un aussi admirable spectacle, dans l'ordre social, que l'est la création du monde, dans l'ordre physique, n'ont servi, jusqu'ici, qu'à nous faire craindre alternativement, le despotisme dans la Royauté, l'oligarchie dans la Pairie, ou la démagogie dans la Chambre des députés, car nous avons eu tour à tour des sujets de nous alarmer, tantôt de la prépondérance de la Chambre des députés, tantôt de celle de la Chambre des pairs, tantôt et bien plus encore de celle de la Royauté, surtout en voyant avec quelle facilité celle-ci a successivement brisé l'une et l'autre Chambre; et si, en effet, nous avons échappé au despotisme, c'est uniquement parce que le caractère personnel du Roi naturellement juste et paternel, et son attachement fortement prononcé pour le système constitutionnel, nous en ont préservés. Mais, il n'en est pas moins vrai, que la Charte a été si mal rédigée que les trois branches du pouvoir législatif, bien loin de se pondérer et de produire cette balance et cette harmonie d'où naissent, dit-on, l'ordre et la liberté, et qui en garantissent la durée, ne nous présentent que le tableau affligeant d'un état continuel d'oppositions et d'hostilités.

C'est une erreur, au surplus, de penser qu'il faille nécessairement que les divers pouvoirs de de la société aient des forces égales, et qu'ils soient indépendans et placés dans un état d'opposition mutuelle. Ces expressions de contre-poids, de balance des pouvoirs, peuvent plaire à l'imagination, mais ne satisfont pas la raison. En physique, les forces égales et opposées se neutralisent; leur équilibre les tient dans l'inaction. Or, le mouvement, et un mouvement régulier est la première condition d'un Gouvernement, comme d'une machine; si donc ils sont susceptibles d'être comparés, c'est conséquemment parce que l'on peut dire, avec raison, d'un Gouvernement, comme, par exemple, de cette ingénieuse machine qui divise et marque le temps, que, s'il faut, dans tous les deux, des ressorts opposés, il faut également aussi, dans l'un comme dans l'autre, un moteur qui imprime et qui régularise le mouvement.

Ce qui, au reste, plus que tous les raisonnemens, démontre les défectuosités et l'insuffisance de la Charte, c'est, je le répète, l'expérience qui en a été déjà faite. Elle aurait dû contenter tous les esprits et réunir tous les cœurs, et cependant l'inquiétude et les dissensions n'ont pas cessé de régner en France, et d'augmenter de jour en jour. On peut sans doute attribuer tout cela, à la mauvaise administration et aux faux systèmes des Ministres; mais ils pourraient, à leur tour, en rejeter la plus grande partie sur les rédacteurs de la Charte, et c'est effectivement en remontant aux vices de notre organisation politique, que l'on s'expliquerait plus facilement et plus sûrement que par tout autre moyen, et ce qui s'est passé depuis 1814, et ce qui existe aujourd'hui.

Au surplus, les imperfections de la Charte ont été reconnues et avouées d'une manière si positive, et par des autorités si imposantes, que j'aurais pu me borner à les citer.

Indépendamment d'un grand nombre d'autres

infractions faites à la Charte, lorsque, par la loi du 28 avril 1816, on a autorisé les greffiers, les avoués, les notaires, les huissiers, les agens de change, etc., à traiter de leurs offices et à présenter leurs cessionnaires à la nomination du Roi, et lorsque, par la loi du 10 mai 1818, on a attribué à l'ancienneté, une très-grande partie des grades militaires, on a ôté au Roi, la libre disposition de ces offices et de ces grades, et altéré sensiblement la prérogative qui lui avait été donnée par l'art. 14 de la Charte. D'un autre côté, lorsque, par la loi du 29 juin 1820, on a porté à 430 le nombre des membres de la Chambre des députés, qui avait été fixé à 262 par l'art. 36 de la Charte, on a singulièrement augmenté sa force. Par ces lois, les proportions que les rédacteurs de la Charte avaient sûrement entendu donner aux divers pouvoirs, ont été évidemment changées, et conséquemment, en proposant ou en adoptant de telles lois, le Gouvernement du Roi, la Chambre des pairs, et la Chambre des députés ont eux-mêmes incontestablement reconnu et clairement avoué que la Charte était imparfaite. Sans examiner ici jusqu'à quel point ces innovations ont été bien ou mal conçues, et bien ou mal assorties à ce qui existait déjà, je ferai remarquer et on trouvera sans doute fort étrange que, dans les discussions dont elles ont été le sujet, ce point de vue n'ait pas frappé tout le monde, et qu'en délibérant de toucher à telle ou telle partie de l'édifice social créé par la Charte, on n'ait pas envisagé son ensemble, ni songé aux disparates que des changemens partiels pourraient y produire.

En résultat, il est constant et reconnu que la Charte n'est pas parfaite, et puisqu'elle ne l'est pas en tout, il est heureux assurément que, comme je l'ai prouvé, elle ne le soit dans l'organisation d'aucun des divers pouvoirs, et en conséquence que ces pouvoirs aient tous besoin respectivement, ou de plus de développemens, ou de plus de forces, ou de plus de garanties, et que leur propre intérêt doive ainsi les disposer tous également à une transaction. C'est une chose bien plus heureuse encore qu'il soit possible, comme je le démontrerai ci-après, de leur en proposer une où ils trouvent tous infiniment à gagner.

CHAPITRE V.

Ce qu'on appelle la Constitution anglaise offre le meilleur modèle de pouvoir législatif, mais le principal ressort qui lui fait produire de si grands prodiges repose sur un grand abus.

QUAND on parle de Constitution, tous les regards et tous les vœux se tournent vers la Constitution anglaise, et en réclament une semblable. On voit, en effet, aujourd'hui, sous cette heureuse Constitution, la loi, régnant seule en véritable souveraine, étendre son inflexible niveau sur toutes les personnes. On y voit la presse jouissant d'une liberté réelle, s'enquérir de tout, et révéler et publier tout, sans oser cependant ni médire, ni calomnier, ou du moins le libelliste y être aussitôt sévèrement puni. On y voit l'investigation du plus vigilant patriotisme rechercher, signaler et poursuivre tous les abus; la censure et la contradiction s'exercer, sans cesse et sans mesure, sur toutes les affaires publiques, et, bien loin de nuire à l'action du ministère, lui prêter cette force et cette vigueur que l'opinion éclairée par les attaques, et satisfaite par les réponses, peut seule communiquer. On y a vu des individus de toutes les classes, s'assembler au nombre de plusieurs mille, pour délibérer sur les affaires de l'État, et jusqu'à 300 mille personnes se réunir pour escorter ou porter en triomphe les chefs de la démagogie, les provocateurs de la réforme radicale, et tous cependant observer le plus grand ordre, contenus, ce semble, par la seule habitude du respect pour la Loi, comme on l'est, dans les assemblées religieuses, par le seul sentiment de la Divinité. On y a vu la régence, que la nature donnait au Prince héréditaire, lui être disputée, pour des motifs propres à l'aigrir, et lui être dévolue plus tard, ainsi que la couronne, sans qu'il ait même songé à la vengeance. On y a vu le second fils bien-aimé du Roi, forcé de se démettre de l'une des charges les plus importantes du Royaume, pour s'être laissé circonvenir et surprendre par des intrigues. On y a vu le public et le parlement intervenir et prendre parti dans les débats domestiques de la famille Royale sur les matières les plus délicates, et tout récemment même, une accusation des plus graves y être portée contre un des personnages les plus éminens (l'épouse du Roi régnant), et, cette accusation, pendant qu'elle était instruite devant la Chambre des pairs, être en même temps soutenue ou combattue au dehors, avec toute la chaleur de l'esprit de parti, mettre en mouvement et partager toute la nation, et être enfin simplement retirée, sans qu'il en soit résulté ni ébranlement ni trouble pour l'État. Ce qui est bien plus merveilleux, on a vu l'Angleterre résister à la confédération et aux hostilités de toute l'Europe, et s'élever même au plus haut degré de puissance et de prosperité, pendant précisément la période de temps où son vieux et respectable Roi, Georges III, était privé de ses facultés mentales.

Mais on admire bien davantage encore, la Constitution anglaise, quand on compare la puissance réelle des Souverains de ce pays, avec celle des autres Monarques. Henri III Roi de France eut recours à l'assassinat, pour se défaire d'un sujet dangereux (le Duc de Guise); Louis XIV jugea nécessaire de dissimuler devant un simple Surintendant des finances (Fouquet); la Reine d'Angleterre, Anne, au contraire, ne prit aucune précaution pour dépouiller de tous ses emplois, un des plus grands hommes de son siècle, le célèbre Malborough. Ce Général couvert de lauriers, et entouré d'une armée victorieuse, résigna son commandement, sur une simple lettre de sa Souveraine. Dans une pareille position, observe Delolme, Annibal continua la guerre, et Cesar marcha sur Rome.

De telles épreuves et de tels résultats, qui

attestent la force et l'excellence du Gouvernement anglais, ont dû naturellement faire envier la Constitution anglaise, à tous les autres peuples, peut-être même aux Rois qui se sentent assez forts pour entraîner leur nation, mais plus certainement encore aux Princes vertueux qui ne veulent régner que par la justice. Aussi, partout (1) depuis quelques années, on prend cette Constitution pour modèle; partout, à l'exemple de l'Angleterre, on s'empresse de statuer que le pouvoir législatif sera divisé en plusieurs branches; que l'une sera formée de pairs ou sénateurs héréditaires, et l'autre de députés du peuple; que les actes du Prince seront contre-signés par des Ministres; et que ces Ministres seront responsables, etc. Mais, en copiant ces institutions, on ne considère pas assez que la Constitution anglaise n'embrasse pas toutes les parties de l'ordre social, qu'elle n'est ni complète dans son ensemble, ni coordonnée dans ses détails, et qu'elle n'est autre chose, à proprement parler, que l'organisation de l'un des pouvoirs politiques, du pouvoir législatif. On ne considère pas assez, en outre, que cette organisation n'a pas été combinée d'avance, qu'elle

(1) Excepté pourtant en Espagne et en Portugal, où l'on n'a sûrement pas mieux fait, comme il est facile d'en juger.

n'a pas été calculée par la raison, qu'elle n'est même pas avouée par la morale, et qu'elle est uniquement le résultat imprévu d'un long et sanglant combat entre les trois principaux élémens de la société, et le produit d'une combinaison fortuite, imparfaite, et conséquemment temporaire, de ces trois élémens dans le pouvoir législatif.

Sans doute, il a été extrêmement sage de diviser le pouvoir législatif, en trois branches; d'instituer une Chambre des pairs et une Chambre des députés; d'attribuer, au Roi, le droit de refuser son consentement aux projets de lois, ainsi que celui de dissoudre le parlement, etc.; mais toutes ces dispositions qu'en France et ailleurs, on a imitées avec une confiance malheureusement trop peu réfléchie, n'ont point empêché, en Angleterre, la Chambre des communes, de dominer presque toujours la Chambres des pairs, et même de l'absorber, quand elle l'a voulu; Charles I.er, de perdre la couronne et la vie; Cromwel, d'usurper l'autorité souveraine; les Stuarts, d'être, par deux fois, expulsés du trône, etc.; et, seules, ces dispositions n'empêcheraient pas le retour de semblables événemens. Les prodiges que nous admirons dans le gouvernement actuel de l'Angleterre, résultent, je le répète, et de ce que les trois élémens politiques s'y trouvent associés dans le Corps législatif, et de la manière dont ils y sont combinés ; mais cette association et cette combinaison reposent sur un abus, un très-grand abus, sur la corruption et la vénalité des suffrages dans les élections et dans le parlement.

Par le laps du temps, ou par les vices de la concession et de la répartition qui furent faites, dans l'origine, du droit de nommer les députés au parlement, il se trouve aujourd'hui que de petites contrées en envoient autant que de grandes provinces ; que des cités très-riches et très-populeuses n'en ont point ; que Londres, qui réunit près du quart des richesses et du douzième de la population de l'Angleterre, ne nomme que huit députés sur une quantité de 658 dont se compose la Chambre des communes, tandis que des bourgs, des villages, et même des masures en envoient plusieurs ; il se trouve aussi que la plus grande partie de ces députés sont nommés par un très-petit nombre d'électeurs ; que des pairs, des seigneurs, ou de simples particuliers ont une grande influence dans les choix, et quelques-uns même le droit de nommer seuls des députés ; et que ces électeurs accoutumés à regarder le droit d'élire comme un patrimoine, en usent comme de leurs autres propriétés, c'est-à-dire, qu'il trafiquent de leurs suffrages ; et enfin que ces suffrages sont achetés à prix d'argent, par des particuliers, ou au profit de leur ambition individuelle, ou dans l'intérêt du Gouvernement (1). Les Ministres non-seule-

---

(1) La petite province de Cornouailles peuplée de 200 mille âmes seulement, nomme 44 députés, et le royaume d'Ecosse qui a près de 2 millions d'habitans, n'en envoie que 45. Manchester ville de 100 mille âmes, Birmingham qui en a plus de 70 mille, et plusieurs autres grandes cités n'ont aucun représentant, et, au contraire, le bourg de Haftings qui n'a que 14 électeurs, celui de Rye qui n'en a que 6, le bourg même de Old-Sarneu réduit à une seule masure, ont chacun deux députés.

Le propriétaire des ruines qui marquent le lieu où fut ce bourg de Old-Sarneu; s'y rend à l'époque des élections, se nomme lui même, dit M. Maltebrun (de qui une partie de ces détails ont été empruntés), président de l'assemblée électorale imaginaire, met son vote solitaire dans l'urne du scrutin, l'en retire gravement, et proclame solennellement que « MM. un tel et un tel sont « dûment élus députés. »

Le seigneur du bourg d'Ailesbury, a le droit de nommer deux membres du parlement. Il lui fut accordé par Guillaume-le-Conquérant, à condition « de fournir de la « paille pour le lit du Roi, trois anguilles en hiver, et « deux oies en été. »

La nomination du député de Bristol est faite, au contraire, par 6,000 électeurs, et celle des députés de Wesminster, par 17,000.

Dans beaucoup de villes, le corps municipal exerce seul le pouvoir électoral; dans d'autres, ce pouvoir appartient à la bourgeoisie, mais le corps municipal peut créer des bourgeois indéfiniment; dans certains endroits, le droit de vote est attaché à la possession d'un terrain, si petit

ment font entrer, de cette manière, un grand nombre de leurs partisans, dans le parlement, mais encore ils y en gagnent d'autres par les divers moyens qu'ils ont entre leurs mains, et notamment en abandonnant aux députés et aux pairs de leur parti, la disposition des divers emplois publics de leur comtés respectifs, et en leur distribuant à eux-mêmes des sinécures, places très-lucratives et sans fonctions, qui sont à la nomination de la couronne (1), et, ce qui est en-

---

qu'il soit, et, à l'approche des élections, on vend, pour la forme, une grande quantité de morceaux de jardins, pour faire et des bourgeois et des électeurs d'un jour; dans quelques endroits, les droits de vote se vendent séparément de la propriété foncière, et peuvent se réunir, par acquisition ou par succession, entre les mains d'un seul particulier, et se transmettre pareillement, même aux femmes, et on a vu, en effet, de jeunes héritières apporter en dot, à leurs maris, le droit de représenter la nation anglaise dans le parlement. Il résulte de cet ordre de choses, que près de 400 députés sur 658, et par conséquent une majorité décidée, sont nommés par moins de 6000 électeurs, sous l'influence et le patronage du Gouvernement, ou d'environ 160 familles considérables et qui, presque toutes, lui sont dévouées. Ce mode d'élection est incohérent, bizarre, ridicule, absurde même; il répugne à la justice et à la raison; mais c'est là cependant ce qui fait que le gouvernement anglais est, en ce moment, le plus parfait de tous ceux qui existent.

(1) Dans la séance de la Chambre des communes du 11 février 1821, M. Crewey a fait observer à la Chambre,

core plus remarquable, c'est que le succès de toutes ces manœuvres devenues presque légales, leur est garanti par la publicité des votes qui se trouve établie, en Angleterre, et y forme, pour le Gouvernement, un moyen puissant d'influence.

C'est par un effet de cet abus, qui change le beau droit d'élire les députés et celui de représenter la nation, en un privilége de vils brocanteurs, et qui est d'autant plus révoltant qu'il corrompt la représentation nationale, à sa source, qu'il place le scandale dans le Gouvernement même, et que de là, comme un venin qui a infecté le siége de la vie, il va sans cesse se répandre dans toutes les parties du corps social, c'est, dis-je, par un effet de cet abus que l'Angleterre nous offre, aujourd'hui, le plus beau modèle de Corps législatif et de Gouvernement:

D'un côté, un parti de l'opposition qui toujours lutte contre le Ministère, observe et harcèle sa marche, épie ses fautes, les relève sans ménagement, et les dénonce avec vigueur;

D'un autre côté, un Ministère obligé, dans l'exercice du pouvoir, d'agir avec prudence et mesure, de respecter les droits des Citoyens et

---

que 72 de ses membres avaient des places dont le traitement s'élevait à 120 mille livres sterlings (3,000,000 fr.), et que 40 suffisaient souvent pour former la majorité ministérielle.

la Constitution de l'État, et nécessairement composé d'hommes choisis parmi les plus capables, pour qu'il puisse, à la fois, administrer, combiner des plans, les exécuter, et repousser les attaques et les critiques sans cesse renouvelées de l'opposition;

Et, entre l'opposition et le Ministère, un grand nombre de membres neutralisés, pour ainsi dire, et habituellement retenus dans le calme et la modération, par une certaine dépendance du Gouvernement, disposés à voter généralement avec les Ministres, mais susceptibles cependant de leur retirer leur appui, de prendre même parti contre eux, et de les forcer ainsi à résigner leurs places, lorsque l'opinion publique fortement prononcée improuve leur administration.

La sagesse humaine doit être sans doute humiliée et confondue de voir encore, par cet exemple, que les meilleurs résultats soient l'effet du hasard et des abus, et qu'ils légitiment, pour ainsi dire, en politique et en administration, ce que la morale réprouve; mais elle peut du moins prévoir et assurer que la morale sera vengée, un jour, si les Anglais, sourds à sa voix, ne remédient enfin aux abus qui existent dans leurs élections.

En effet, ces abus nés depuis long-temps, mais insensibles d'abord, et par conséquent impuissans, du temps de Charles Ier, pour tempérer la trop grande force démocratique de la Chambre des députés, et pour garantir de ses entreprises, la Royauté et la Pairie, sont arrivés, aujourd'hui, au moyen terme où, la somme de leurs avantages compensant la somme de leurs inconvéniens, ils produisent des Chambres de députés parfaitement propres à remplir leur destinée, qui est uniquement de défendre les intérêts du peuple et de servir, tout à la fois, de barrière à la Royauté et de contre-poids à la Pairie; mais ces abus ne pouvant pas rester stationnaires, et devant s'accroître avec le temps, finiront, un jour, par laisser la Démocratie sans représentation, et porter toute l'autorité, ou du côté de l'Oligarchie qui est le pire de tous les Gouvernemens, ou du côté de la Royauté qu'elle rendra despotique, et alors recommenceront les soulèvemens, les révoltes, et tous les désordres qui sont propres aux Gouvernemens vicieux.

Cherchons à imiter la Constitution anglaise. Elle est, en ce qui concerne le pouvoir législatif, et sous beaucoup d'autres rapports, de tous les modèles, le meilleur; mais, en l'imitant pour l'organisation de notre Corps législatif, ne nous arrêtons pas à la considérer extérieurement; pénétrons dans son mécanisme intérieur, et gardons-nous surtout de méconnaître le véritable ressort qui la fait mouvoir. Repoussons, sans hésiter, loin de nous, ce système de corruption par la distribution des emplois et des sinécures, qui la déshonore, qui, plus tard, lui sera fatal; mais, puisque cet abus produit, en Angleterre, de si heureux effets, tâchons, en y substituant, en France, de plus justes mesures, de nous assurer à jamais les mêmes résultats. En un mot, puisque l'expérience le conseille, ou plutôt le commande, concédons à notre Gouvernement, une prépondérance convenable dans les deux Chambres; donnons-lui constitutionnellement une influence mesurée, sur la majorité de leurs membres; mais en même temps ayons soin, par une sage combinaison, de conserver les deux Chambres toujours pures et saines, et d'y créer une opposition indépendante, incorruptible, et assez forte pour contenir le Gouvernement dans de justes limites.

Dans le choix à faire des mesures propres à remplir cet objet, voyons les hommes tels qu'ils ont toujours été, et tels qu'ils seront toujours, et combinons nos institutions politiques, d'après une exacte connaissance du cœur humain, et non point d'après de brillantes et trompeuses théories. Que l'histoire et la raison nous guident. Elles nous démontrent que l'autorité d'un Roi, et l'interposition d'une Chambre de deux ou trois cents pairs, sont impuissantes contre une Chambre de députés, qui s'appuie sur l'opinion publique; que l'anarchie cependant existe, ou devient imminente du moment où une telle Chambre domine. L'histoire et la raison nous démontrent, en même temps, que le despotisme est impossible en présence d'une Chambre des députés, encore bien que, par son organisation, la majorité de ses membres penche vers le Gouvernement, si le mode d'élection de ces députés est essentiellement populaire, et s'il doit infailliblement amener, chaque fois, un assez grand nombre de députés toujours éveillés, toujours attentifs, et sans cesse sollicitant la majorité, de ne pas avoir trop de condescendance.

Eclairés par ce double flambeau et par une sage théorie politique, nous pourrons facilement perfectionner non-seulement notre Corps législatif, mais encore toute notre organisation sociale, et réaliser enfin les intentions paternelles de notre Roi le Désiré.

CHAPITRE VI.

Le meilleur des Gouvernemens est celui qui se compose, à la fois, et dans de justes proportions, de la Monocratie ou Royauté, de l'Aristocratie, et de la Démocratie, en un mot, c'est le Gouvernement Trinocratique.

Toutes les espèces de Gouvernemens peuvent être rangées en trois classes : Gouvernement d'un seul, Monocratie ou Royauté; Gouvernement de plusieurs, Aristocratie; Gouvernement du peuple, Démocratie.

Chacun de ces Gouvernemens a des avantages qui lui sont plus particulièrement propres. Il y a, dans le Gouvernement Monocratique ou Royal, plus d'unité de principes, plus de précision de plans, et plus de promptitude d'exécution. Les déterminations du Gouvernement Aristocratique sont plus réflechies, plus sages, plus stables, plus conservatrices. L'action du Gouvernement Démocratique est plus vive, plus impétueuse, sa force est immense. Le Gouvernement le plus parfait serait donc celui qui réunirait tous ces divers avantages, et celui-là les réunirait tous au plus haut degré; où la Royauté, l'Aristocratie, et la Démocratie seraient associées et unies ou mêlées de telle manière qu'en même temps qu'elles ne formeraient qu'un seul tout, chacune d'elles conserverait cependant, dans toute son essence, son caractère distinctif. Tel serait le Gouvernement :

Où tous ceux, parmi le peuple, qui offrent des présomptions suffisantes de lumières et de bonnes intentions, auraient le droit de manifester, avec une juste mesure d'influence, leurs sentimens sur l'administration publique, de participer, par des mandataires immédiats, à la direction des affaires locales, au règlement des intérêts généraux, au vote de l'impôt, à la confection des lois, et contribueraient ainsi à imprimer à la marche du Gouvernement, avec un esprit progressif d'amélioration, la vie, le mouvement et la force que peuvent lui donner, l'intervention du peuple, et le concours de toutes les facultés et de tous les efforts particuliers;

Où quelques classes d'hommes distingués par des professions austères, par des mœurs graves, par des actions d'éclat, par des talens ou des ouvrages utiles, formeraient des corporations fortes qui se perpétueraient par des agrégations continuelles, et qui, soit par le besoin de défendre, non plus des intérêts particuliers, mais seulement des positions sociales plus élevées, seraient profondément imbues d'un esprit conservateur, et serviraient ainsi, d'un côté, à régulariser, sans l'affaiblir, l'énergie populaire; d'une autre part, à mûrir sans l'énerver, l'activité de la Royauté; et, tout à la fois, à garantir la Constitution de l'État, de toute innovation irréfléchie ou funeste;

Et où enfin la Royauté, plus forte par son alliance avec la Démocratie, plus sage par son union avec l'Aristocratie, et dirigée et aidée plutôt que contenue par ces deux puissans ressorts, pourrait tout ce qu'elle voudrait, mais ne voudrait plus que ce qu'elle devrait.

L'excellence de ce Gouvernement mixte, et qu'on pourrait appeler *Trinocratique*, a été apréciée non-seulement, dans les temps modernes, par les Machiavel, les Montesquieu et autres célèbres publicistes, mais encore, dans les temps anciens, par les plus illustres philosophes. Aristote, disait un écrivain, dans une feuille de l'Aristarque, en 1815, l'avait indiqué aux cités de la Grèce. Solon et Lycurgue en avaient établi une image. Cicéron, au milieu de Rome encore libre et républicaine, le proclamait (1) le meilleur des Gouvernemens. Tacite, en le reconnaissant aussi comme le meilleur de tous, gémissait de ce qu'il ne pouvait pas être

---

(1) Præstantior hæc mihi videtur reipublicæ forma, quæ ex tribus generibus illis, regali, optimo, et populari modice confusa est.

réalisé (1), ou de ce qu'il n'aurait pas de durée, et cette double et fatale erreur, qui a été partagée par presque tous les législateurs, est peut-être celle qui a le plus contribué aux malheurs du genre humain.

En lisant l'histoire, avec un peu d'attention, on y reconnaît facilement que, dans tous les temps, et dans tous les pays, les masses d'hommes, sous quelques formes, et sous quelques dénominations qu'elles aient été constituées, ont été toutes constamment soumises à trois influences ou puissances simultanées, quoique plus ou moins apparentes : à celle du peuple presque toujours agité par le désir d'un changement et l'espoir d'une amélioration; à celle des grands s'efforçant continuellement de conserver et de fortifier l'ordre de choses existant; et à celle d'un individu prépondérant, et exerçant lui-même, ou animant de son esprit, la principale autorité. Ces trois influences ou puissances, que l'on appelle: la première, démocratique; la deuxième, aristocratique; la troisième, monocratique ou royaliste; sont naturellement inhérentes à toute espèce de réu-

(1) Cunctas nationes et urbes, populus, aut primores, aut singuli, regunt. Delecta ex his, constituta reipublicæ forma, laudari facilius quam evenire, vel, si evenit, haud diuturna esse potest.

nions d'hommes. Elles existent et se reproduisent partout, dans les sociétés humaines, et il serait aussi impossible de les en extirper, qu'il le serait de trouver des nations où un seul homme ne domine pas plus ou moins ouvertement, où le peuple ne murmure, ne se soulève et ne réagisse même pas quelquefois contre ceux qui le gouvernent, et où quelques classes d'hommes n'aient pas de l'ascendant sur la multitude, ou de l'importance auprès du Gouvernement. S'il est impossible d'extirper aucune de ces trois influences ou puissances, il est, dès lors, plus simple et plus convenable de travailler à les coordonner que de chercher à les détruire. Il faut conséquemment, pour qu'une organisation politique soit bonne, avoir soin d'y introduire ou plutôt d'y maintenir et d'y employer concurremment les trois puissances sociales, et c'est sûrement, je le répète, pour avoir méconnu cette vérité éternelle, et pour s'être obstiné généralement à vouloir constituer les sociétés humaines sous des formes qui, au lieu de participer, à la fois et dans de justes proportions, de la Démocratie, de l'Aristocratie, et de la Monocratie, appartenaient ou exclusivement, ou trop, ou trop peu, à l'un de ces trois genres de Gouvernement, qu'on les a toujours organisés contre nature, et qu'on a ainsi rendu les révolutions inévitables et fréquentes. C'est ici encore que peut s'appliquer cette réflexion de J.-J. Rousseau : « Si le législateur, se trompant dans son « objet, établit un principe différent de celui « qui naît de la nature des choses, l'État ne « cessera pas d'être agité, jusqu'à ce qu'il soit « détruit ou changé, et que l'invincible nature « ait repris son empire. »

On a dit, avec beaucoup d'esprit, que tout bloc de marbre recèle une belle statue ; il serait encore plus vrai de dire que toute société humaine recèle un beau Gouvernement trinocratique. Les formes d'une belle statue sont cachées dans le bloc, et il faut beaucoup d'art pour l'y découvrir, et l'en extraire ; dans toute société, au contraire, les trois puissances monocratique, aristocratique, et démocratique sont apparentes ; elles ressortent en relief, et il est facile de les distinguer. Le problème ne consiste qu'à savoir les coordonner et les unir toutes les trois ensemble.

L'excellence du Gouvernement trinocratique, une fois reconnue, et le principe admis, la première conséquence qui en résulte c'est que l'organisation d'un tel Gouvernement doit être dirigée et combinée de façon que la Royauté, l'Aristocratie, et la Démocratie y reçoivent respectivement tous les développemens et toute l'extension qui sont compatibles avec leur coexistence ; que chacune de ces puissances se reproduise, avec toute la force et la pureté de son caractère propre, dans chaque pouvoir social, ou s'y mêle et y participe dans une juste proportion; en un mot, que, par un heureux amalgame de ces trois élémens ou puissances politiques, le Gouvernement soit comme ces édifices, chefs-d'œuvre de l'art, où les différens styles, et les divers ordres d'architecture ont été habilement employés, et qui excitent l'admiration par l'harmonie et la magnificence de leur ensemble, comme par l'élégance et le fini de leurs détails.

Il est de l'essence de la Royauté qu'elle réside sur une seule tête, qu'elle soit héréditaire, investie de force et de majesté, qu'elle représente tout l'État, qu'elle se retrouve dans tous les divers degrés de l'ordre social, et qu'elle anime, dirige, surveille, réprime ou fasse tout mouvoir. Dans un bon Gouvernement trinocratique, ces diverses prérogatives peuvent et doivent toutes être accordées à la Royauté; mais il est des attributions subalternes, ou qui ont pour objet des intérêts minimes et des affaires locales, que la Royauté ne pourrait exercer par elle-même, sans que son action n'en fût énervée, ou son attention troublée, soit à cause de leur multiplicité, soit à cause de leur distance, et qu'elle ne pourrait pas davantage faire exercer par ses agens, sans s'exposer aux haines et aux résistances que leur interposition susciterait. Pour sa propre dignité, comme par un sentiment de justice envers les peuples, la Royauté doit renoncer à ces attributions, et abandonner toute l'administration locale à l'Aristocratie et à la Démocratie, mais en se réservant toutefois, de les surveiller, de les réprimer, au besoin, et de les contenir dans les limites que l'intérêt général aurait obligé de poser.

Par un semblable motif d'équité envers les peuples, comme dans l'intérêt aussi de sa propre gloire, la Royauté doit désirer de connaître les besoins et les véritables vœux de la nation, et d'être environnée de toutes les lumières qui peuvent éclairer sa marche et rendre son Gouvernement juste et puissant; elle doit donc, en outre, donner, à la vérité, un libre accès auprès du trône, et la mettre à même de pouvoir y faire entendre sa voix : pour cela, la Royauté doit admettre l'Aristocratie et la Démocratie, à donner leur avis sur toutes les affaires publiques, et à participer à la législation.

Par ces deux concessions qui n'altèreraient aucunement son essence, ni ne lui ôteraient rien de la force qui lui est nécessaire, si elles étaient bien combinées, la Royauté fournirait à l'Aristocratie et à la Démocratie, les attributions délibératives qu'elles sont parfaitement propres à remplir, et où celles-ci, en conservant leurs caractères distinctifs, trouveraient, de leur côté, à exercer cette utile et légitime influence dont le concours avec celle de la Royauté, produit le meilleur Gouvernement possible.

Une autre considération politique non moins

impérieuse doit encore faire admettre l'Aristocratie et la Démocratie comme élémens nécessaires pour former, avec la Royauté, un bon Gouvernement; c'est que le Gouvernement trinocratique est le plus propre à régulariser le développement et l'exercice de la principale puissance sociale.

CHAPITRE VII.

Le Gouvernement trinocratique est le plus propre à favoriser le développement et à régulariser l'action de l'opinion publique.

Il existe, au sein de toutes les sociétés, une puissance qu'aucune force ne saurait asservir, qui se fait sentir partout, et ne peut être saisie nulle part. Arbitre suprême des Gouvernemens, cette puissance les affermit ou les renverse suivant qu'ils lui sont ou dociles ou rebelles. Elle les dissout promptement par son inertie, ou les détruit brusquement par son activité. Souvent elle n'a qu'à se retirer pour les faire tomber, ou qu'à se montrer pour les envahir. Puissance formidable et terrible, quelquefois elle ébranle la terre, en éclatant comme les feux souterrains, et quelquefois, comme Dieu sur le mont Sinaï, elle dicte ses lois au milieu des éclairs et des tonnerres. Cette puissance, c'est l'Opinion publique que l'on a justement appelée la Reine du monde.

Le Gouvernement, qui l'écoute et qui suit ses inspirations, est comme un nautonier qui s'abandonne au cours tranquille d'un fleuve sans écueil. Il ne rencontre ni obstacle, ni résistance; tout lui est propice et facile. Au contraire, semblable au navigateur qui dédaignerait de reconnaître les étoiles, les vents, et les courans, le Gouvernement, qui néglige d'étudier l'opinion, ou qui lui résiste, a une marche incertaine, des aberrations désastreuses, et bientôt jeté au milieu des tempêtes et des brisants, il ne tarde pas à être mis en pièces, ou à s'abîmer.

Les despotes qui craignent l'opinion publique, lorsqu'elle s'exprime, et qui s'inquiètent, lorsqu'elle se tait, cherchent vainement à l'enchaîner. Nouveau Prothée, elle leur échappe incessamment sous mille formes diverses. Si quelquefois ils parviennent à la dominer, elle finit toujours par rompre ses liens, et alors elle réagit avec une violence proportionnée à la compression que l'on avait exercée sur elle.

Les Princes sages ont toujours la précaution de se la rendre favorable, et ceux qui sont assez heureux pour la captiver, s'ils savent l'enflammer et diriger sa force motrice, peuvent tout entreprendre, et réussir, parce que, semblable au salpêtre embrasé, ou à la vapeur de l'eau bouillante, c'est surtout au moment de sa plus grande effervescence que l'opinion, sous la main du génie, produit les plus grands effets.

L'opinion publique est, pour tous les Rois, quelle que soit leur puissance, un censeur incorruptible et sévère. Comme un miroir fidèle, elle réfléchit à leurs yeux, le bien et le mal de leur Gouvernement. Elle récompense et encourage, par son approbation, les Rois justes; elle punit les autres, par l'expression de son mécontentement, ou même seulement par son silence. Tribunal inflexible et souverain, elle porte, sur tous, des jugemens qui s'élèvent et surnagent dans les siècles. Elle est ainsi, à leur égard, sur la terre, ce que la justice divine est dans un autre monde, une justice inévitable, infaillible; et la crainte salutaire qu'elle leur inspire, est souvent, pour eux, comme la crainte de Dieu, le commencement de la sagesse.

Principe générateur de la vertu et du génie, c'est encore l'opinion publique qui produit les héros, les savans, et tous les hommes illustres. Ses regards enflamment les grandes âmes, et leur font faire des prodiges. Alexandre, éprouvant le besoin d'être admiré par une nation éclairée et libre, s'écriait : « O Athéniens, que de « travaux entrepris pour captiver votre atten« tion ! » Aimer et rechercher la gloire, c'est ambitionner les suffrages de l'opinion publique, car c'est elle, elle seule, qui fait et dispense la véritable gloire. Aussi, M. de Châteaubriand, a-t-il dit, avec un sens profond : « L'honneur « même n'est autre chose que la plus belle des « opinions. »

L'histoire est remplie des monumens de la toute-puissance de l'opinion. Frédéric Barberousse obligé de s'humilier devant la Thiare, Charles-Quint jeûnant et priant Dieu pour la délivrance du Pape assiégé par les troupes espagnoles, attestent l'empire de l'opinion publique. N'est-ce pas elle, en effet, qui faisait la force des Pontifes de Rome et celle des Évêques, lorsqu'ils excommuniaient et contraignaient de tomber à leurs pieds, et les Princes, et les Rois? Les préambules des édits, les proclamations, les manifestes que les Gouvernemens ont soin de publier dans toutes les occasions importantes, ne sont-ils pas aussi des hommages rendus à l'opinion et un aveu de sa puissance ? On dira que l'opinion a été souvent égarée, et souvent funeste. Cela est malheureusement trop vrai; mais ce n'est que parce qu'elle a, comme l'honneur, et comme la gloire, un faux Sosie qu'on ne peut facilement distinguer. C'est là ce qui explique comment on a pu dire, avec raison, en même temps, de deux côtés opposés, et qu'elle est la voix de Dieu, *vox populi, vox Dei*, et qu'elle est pleine d'erreurs, *ubi vulgus, ibi error*. La véritable opinion, cette voix du peuple qui est la voix de Dieu, c'est celle des hommes instruits et sages, et de cette partie respectable et la plus nombreuse de la nation, qui se dirige d'après leur exemple, et qui, pour exercer ses professions ou jouir de ses propriétés, a besoin de l'ordre, du repos, et de la justice. La fausse opinion, cette opinion qui est pleine d'erreurs, est celle des hommes ambitieux et pervers qui, pour satisfaire leurs passions, cherchent à bouleverser les États, et de cette petite partie abjecte, servile, ou mercenaire de la nation, que l'audace et le crime ne trouvent que trop souvent disposée à les seconder.

Ces deux opinions, lorsque aucune institution ne sert à les faire distinguer l'une de l'autre, donnent, aux révolutions, cette audace de la fausse opinion, qui fait tout entreprendre, et cette force de la véritable opinion, à laquelle rien ne peut résister; et le bien, ou le mal s'opère, et domine, suivant que c'est ou la véritable, ou la fausse opinion qui l'emporte sur l'autre. Séparées, la véritable opinion serait toujours utile et sage; la fausse opinion serait toujours nulle ou peu dangereuse. Si, en 1789, il avait été tracé une ligne de démarcation régulière et profonde entre ces deux opinions, nous aurions eu une révolution sans doute, mais une révolution exempte de troubles et conforme aux progrès des lumières, aux véritables intérêts de l'État, et aux sentimens paternels et généreux du meilleur des Rois, de Louis XVI. La honte à jamais ineffaçable de sa mort, et tous les malheurs qui depuis ont accablé la France, ne sont dus qu'à la confusion de ces deux opinions, et à la prépondérance trop prolongée de la fausse. Jamais, non jamais la véritable opinion, en France, n'a cessé d'être dévouée aux Bourbons. C'est elle, au contraire, qui, lorsqu'elle l'a emporté enfin sur sa rivale, a repoussé l'usurpateur, et prêté, toute seule, à Louis XVIII, plus de force, pour remonter sur le Trône, que les armées des Alliés. Il est donc très-important de bien séparer les deux opinions publiques, de ne faire ressortir désormais que la véritable opinion, et, pour cela, de donner aux diverses opinions particulières dont se compose cette véritable opinion publique, des centres où elles puissent se rallier, et des organes par où elles puissent s'exprimer, en un mot, il faut, comme on dit aujourd'hui, les constituer.

Quelques personnes qui aiment à flatter le pouvoir, ou qui s'effraient du concours du peuple dans les affaires d'État, nient qu'il ait le droit de s'en mêler, et sont d'avis de l'en empêcher; mais ils n'expliquent pas comment on le pourrait. Depuis que la presse, les journaux, le crédit, le commerce ont si fort multiplié les moyens, et accéléré la rapidité des communications, l'ascendant de l'opinion publique s'est encore prodigieusement accru, et déjà il était immense. Puisque, dans tous les temps, et chez tous les peuples, l'opinion a exercé une influence irrésistible sur les Gouvernemens, et puisqu'elle est aujourd'hui encore plus puissante qu'autrefois, n'est-il pas plus politique et plus sage de reconnaître, ou, si l'on veut, de légitimer cette influence, et de lui ôter ce qu'elle a de dangereux, en la réglant, que de la nier, en lui laissant cette latitude et cette violence funestes qu'elle conserverait autrement? Comme on ne saurait hésiter sur le choix, il ne peut plus être question que de trouver un moyen de bien organiser l'opinion publique; or, ce moyen, c'est, d'abord, de faire que la loi constitutionnelle, comme un syphon placé dans un vase de liqueur, aille puiser, jusqu'au plus bas fond de la société, mais sans en remuer la lie, l'opinion de tous ceux à qui il importe que l'ordre et la justice règnent; c'est de faire, en second lieu, que cette opinion, après s'être élevée, en s'épurant, dans les filtres politiques, exerce cette influence calme, mais sûre qui seule peut éclairer, fortifier et diriger le Gouvernement. Alors, l'influence tumultueuse et toujours funeste de la fausse opinion publique sera neutralisée ou plutôt anéantie, et il n'existera plus qu'une opinion, la véritable opinion publique. Dans cette vue, il faut placer et distribuer les hommes suivant les degrés d'intérêt qu'ils ont au maintien de l'ordre social, et suivant les degrés de lumières et de force qu'ils peuvent prêter au Gouvernement; il faut, en d'autres termes, employer, à la fois, dans l'organisation sociale, la Démocratie, l'Aristocratie, et la Monocratie, et c'est ainsi qu'une bonne et juste théorie de l'opinion publique vient justifier et fortifier encore la théorie du meilleur des Gouvernemens, celle du Gouvernement trinocratique.

Avant de développer les moyens d'appliquer cette théorie, on va, d'abord, en se conformant à la marche tracée par la Charte, expliquer quels sont les principes religieux qu'il est nécessaire d'établir. On indiquera ensuite les dispositions propres à être adoptées et à former les droits publics des Français.

CHAPITRE VIII.

La Religion catholique, apostolique et romaine doit être la Religion de l'État et jouir de garanties spéciales. Dispositions relatives aux autres Cultes.

La loi ne connaît que les actes; elle ne sait que punir les crimes commis, et n'est capable d'arrêter les méchans que lorsqu'ils craignent de ne pouvoir pas se soustraire à ses recherches. Ceux qui ont l'adresse de se couvrir des ombres du mystère, la bravent, et troublent la société impunément. La loi est également sans force et sans moyens pour faire pratiquer les vertus sociales. A cet égard, elle ne peut ni rien faire exécuter, ni, à proprement parler, rien ordonner. Aussi, on semble quitte envers elle, ainsi qu'envers la société, quand on n'attente pas à la sûreté de l'État, à la vie, à la propriété, ou à la réputation d'autrui.

Un ancien disait que les lois, sans les mœurs, sont impuissantes « *Quid leges, sine moribus, vanæ proficient?* » Mais, que peut, toute seule, une morale qui ne puise ses principes, et n'a de base que dans la raison humaine? La faculté de distinguer le bien et le mal, la simple notion du juste et de l'injuste ne sont point, par elles-mêmes, des puissances assez fortes pour dominer la volonté, pour rompre les mauvaises habitudes, pour redresser les penchans vicieux, et inspirer les vertus pénibles. La morale, toute seule, ne saurait donc prêter un grand secours aux lois. Pour qu'elle ait une influence efficace, il faut qu'elle-même s'appuie, de son côté, sur les dogmes d'une Religion qui donne un but à notre existence, un motif à nos vertus, et un prix à nos sacrifices; qui, en nous montrant l'âme immortelle et un Dieu rémunérateur, nous place en présence d'un avenir inévitable, et nous présente, dans une autre vie, des peines à redouter ou des récompenses à désirer; qui ne dise pas seulement de ne pas voler, de ne pas tuer, de ne pas calomnier, mais qui prescrive, en outre, d'aimer son prochain, et de se rendre utile à ses semblables; qui suive l'homme dans les plus épaisses ténèbres, qui pénètre jusque dans les derniers replis de son cœur, et, en lui donnant un Dieu, auquel il ne saurait échapper, pour témoin des actions qu'il croirait pouvoir dérober aux yeux des hommes, l'arrête, au moment où il serait tenté de se rendre coupable, et non-seulement le détourne du mal et l'attache à ses devoirs, par le lien le plus fort, mais encore l'excite au bien, et l'encourage, par le sentiment le plus puissant, à remplir les obligations que la nature et la société imposent.

En mettant les institutions sociales sous sa puissante garantie, la Religion sert, plus que le bras de la justice humaine, à maintenir l'ordre public, et, en même temps, elle assure aux Gouvernemens, de la part de tous les gouvernés, une assistance plus entière, et une obéissance plus franche et plus sincère. Aussi, tous les législateurs dont parle l'histoire, en donnant des institutions aux peuples, les avaient-ils placées sous la sauvegarde et la protection de la divinité? Ils les avaient appuyées sur la Religion, et, pour lui donner à elle-même, plus de force et d'ascendant, ils avaient cherché, non pas seulement à la répandre dans les esprits, comme une simple notion, mais encore à la graver dans les cœurs, comme un sentiment profond. Ils lui avaient en conséquence élevé des temples majestueux, ils lui avaient créé des cérémonies pompeuses, et ils avaient assigné, à ses pontifes, des revenus considérables et des rangs distingués.

Le sage législateur de la France, en nous donnant la Charte, ne pouvait manquer de suivre un si bel exemple. Le digne petit-fils de Saint-Louis, le Prince qui s'honore du titre de Roi très-chrétien, ne pouvait pas manquer non plus de déclarer Religion de l'État, la Religion catholique, apostolique et romaine. Assurément il n'y avait point à hésiter à cet égard. Toutefois, s'il eût été permis de délibérer sur le choix, quelle autre religion, en effet, aurait-on pu mettre en tête d'une Constitution destinée à rendre les Français heureux, par l'empire de la loi et le règne des vertus, que celle qui, pour le salut des peuples, rappelle sans cesse aux Rois, qu'il est une puissance supérieure à la leur, et qui leur commande à eux-mêmes, la justice, comme à leurs sujets, la fidélité; qui, éminemment propre à servir au bonheur des hommes, à maintenir l'ordre public, et à resserrer tous les liens de la société, environne, d'un doux prestige (1), les princi-

---

(1) Une grande partie de ce passage a été tirée d'un article de M. Benoit, inséré dans *le Conservateur*.

pales époques de la vie, et de puissantes consolations, les situations les plus difficiles ; qui a des préceptes de concorde ou d'assistance pour toutes les relations de l'homme avec ses semblables ; qui prêche l'union des cœurs et l'oubli des injures ; qui ordonne d'être affable et généreux ; qui non-seulement fait une vertu de la bienfaisance, mais encore un devoir de la charité ; et dont on a pu dire ; avec vérité, qu'elle seule est plus efficace et plus complète que tout ordre social établi par la main des hommes ?

Quelle autre Religion aurait-on pu choisir, plus libérale dans son organisation, que celle dont les formes de Gouvernement ont offert au monde renaissant, l'exemple de l'union des trois pouvoirs : Démocratique, Aritocratique, et Monocratique ; et plus libérale dans ses dogmes, que celle qui, en nous montrant un Dieu se faisant homme, a rappelé l'homme à sa dignité première ; qui, en apprenant aux grands de la terre qu'ils sont, comme les autres hommes, formés d'un limon grossier, et en nous enseignant que nous sommes tous égaux devant Dieu, a proclamé l'égalité naturelle, consacré les véritables droits de l'espèce humaine, et détruit l'esclavage que les sages et les philosophes de l'antiquité n'osaient seulement pas blâmer ? Quelle autre religion aurait-on pu choisir, plus libérale aussi dans ses préceptes, que celle dont la morale indépendante des choses terrestres, est la plus propre à inspirer à la vertu, la force nécessaire pour braver l'injustice et résister à la tyrannie, et que celle enfin dont la doctrine admirée de tous les hommes sages, a donné des bases fixes à la législation, des règles aux devoirs des Souverains, et une garantie aux droits des sujets, et dont l'Évangile, pour tout dire en un mot, pourrait être appelé la grande Charte donnée aux peuples par Dieu même?

Mais, comment se fait-il qu'en déclarant la Religion catholique, apostolique et romaine, la Religion de l'État, les rédacteurs de la Charte aient omis d'indiquer et de régler les prérogatives et les droits attachés à ce titre?

La faiblesse humaine peut varier dans le choix du culte de la divinité, et on doit par conséquent tolérer toutes les Religions qui ne blessent pas les droits d'autrui et la morale publique; mais une nation sage et éclairée pourrait-elle souffrir que qui ce soit osât nier hautement l'immortalité de l'âme, et l'existence, l'unité et l'immatérialité de Dieu? Une nation qui a proclamé une Religion de l'État, pourrait-elle aussi ne rien statuer pour la garantir d'être troublée dans ses cérémonies, et d'être outragée ou injuriée dans les discussions et les controverses auxquelles on veut bien d'ailleurs que ses doctrines et ses dogmes soient abandonnés?

On allègue que ce serait violer les consciences et attenter à la liberté des opinions religieuses. Mais, serait-ce donc abuser de l'autorité à l'égard d'un individu qui serait né sous une république, ou qui en aurait adopté les principes, si volontairement ou par hasard il se trouvait en présence ou sur le passage du Roi, serait-ce, dis-je, abuser de l'autorité que d'exiger qu'il s'arrêtât, qu'il se découvrît, et qu'au milieu de toute une foule pénétrée de respect, il ne restât pas seul dans une attitude qui, par cela même qu'elle ne marquerait pas de la déférence, serait véritablement hostile; et, s'il plaisait à cet individu, de se mettre à disputer, et à critiquer les principes et les actes du Gouvernement, serait-ce abuser aussi de l'autorité, que d'exiger de lui, qu'il le fît avec décence et modération? Non, sans doute. Mais, si tout cela peut être exigé légitimement, quand il est question de la Royauté qui est la clef de la voûte de l'édifice social, pourquoi cela ne pourrait-il pas être également exigé, quand il s'agit de la Religion de l'État qui en est le ciment et qui par conséquent n'est pas moins importante, dans l'ordre social, que la Royauté, en ne les considérant même l'une et l'autre que comme des institutions politiques.

Si, sous le prétexte de la liberté des opinions et des consciences, quelqu'un pouvait se croire autorisé à ne pas respecter la Religion et la

Constitution de l'État, il en viendrait bientôt, et avec plus de raison encore, à se prétendre dispensé d'acquitter la portion des impôts destinée au paiement de la liste civile du Monarque et des frais du culte, et, de conséquence en conséquence, on arriverait finalement à une véritable anarchie.

Quelles que soient la sainteté de la Religion catholique, apostolique et romaine, la sagesse de ses rites, et l'excellence de ses doctrines, on conçoit que, faute de lumières pour les bien apprécier, ou de force d'âme pour surmonter les habitudes de l'enfance et les préjugés de l'éducation, tout le monde ne la préfère pas aux autres Religions; mais, ce qu'on ne saurait comprendre, c'est que ceux qui croient avoir beaucoup de philosophie, n'en aient pas assez pour respecter la Religion de leur pays! Socrate et Ciceron allaient, l'un et l'autre, dans les temples, adorer les faux dieux, et ces grands hommes ne se croyaient pas déshonorés pour s'être soumis, en cela, à la croyance commune. Nos philosophes modernes qui n'auraient pas voulu éviter de passer dans une rue où se faisait une procession religieuse, ou quelque autre acte de culte, pourraient-ils raisonnablement refuser de se découvrir? Et, s'il leur prenait envie d'écrire contre les dogmes et les doctrines de la Religion de l'État, pourraient-ils raisonnablement refuser aussi de ne le faire qu'en termes décens et modérés ? La loi qui leur imposerait de telles obligations, devrait-elle leur paraître injuste ? Ils se font gloire d'être les disciples de J.-J. Rousseau ; ils le citent sans cesse. Voici ce qu'il a écrit sur cette matière : « Il y a, dit-il, une profession de foi purement civile dont il appartient au souverain, « de fixer les articles, non pas précisément « comme dogmes de religion ; mais comme sentimens de sociabilité.... Sans obliger personne à croire ces dogmes, le Prince peut « bannir de l'État, quiconque ne les croit « pas.... Si quelqu'un, après avoir reconnu ces « mêmes dogmes, se conduit comme ne les « croyant pas, *qu'il soit puni de mort.* » Une pareille législation ne leur paraîtrait sûrement pas préférable.

Il semble que les dispositions de la Charte, relatives à la Religion, auraient dû être rédigées d'une manière plus claire et plus positive, et à peu près, par exemple, comme dans l'art. 1er du chapitre XVII ci-après.

CHAPITRE IX.

Les maximes des droits publics doivent se borner à consacrer la liberté de la presse et la liberté individuelle.

Toutes les constitutions données à la France, ont été précédées de fastueuses déclarations et de brillantes maximes concernant la sûreté des personnes et des propriétés, la liberté des consciences et de la presse, l'égalité, etc., mais ces déclarations et ces maximes semblent n'avoir été, jusqu'ici, mises en avant que, comme des amorces, pour surprendre les hommes crédules. Elles n'ont jamais servi de rien. Jamais elles n'ont été ni une barrière pour le pouvoir, ni une sauvegarde pour les individus. On a toujours trouvé d'autres sens aux expressions les plus claires, et des raisons spécieuses pour la violation des principes les plus sacrés.

Les plus saines doctrines et les plus justes maximes ne sont que des lettres mortes, de vains mots, lorsque les pouvoirs sociaux ne sont point constitués de façon à les faire prévaloir. Ce n'est point, en effet, par la manière dont ces doctrines et ces maximes sont rédigées, qu'elles peuvent avoir de la force et offrir des garanties, mais bien plutôt par le mode de former et d'exécuter la loi. C'est donc à cette partie de la Constitution, qui consiste à régler le matériel des pouvoirs et les formes d'après lesquelles chacun d'eux doit agir, qu'il faut essentiellement s'attacher. Que tous les pouvoirs sociaux soient bien organisés, que la presse soit libre sans licence, et bientôt on en verra sortir naturellement, et sans qu'il ait été besoin de les énoncer d'avance, toutes les franchises et toutes les libertés publiques. Devant ces pouvoirs, et surtout devant cette liberté de la presse, on verra aussi bientôt s'évanouir et disparaître tous les abus, car il n'en est pas qui puissent tenir contre l'évidence sans cesse reproduite de leur injustice, quand il y a des pouvoirs pour les juger. L'autorité de la raison est immense, dès qu'elle peut se manifester; et le droit de censurer les abus serait peut-être même une puissance suffisante pour les empêcher de s'établir ou de se maintenir. Ce droit est donc le premier, et même, à proprement parler, le seul qu'il importe de consacrer.

La liberté et l'égalité, ces deux talismans politiques, ces mots que peu de personnes comprennent et qui exercent pourtant une si grande influence sur la multitude, ont eu des acceptions différentes dans les divers temps et chez les divers peuples, et on ne saurait les définir de manière à ce qu'elles ne prêtent pas à de fausses prétentions. Je me bornerai, pour mon compte, à faire observer que l'une et l'autre se trouvent et ne peuvent même consister que dans une exacte répartition de la justice. Tous les hommes sont libres, en effet, lorsqu'ils ne peuvent être ni empêchés ni contraints qu'avec justice. Ils sont aussi tous égaux, lorsque la justice préside à tout, et dispense toutes les places, les récompenses et les peines. Or, le règne de la justice est toujours assuré, lorsque tous les pouvoirs sont convenablement organisés, et que la presse est véritablement libre. En fait de maximes constitutionnelles, il suffirait donc peut-être, je le répète, de se borner à consacrer la liberté de la presse. Toutefois, comme la sécurité de l'homme de bien est le grand bienfait de l'ordre social, et même la principale raison de son existence, il semble convenable aussi de la lui garantir d'une manière spéciale et positive. En conséquence on croit qu'il eût été convenable que, sur tous ces points, la Charte se fût bornée à s'exprimer ainsi qu'il est énoncé dans l'art. 2 du chap. XVII.

CHAPITRE X.

Dispositions organiques concernant la Démocratie, l'Aristocratie, et la Monocratie ou Royauté.

§ Ier. — De la Démocratie.

Quelle que soit la véritable acception du mot Démocratie, on n'entend désigner ici, par cette expression, que la masse des citoyens doués de cette capacité politique qui consiste en ce qu'on a, tout à la fois, un intérêt sensible au maintien de l'ordre et de la justice, et une intelligence suffisante pour apprécier les hommes et les mesures propres à en assurer le règne.

La capacité politique ne peut pas plus que la capacité civile, être soumise à un examen individuel. D'un autre côté, il n'y a point, dans la nature, d'époque fixe où la raison de l'homme se développe spontanément, et où il se trouve tout à coup en état d'exercer ses droits sociaux. Le besoin d'avoir des règles positives, a fait attacher, dans le Code civil, la capacité civile, à un âge commun, et on l'a fixée à 21 ans, sur la présomption qu'à cet âge, les hommes ont généralement l'intelligence nécessaire pour gouverner leurs affaires. On a dû pareillement, dans la Charte, faire dépendre la capacité politique, de quelques conditions déterminées; et, en puisant ces conditions dans les circonstances qui offrent les signes les plus probables et les plus apparens du discernement et de l'affection des individus pour la chose publique, on a placé la capacité politique dans le paiement d'une quotité de ceux des impôts qui, en se rattachant à l'exercice de quelque profession ou à la possession d'une certaine fortune, font présumer et semblent garantir le plus que ceux qui supportent telle portion de ces impôts, réunissent, en effet, les qualités politiques désirables.

La propriété foncière, par cela même qu'elle est sédentaire et indestructible, est celle qui peut le plus servir à faire naître, à faire grandir, et à alimenter l'amour de la patrie. Les occupations de la campagne sont très-propres, d'un autre côté, à former et à maintenir les bonnes mœurs. L'agriculture essentiellement conservatrice et exempte d'illusions, donne, en outre, au caractère de l'homme, quelque chose du calme, de l'ordre et de la constance qu'exigent la nature, la distribution et la durée de ses travaux. Sous tous ces rapports, le paiement de l'impôt foncier a dû être regardé comme le signe le plus sûr de capacité politique.

L'industrie et le commerce sont, de leur nature, moins fixes et moins stables, mais ils ont un plus grand besoin de la tranquillité et de la justice. D'une autre part, les relations qu'ils donnent, étendent les idées, exercent le jugement et font sentir, sans cesse, par la multiplicité et la diversité des transactions, la nécessité de l'ordre et de la paix. Le paiement de l'impôt des patentes a dû conséquemment être admis aussi comme signe de capacité politique.

Il est des classes de citoyens qui, sans payer ni l'impôt foncier, ni celui des patentes, possèdent des talens précieux, ou exercent des professions utiles à la société et portent un vif intérêt à la chose publique. Tels sont les jurisconsultes, les médecins, les savans, les artistes, les fermiers-agriculteurs, les rentiers de l'État, les employés des administrations publiques, etc. Ceux-là sont ordinairement imposés à la contribution personnelle et mobilière, et il a été convenable d'admettre pareillement comme signe de capacité politique, le paiement de cette contribution.

La capacité politique doit, sans aucun doute, continuer d'être attachée au paiement de l'une de ces trois contributions, mais il semble qu'à raison de la différence des objets sur lesquels elles sont assises, on devrait exiger une cotisation plus forte à la contribution des patentes qu'à la contribution foncière, et une cotisation encore plus forte à la contribution personnelle qu'à celle des patentes. Il semble aussi qu'il ne faudrait tenir compte que du principal, c'est-à-dire, de la partie invariable de ces trois contributions, et que ce principal devrait être fixé par la Charte même.

Il est généralement reconnu que chaque franc, en principal, de la contribution foncière, suppose un revenu de 10 fr. En prenant cette contribution pour base, il semble également que le cens nécessaire pour exercer les droits politiques, ne devrait pas être fixé à plus de 30 fr. en principal. Cette quotité ferait présumer un revenu, en fonds de terre, de 300 fr., et ce serait certainement suffisant, en France, puisqu'en Angleterre, on n'exige des électeurs qui nomment les députés des bourgs, presque rien, et, de ceux qui sont chargés de nommer les députés des comtés, que la possession d'un fonds produisant 40 schellings de revenu (environ 48 fr. de notre monnaie).

Les rédacteurs de la Charte ont jugé que, pour garantir la bonté des choix des députés, il fallait exiger que chaque électeur payât 300 fr. de contribution en principal ou centimes additionnels. C'est une erreur qui sera démontrée plus loin. On se borne ici à faire observer que la même quotité de cens ne pourrait être exigée pour les autres élections de département, de district (1) et de commune, ou bien, dans un grand nombre de communes, il n'y aurait point d'électeurs. Dans ce cas, on admettrait sans doute des électeurs payant moins de 300 fr., ou on les prendrait, comme le Ministère l'a déjà proposé, parmi les plus forts contribuables. Mais il arriverait de là qu'un homme qui, dans telle commune, serait propre à élire, ne le serait pas dans la commune voisine, ainsi qu'on voit, d'après les dispositions des art. 38, 39 et 40 de la Charte, que des contribuables au-dessous de 300 fr., qui ne peuvent pas être électeurs, se trouvent cependant éligibles. Une pareille contradiction choque peu, quand il s'agit de l'élection des députés, parce qu'elle est rare et presque inaperçue, mais, en se reproduisant dans les élections municipales et départementales, elle deviendrait trop sensible, elle serait trouvée trop injuste, et certainement on ne la supporterait pas sans murmures.

Un très-grave inconvénient de la fixation du cens politique à 300 fr., c'est d'avoir altéré la puissance démocratique, dans son essence, et, en plaçant la Démocratie d'une nation de 30 millions d'hommes, dans une classe composée

---

(1) Le mot *District* a été employé ici et dans le reste de l'ouvrage, à la place de celui d'Arrondissement communal, parce qu'il est plus simple et plus précis.

seulement d'environ 80 mille individus, d'avoir laissé en dehors et exhérédé de leurs droits politiques, l'immense majorité des Français : ceux-ci, se trouvant ainsi exclus de ce qu'on appelle le Gouvernement représentatif, se croient traités hostilement, et leur mécontentement, s'il ne les y porte pas tous, peut du moins en disposer un trop grand nombre à favoriser, par leur inertie, ou même à seconder, par leurs efforts, ceux qui cherchent à troubler l'État.

Certainement, il faut bien se garder d'admettre aux élections ainsi qu'aux délibérations publiques, ni ces hommes que leur condition servile ou mercenaire prive de toute volonté indépendante, ni ces hommes que leur extrême dénûment et les besoins qui les dominent, mettent toujours à la disposition des intrigans, des turbulens et des ambitieux, mais il ne faut pas moins se garder d'en exclure ces hommes qui, n'étant obligés de travailler que parce que, sans être dans la pauvreté, ils ne sont point dans l'opulence, forment cette classe intermédiaire, nombreuse et respectable de producteurs en qui résident principalement les moyens de vivification de la société, et la force réelle de l'État. Cette classe d'hommes est la plus dévouée à un bon Gouvernement, parce qu'elle a, plus que toute autre, besoin de l'ordre et de la justice. Toute l'ambition de ces hommes est d'exercer, en liberté, leurs professions ; de travailler, en paix, dans leurs ateliers; de cultiver, avec sécurité, leurs champs; et la médiocrité où ils vivent est elle-même une garantie de leurs vertus privées et sociales. Ces hommes, d'un autre côté, ont généralement un instinct infaillible pour distinguer le bien et le mal, et, en ce qui concerne les affaires publiques, un amour de la vérité et de la justice qui leur fait dédaigner, haïr même et repousser tout ce qui est mensonge, violence, iniquité. Ils sont par conséquent peut-être les plus propres à exercer les droits politiques, c'est-à-dire, à émettre des vœux justes, et à faire de bons choix. Exclure ces hommes du système représentatif, c'est, je le répète, en violer le principe, puisque c'est priver de concourir aux affaires publiques, la partie de la nation qui supporte le plus d'impôts, qui est la plus nombreuse, et qui a conséquemment le plus de droit et d'intérêt à ce qu'elles soient bien régies; c'est, en même temps, atténuer la force du Gouvernement et en compromettre la stabilité. Au contraire, en appelant cette classe d'hommes à participer au système représentatif, on lui ôterait un juste sujet de mécontentement, on se concilierait son attachement, et, en élargissant ainsi, dans la nation, le terrain politique de la Charte, on donnerait une base plus vaste et plus solide, à son édifice.

En réunissant et rapprochant une plus grande

portion de la nation, dans les assemblées politiques, on réveillerait et on entretiendrait, chez un plus grand nombre de citoyens, ce noble sentiment de soi-même qui commande de se respecter, et on y ferait pénétrer en même temps, cet esprit public, cet amour de la patrie, par lesquels un peuple devient puissant et invincible; et, ce qui n'est pas moins précieux, en rendant nécessaires les suffrages d'une plus grande partie du peuple, pour être nommé député, maire, ou conseiller de département, de district, et de commune, on accroîtrait, chez les individus de la classe supérieure, le besoin et le désir de l'estime publique, et on assurerait à la classe inférieure, un droit à leurs égards et à leur protection. En multipliant de cette manière, les rapports entre les divers rangs de la société, et en leur donnant les moyens de se servir mutuellement, on fonderait, entre les riches et les pauvres, un commerce réciproque de bons offices, on rétablirait, en quelque sorte, le patronage des anciens temps, et on remplacerait ainsi, avec avantage, une partie de ces liens sociaux que la révolution a malheureusement rompus.

A Rome, et à Athènes, les plus riches avaient, par les lois mêmes de l'État, une plus grande influence dans le Gouvernement, et cette différence d'influence était soufferte sans murmures, à cause des impôts plus considérables que les riches supportaient. Dans la rigueur des principes démocratiques, tous ceux, qui jouissent des droits de cité, sont des unités égales, et les riches ne doivent conséquemment pas avoir plus d'influence que les pauvres partout où la Démocratie peut être maintenue dans son essence pure ; mais, hors de ce cas, il serait convenable d'accorder aux riches, une influence graduée sur l'intérêt plus grand qu'ils sont présumés prendre à la chose publique, et, à cet effet, d'attribuer un plus grand nombre de voix à ceux qui paient un plus fort impôt. Cette faveur, qui ne porterait pas une atteinte réelle à l'égalité politique, encouragerait à réunir de plus grandes propriétés, ou à exercer une plus grande industrie, et serait comme une prime de considération accordée soit aux vertus qui conservent et augmentent les patrimoines, soit à celles qui inspirent et font prospérer les grandes entreprises de commerce et d'industrie.

Au moyen de la fixation du cens politique à 30 fr. (et, avec les centimes additionnels, à 50 fr.) on pourrait encore, en abjurant enfin ce système dissolvant, de l'isolement des individus, qui a été si funeste, revenir aux principes de vie de tout Gouvernement durable et libre, et rétablir, sans aucun inconvénient, les corporations et communautés. Il suffirait, pour cela, d'autoriser l'association des intérêts semblables ou analogues, et de leur permettre de former des Colléges politiques séparés.

Pour remplir tous ces objets, on propose l'art. 3 du chap. XVII.

§ II. — De l'Aristocratie.

L'Aristocratie, qui est l'un des élémens théoriquement nécessaires dans l'organisation de tout bon Gouvernement, est, ainsi qu'on l'a déjà établi, une puissance inhérente à toute société, comme la Démocratie, et qu'il n'est pas moins indispensable de reconnaître et de constituer. Elle est aussi, en ce moment, le seul moyen de prévenir les nouvelles révolutions qui menaçent les Gouvernemens de l'Europe. Ces Gouvernemens inclinent tous visiblement à la Démocratie. Les progrès de la civilisation et la diffusion des lumières ont donné, partout, aux peuples, le sentiment de leurs forces, et l'impatience d'en user. Partout, ils s'occupent des affaires publiques, évoquent à leur propre tribunal, et examinent, approuvent, ou condamnent les actes des Gouvernemens. Plusieurs de ces peuples ont vu ou tuer, ou exiler, ou proscrire, ou changer leurs Souverains. Ils l'ont vu, il est vrai, avec indignation, avec horreur, mais leur respect et leur soumission pour la Royauté se sont affaiblis. Quelques-uns ont eu le bonheur de défendre leurs Rois, ou même de les rétablir sur le Trône, mais ils s'en sont fait un nouveau titre pour demander une part dans le Gouvernement, qu'il serait dangereux de leur refuser. Ayant été appelés plusieurs fois à se lever en masse pour combattre les ennemis de l'État, et se trouvant encore armés, ils ne sont que trop disposés à se soulever aussi pour obtenir ce qu'ils regardent comme leurs droits éternels et imprescriptibles. Partout, la Démocratie et la Royauté se trouvent ainsi en présence, ou, pour mieux dire, aux prises, et sûrement, dans cette lutte, la Royauté finirait par succomber, si une Aristocratie sagement organisée et habilement interposée ne venait l'en préserver. L'intérêt bien entendu de la Démocratie elle-même, ne demande pas moins fortement qu'il soit établi une puissante Aristocratie; car, pour ne citer que l'exemple le plus récent, parmi tant d'autres que fournirait l'histoire, si la destruction de l'Aristocratie, en 1789, a amené la république, c'est l'absence d'une forte Aristocratie qui a produit aussi, 10 ans plus tard, le despotisme de Buonaparte.

Les rédacteurs de la Charte ont placé l'Aristocratie constitutionnelle, dans la Pairie. En n'accordant qu'à elle seule, des attributions et une puissance politiques, ils en ont fait la seule véritable noblesse; ils ont annihilé et détruit réellement celle dont il est fait mention dans l'art. 71 de la Charte. En effet, réduite à de simples titres, celle-ci n'est plus qu'une simple distinction civile.

Concentrée dans la Pairie, l'Aristocratie constitutionnelle est évidemment trop peu nombreuse et trop faible. D'un autre côté, offerte en perspective et pour récompense aux grandes vertus, aux services signalés, aux talens extraordinaires, la Pairie est sans doute une institution très-propre à les multiplier, mais elle se trouve encore placée à une trop grande distance, et elle présente trop peu de chances, aux ambitions légitimes. Ainsi, soit qu'on la considère comme pouvoir, ou qu'on l'envisage comme principe d'émulation, la Pairie n'est pas une Aristocratie suffisante, et les mêmes motifs qui exigent qu'elle ne soit pas prodiguée, militent pour qu'il soit établi, au-dessous d'elle, des gradations plus accessibles, c'est-à-dire, pour qu'il soit formé une Aristocratie secondaire qui fortifie celle de la Pairie, et lui serve d'appui.

Dans la véritable acception du mot, la noblesse présente à l'esprit, ces deux idées : et qu'elle a été la récompense des services rendus, et qu'elle impose, à ceux qui en jouissent, l'obligation d'en rendre de nouveaux. En même temps qu'elle exprime la reconnaissance de la société envers les aïeux qui l'ont bien servie, elle fait un devoir, à leurs descendans, de vouer à la patrie, un zèle et un attachement pareils. La condition de la noblesse, contre laquelle on s'est récrié le plus, celle de renoncer aux professions lucratives, avait, suivant M. de Bonald, un côté très-moral, en ce qu'elle donnait un exemple public de désintéressement. Elle était, en outre, très-avantageuse à la société, en ce qu'elle lui procurait, dans des hommes ordinairement riches, des serviteurs qui, pour prix des plus grands sacrifices, ne demandaient que de l'estime, et par conséquent les serviteurs les plus gratuitement utiles. C'était donc, par la plus juste des compensations sociales, que ceux qui donnaient à l'État, et leur temps, et leur fortune, et leur sang, étaient les plus considérés dans l'État.

Assurément, aux yeux de la saine politique, et de la véritable philosophie, un principe si fécond et si puissant, d'émulation, d'activité, et d'honneur, et qui faisait ainsi produire à ce qu'on appellera, si l'on veut, la vanité, tous les effets de la vertu, assurément, dis-je, un tel principe était un ressort très-précieux du mécanisme social. Cependant quelques hommes, pour qui il semble qu'il s'agit moins d'être libres que de n'avoir pas de nobles, et d'autres qui ne jugent de la noblesse que par la suffisance et les prétentions ridicules de certains nobles de nos jours, ou par le souvenir de l'oppression et de la tyrannie qu'exerçaient jadis des seigneurs châtelains, se soulèvent à l'idée d'étendre et de fortifier l'Aristocratie de la Pairie, au moyen d'une Aristocratie subsidiaire ou d'une notabilité constitutionnelle. Ceux-là ne la repoussent, en invoquant l'égalité, que pour appeler, sous son nom, l'anarchie ou le despotisme. Si, comme cela est indubitable, une forte Aristocratie est indispensable pour nous garantir de l'anarchie et du despotisme, si elle est une condition nécessaire de la véritable liberté, il faut savoir, malgré leurs clameurs, nous imposer cette condition, et créer et organiser cette Aristocratie. Quant à ceux qui craignent, de bonne foi, le retour des anciens abus, pour les tranquilliser, il suffira sûrement de leur faire observer que ces abus, qui s'étaient établis dans des temps de barbarie et d'ignorance, avaient diminué à mesure et par le seul ascendant du progrès des lumières, et qu'ils s'étaient totalement évanouis avant même d'avoir été enfin proscrits par des lois positives. Ils sentiront, dès lors, que ces abus ne sauraient désormais renaître contre le texte formel, écrit, et juré, des dispositions qui auraient constitué la nouvelle Aristocratie, et bien moins encore en présence d'une puissance démocratique non moins fortement organisée, et qui la combattrait sans relâche.

Au reste, il n'est, et il ne peut plus être question de créer des castes privilégiées, de fonder l'Aristocratie constitutionnelle sur des intérêts particuliers, ni de lui donner des prérogatives héréditaires et des exemptions pécuniaires. Nos mœurs les repoussent, et ce ne sera peut-être pas sans peine qu'elles se résigneront à tolérer même dans la Pairie, des droits et des prééminences politiques qui ne sont distribués que par le hasard de la naissance.

Dans un temps où l'éducation, l'industrie, et le commerce répandent dans toutes les classes de la société également, les lumières, les talens, et les richesses; où l'esprit de critique favorisé par la liberté, décomposant et analisant tout, a détruit les divers préjugés, ôté aux souvenirs, leur puissance, et, aux titres, leur magie, et où les distinctions sociales les plus élevées ainsi que les plus beaux noms historiques, dépouillés de leurs prestiges, ne sauraient plus exercer seuls aucun empire, ni donner de l'importance à ceux qui les portent aujourd'hui, s'ils ne les soutenaient par leur mérite personnel, il faut indispensablement que les prééminences politiques soient désormais justifiées par une supériorité morale, par des services publics, et, cette supériorité morale, ces services publics ne pouvant conférer que des droits personnels et viagers, l'Aristocratie accessoire à celle de la Pairie, qu'il est nécessaire d'orgarniser, ne peut plus être par conséquent celle qui existait avant la révolution; il faut absolument qu'elle soit tout-à-fait nouvelle et différente.

L'Aristocratie proprement dite, est l'influence des meilleurs. Depuis 30 ans, on l'a cherchée dans la fortune, en divisant la population, par classes de contributions; on ne l'a pas trouvée. Prenons-la enfin dans les qualités et les vertus les plus utiles à la société, et par conséquent dans les professions qui exigent le plus d'instruction et de lumières, d'élévation d'âme et de force de caractère, d'abnégation de soi-même et de dévouement à la chose publique. Montesquieu les a désignées, ces professions, lorsqu'il a dit: « La gloire et l'honneur doivent être pour cette « noblesse militaire qui ne connaît, qui ne « voit, qui ne sent de vrai bien que l'honneur « et la gloire; le respect et la considération « doivent être pour ces ministres et pour ces « magistrats qui, ne trouvant que le travail « après le travail, veillent, jour et nuit, pour « le bonheur de l'empire. »

Pour former d'élémens pareils, notre nouvelle Aristocratie, nous trouverons, à l'appui de l'autorité de ce célèbre publiciste, des motifs plus décisifs encore, dans la nature même des sociétés, et dans les principes qui les constituent, les vivifient et les conservent. En effet, l'ordre, la justice, et la paix sont les premiers besoins des sociétés; conséquemment les professions qui contribuent le plus à faire régner l'ordre, la justice, et la paix, doivent servir à composer la puissance aristocratique essentiellement nécessaire dans tout bon système de Gouvernement. Ainsi, comme la Religion, par l'ascendant de sa morale, pourrait seule, au défaut des lois, maintenir l'ordre social, les ministres des divers cultes, qui se recommandent le plus, par leur conduite et leurs vertus, doivent naturellement former une classe d'Aristocratie; les magistrats qui, en appliquant et faisant exécuter les lois, font observer la justice, doivent par conséquent former aussi une autre classe d'Aristocratie; et les militaires qui font régner la paix, en prêtant au Gouvernement, la force de leurs bras, pour contenir les ennemis intérieurs et repousser les ennemis extérieurs de l'État, doivent donc former encore pareillement une classe d'Aristocratie.

Sans être attaché spécialement à un culte, on peut, ou en se dévouant à l'instruction publique, ou par de bons ouvrages, ou par de belles actions, ou par des établissemens utiles, propager l'empire de la morale et de la Religion. Sans être magistrat, on peut aussi contribuer à assurer le règne des lois, en défendant, comme jurisconsulte, l'opprimé, la veuve et l'orphelin, ou même en terminant, par de sages arbitrages, les contestations des particuliers. Dans des temps de calamités, de peste, de disette, dans des incendies, des naufrages, des inondations, des hommes de tous les rangs et de toutes les professions, peuvent aussi, en exposant ou leur vie, ou leur fortune, pour sauver celles de leurs concitoyens, mériter des distinctions. Ces services seraient, *pour tout le monde*, des titres à être admis dans une des trois classes d'Aristocratie.

Ceux qui mériteraient d'être appelés à faire partie de l'une de ces trois classes, devraient tous, conformément à la prérogative royale, être nommés par le Roi; mais il serait bon, pour prévenir les abus, que ce ne fût jamais que sur la proposition, ou après avoir pris l'avis des comités des anciens de la classe à laquelle ils seraient susceptibles d'être agrégés. Les membres de ces diverses classes d'Aristocratie porteraient tous le titre de NOTABLE.

La noblesse a subi diverses phases, suivant les temps, les lieux, et les différens systèmes de Gouvernement. Elle a été d'abord temporaire, ensuite viagère, et enfin héréditaire. L'art. 71 de la Charte a consacré et conservé héréditaires, l'ancienne et la nouvelle noblesse. Pour faire concorder cette institution avec les principes et le système de notre Gouvernement actuel, il faudrait que la noblesse donnât droit d'entrer dans l'une des trois classes d'Aristocratie, mais que, pour s'y faire admettre, tout noble fût tenu de justifier préalablement, ou qu'il a embrassé une profession, ou qu'il a fait quelque bon ouvrage, ou quelque belle action analogue à la nature de la classe à laquelle il voudrait se faire agréger.

Dès lors, la noblesse, ne conférant plus d'influence qu'autant qu'elle s'allierait à une supériorité morale, reprendrait promptement son véritable caractère et toute son importance. Elle tendrait même à s'épurer incessamment de tout alliage, puisque ceux qui la composeraient, se trouveraient dans l'heureuse nécessité de chercher à se recommander à l'estime publique. Exempte d'abus, et devenant de plus en plus honorable, à raison de ce qu'elle ne pourrait plus être acquise, ou être conservée que par des actions, des talens et des services éminens, elle s'entourerait bientôt de ces prestiges de gloire et d'illustration qui imposent à l'imagination des hommes, et agrandissent déjà ceux-là mêmes que la seule naissance vient d'y placer; elle commanderait ainsi aux enfans, comme des devoirs de position, la pratique de l'honneur, l'exercice des vertus, et l'habitude des sentimens généreux qui avaient fait distinguer leurs pères et qui doivent être l'apanage de la véritable noblesse; et elle fournirait, dès lors, une foule de bons citoyens et de grands hommes.

Ces trois classes ou ordres de notabilité politique ne pourraient exciter aucune haine, ni aucune jalousie, puisqu'ils n'auraient été établis que pour le bien de l'État, puisqu'ils seraient ouverts et accessibles à tout le monde, et que, de toutes parts, avec des talens, du mérite, et l'estime de ses concitoyens, on pourrait obtenir du Roi d'y être admis.

Ceux qui redoutent l'influence des ministres de la Religion, et qui les regardent comme étant généralement ennemis de la véritable liberté, ne savent donc pas que, dans tous les temps, l'éloquence sacrée a fait retentir les temples saints, de ses plus nobles accens. Ils ont donc oublié avec quelle force les Bossuet, les Bourdaloue, les Massillon faisaient naguère entendre, à des Monarques absolus, du haut de la chaire chrétienne, les vérités les plus sévères. On pourrait leur demander aussi dans quels ouvrages des philosophes, les droits des sujets et les devoirs des Rois ont été rappelés et exprimés avec plus de franchise, de fermeté, et d'énergie que dans le Télémaque de l'archevêque de Cambrai, l'immortel Fénélon? Quoi qu'il en soit, pour changer ce prétendu esprit d'opposition, s'ils connaissaient bien la tendance des corps délibérans, ils devraient, par cette raison-là même, désirer que l'on fît du clergé, un ordre de notabilité, car il est bien sûr que l'intérêt de la liberté politique, le conduirait promptement à défendre la liberté civile, et même la liberté religieuse, comme nous avons vu qu'il l'a fait en 1682 et en 1789.

Si toutefois il était vrai, en effet, que l'Aristocratie fût irrésistiblement, de sa nature, contraire aux intérêts publics, comme il est en même temps incontestable qu'elle est inhérente à toute société, et qu'elle est indestructible, ce serait encore une raison de plus de la constituer à part, et de la cantonner, si on peut s'exprimer ainsi, afin que sachant où elle est, on pût se tenir en garde, et, au besoin, la combattre avec plus de succès.

Il faut observer, en outre, que, dans les anciens ordres du Clergé et de la Noblesse, il s'est toujours trouvé une foule de personnes empressées de prendre parti pour le peuple, et que, si les trois nouvelles classes de notables cherchaient, un jour, à faire prévaloir des intérêts contraires aux droits publics, il s'élèverait infailliblement, dans leur propre sein, un bien plus grand nombre de défenseurs de ces droits, attendu que ceux qui, comme notables, feraient partie des ordres aristocratiques, étant en même temps, comme municipaux, membres des Colléges démocratiques, seraient, encore plus qu'autrefois, excités à prendre la défense des intérêts du peuple, puisque leur zèle ne serait plus stérile pour eux-mêmes, et qu'ils pourraient désormais en être récompensés, par ses suffrages, dans les élections municipales.

Ainsi, les plus hautes considérations demandent que l'on crée une forte Aristocratie, et il n'existe aucun motif sérieux qui s'y oppose.

Le mode d'organisation de cette Aristocratie paraîtrait devoir être celui que l'on présente dans l'art. 4 du chap. XVII.

§ III. — De la Monocratie ou Royauté.

Les Français, en se rappelant les siècles de justice et de bonheur, de prospérité et de gloire, qu'ils doivent à leurs Rois, et surtout à la famille des Bourbons, après avoir vu tout récemment cette famille, la plus auguste de l'univers, supporter les plus cruelles adversités, avec la grandeur d'âme la plus héroïque, pardonner les outrages les plus sanglans et les attentats les plus criminels, avec la magnanimité la plus chrétienne, et les oublier avec une promptitude véritablement paternelle, tous les Français, dis-je, s'abandonnant aux sentimens d'amour et d'admiration qui leur sont inspirés et par l'histoire, et par leurs propres souvenirs, veulent, aujourd'hui plus que jamais, que le trône soit environné de tout l'éclat, de toute la puissance, et de toute la majesté qui conviennent à un grand peuple. Heureux de voir la légitimité protéger leurs nouvelles institutions, et leur communiquer cette stabilité qu'elle seule peut donner, ils votent, avec enthousiasme, pour que la Royauté soit toujours en tête de tous les pouvoirs sociaux, pour qu'elle dirige toutes leurs déterminations, et excite ou retienne tous leurs mouvemens, pour que son œil voie et embrasse tout, et que sa main soit présente et se fasse sentir partout, pour qu'elle imprime une action uniforme à toutes les volontés, et leur donne une même tendance, en un mot, pour que le Roi soit l'âme du corps social, le centre de tous les devoirs, et l'objet de toutes les affections.

Par un des plus tristes effets de notre révolution, les Français qui, jusque là, n'avaient eu d'autre cri de ralliement que celui de Vive le Roi, et pour qui l'honneur et la gloire ne consistaient qu'à aimer et servir le Roi, furent alors poussés à distinguer le Roi de la patrie, à voir les intérêts du Roi, et les intérêts de la patrie dans des lieux différens, et, pour remplir des devoirs sacrés, à combattre dans des rangs opposés. Cette douloureuse position ne pourra plus se reproduire. Désormais, bien plus que par le passé, les Français pourront se livrer à tout leur amour, à leur idolâtrie pour leurs Rois, et s'y complaire. Par cette fiction admirable du système constitutionnel, qui, en mettant sous la responsabilité des Ministres tous les actes du Gouvernement, laisse la faculté de discuter ceux qui émanent de la Royauté, sans l'offenser, et qui, en plaçant la volonté propre du Roi, dans une enceinte inviolable et sacrée, derrière ses Ministres, le crée infaillible; par cette fiction, dis-je, si conforme à leurs vieilles habitudes, et si favorable à leurs plus chères affections, il sera certain désormais, et bien plus encore qu'autrefois, que le Roi veut toujours le bien, et que ses Ministres seuls seraient coupables du mal qui se ferait. Les intérêts du Roi et les intérêts de la patrie ne pourront plus conséquemment être séparés ; le Roi et la patrie, la patrie et le Roi, et tous les sentimens que ces noms sacrés font naître et enflamment, seront constamment unis et confondus dans le cœur des Français. Le Roi sera toujours, pour eux, l'image vivante de la patrie, le chef suprême et le moteur bienveillant de tous les pouvoirs sociaux. Il sera enfin, au milieu de notre système constitutionnel, ce qu'est le soleil au centre du système du monde, répandant, comme lui, sur tous, son heureuse et vivifiante influence.

Il serait sûrement à désirer que ces idées fussent exprimées d'une manière positive et à peu près comme dans l'art. 5 du chap. XVII.

CHAPITRE XI.

Du Pouvoir législatif.

§ Ier. — De la Souveraineté, de ses conditions et de ses modes; de la formule de la Loi, ou comment il faut qualifier la part que prennent respectivement, à sa formation, le Roi, la Chambre des pairs, et la Chambre des députés.

De grands philosophes ont pensé qu'un vocabulaire exact qui rendrait impossibles, les disputes de mots, serait le plus sûr moyen d'entretenir la paix parmi les hommes. Il est à croire que si ces mots : *Représentation nationale*, *Gouvernement représentatif*, *Corps législatif*, *Souveraineté du peuple*, avaient une signification claire, il y aurait bien moins de dissensions parmi les peuples modernes.

On entend par Représentation nationale, en France, la Chambre des députés. Cependant les membres de cette Chambre, nommés seulement par environ 80 mille électeurs, ne représentent certainement pas les 30 millions d'âmes dont se compose la nation française, ni même, à proprement parler, ces 80 mille électeurs, puisque ceux-ci ne peuvent ni leur donner des instructions ou des mandats, ni leur imposer, ni leur interdire d'agir ou d'opiner dans tel sens ou dans tel autre.

On dit que notre Gouvernement est un Gouvernement représentatif, parce que nous avons une Chambre des pairs et une Chambre des députés. Mais ces deux Chambres n'ont été instituées que pour concourir à la confection des lois; or, si gouverner, et faire des lois, sont deux choses bien différentes, il est évident que ces deux Chambres ne font pas partie du Gouvernement, et que c'est mal à propos qu'à cause d'elles, on appelle notre Gouvernement, un Gouvernement représentatif.

Notre Corps législatif se compose du Roi, de la Chambre des pairs, et de la Chambre des députés. En Angleterre, le mot *parlement* comprend également le Roi, la Chambre des pairs, et celle des communes; mais, aux yeux des Anglais, il ne signifie guère que la Chambre des pairs et celle des communes, et, dans la réalité même, la puissance parlementaire est toute concentrée dans la Chambre des pairs.

Cette Chambre remonte à la plus haute origine. Ses membres possèdent tous des richesses immenses, principalement en fonds territoriaux (1) : ils jouissent des prérogatives les plus

---

(1) Les ducs de Bedfort et de Dewonshire ont chacun 5,000,000 liv. de rentes en biens-fonds.

importantes. Le temps et la fortune, les usages et la législation se sont efforcés, à l'envi, de rehausser leur influence, et de les entourer d'éclat et de splendeur. C'est dans le sein de la Chambre des pairs, que le Roi vient, en personne ou par des commissaires, exercer sa part du pouvoir législatif, approuver ou rejeter les propositions de lois ; c'est dans cette Chambre qu'il a son trône, et que la Royauté semble résider. Cette Chambre mande à sa barre, la Chambre des communes, et les députés viennent s'y placer debout, et la tête découverte. Tout cela, mais plus particulièrement, d'un côté, un bill de 1711 qui, en ordonnant qu'il faudrait posséder 7500 fr. de rentes en biens-fonds pour être député d'un bourg et 15,000 fr. pour être député d'un comté, a excessivement réduit le nombre des éligibles, et, d'un autre côté, les statuts en vertu desquels près de 400 députés sont aujourd'hui nommés par 168 familles seulement ; tout cela, dis-je, a fait dégénérer sensiblement, en oligarchie, le Gouvernement anglais.

En 1814, il fut proposé de donner, au Corps législatif de France, le nom de parlement. On eut la sagesse de repousser une proposition qui, pour le vulgaire, aurait réduit le Corps législatif, aux deux seules branches qui frappent ses regards : la Chambre des pairs, et la Chambre des députés ; mais on aurait dû sentir, en même temps, la nécessité d'arrêter aussi la tendance de notre Gouvernement à devenir trop démocratique. On aurait dû chercher, du moins, à faire ressortir plus sensiblement, aux yeux du peuple, par quelque pompe ou par quelque solennité, la part que la Royauté exerce dans le pouvoir législatif. On aurait dû surtout s'apercevoir alors combien il était inconvenant, au lieu de faire venir, auprès du Roi, les deux autres branches du Corps législatif, de le faire aller lui-même, avec les pairs, tenir les séances royales dans le palais de cette Chambre des députés qu'on appelle les représentans du peuple. Par cette disposition, qui n'a été changée, à la session de 1820, qu'à raison de l'insuffisance du local par suite de l'augmentation du nombre des députés, la Royauté et la Pairie semblaient rendre hommage à la Chambre des députés et reconnaître, pour ainsi dire, cette suprématie qu'elle s'arroge ou qui lui est attribuée. Cela concourait encore à entretenir la force morale qui est inhérente à cette Chambre, ou qu'elle tire des préjugés et de l'habitude où l'on n'est que trop, depuis les assemblées constituante, législative, et conventionnelle, de la regarder comme le principal pouvoir de l'État. Cette force morale est toute-puissante. En vain on la nierait, en opposant le texte de la Charte; elle n'en est pas moins prouvée par 8 ans de prépondérance, et surtout par les efforts que l'on a faits sans cesse, et inutilement jusqu'ici, pour la diminuer.

Quoi qu'il en soit, il fallait, quant à notre Corps législatif, en relever, dans l'opinion, la première et la deuxième branches : la Royauté et la Chambre des pairs, et réduire en même temps aussi, dans l'opinion, ou plutôt lui mieux définir la troisième branche : la Chambre des députés; et on n'a rien fait de tout cela.

Des publicistes, qui ne regardent sans doute la souveraineté que comme un droit d'abuser du pouvoir et de disposer capricieusement des hommes et des choses, ne pouvant pas attribuer un pareil droit, à un seul, sur toute une nation, la dénient aux Rois, et l'attribuent aux peuples. Mais, d'abord, a dit, avec beaucoup de justesse, M. le comte de Saint-Roman, pair de France, de qui nous reproduisons ici une partie des idées, est-ce bien une souveraineté, celle qui ne peut pas être exercée? En admettant cette prétendue souveraineté du peuple, elle serait la souveraineté de la majorité, la souveraineté du plus grand nombre, l'oppression du plus petit, et ce ne serait encore qu'une souveraineté éphémère. Le plus grand nombre, se subdivisant sans cesse et excluant successivement le plus petit nombre, finirait bientôt par transporter la souveraineté à quelques individus; et ceci n'est pas une vaine supposition;

c'est un fait réel, et un fait dont la révolution elle-même nous a donné le spectacle.

En 1789, la souveraineté du peuple fut proclamée, et elle fut réalisée, en 1793, par la destruction de toutes les supériorités sociales. Eh bien! aussitôt, et par la constitution de cette année-là même, une partie du Souverain (les hommes) exclut et annihila, sous le rapport politique; l'autre partie du Souverain (les femmes et les enfans) en leur refusant le droit de participer aux élections. Cette première partie victorieuse, du Souverain, se subdivisant ensuite, écarta encore des élections, par la Constitution de l'an 3, les hommes qui ne payaient pas 3 fr. d'impositions directes. En 1815, il fut proposé de n'accorder le droit d'élire qu'à ceux qui payaient 50 fr., et, par la loi du 5 février 1817, on l'a ôté réellement à tous ceux qui ne sont pas imposés à 300 fr. Si la proposition faite, en 1820, de borner les fonctions des Colléges d'arrondissemens à présenter simplement des candidats, aux Colléges des départemens, avait été adoptée, l'exercice de la souveraineté que l'on prétend appartenir à tout le peuple français et qui, après avoir été transférée successivement, des 30 millions d'individus dont il se compose, à 8 millions, à 2 millions, et à 600 mille, est, en ce moment, concentrée entre les mains de 80 mille, l'exercice, dis-je, de cette souveraineté se serait trouvé dévolu exclusivement aux 20 mille électeurs de départemens.

Il en est d'une nation, comme d'une société d'industrie et de commerce; la souveraineté n'appartient pas plus, dans l'une, que dans l'autre, à la majorité du nombre, ou du moins elle n'y est durable qu'autant qu'elle s'allie à la justice. La minorité, dans une société de commerce, a le droit de rappeler la majorité, aux clauses de leur contrat d'union qui est, pour toutes deux, la véritable souveraineté; de même la minorité, dans une nation, a le droit de rappeler la majorité, aux conditions de leur association, c'est-à-dire, aux principes de la justice qui est, pour les peuples et pour les Gouvernemens, la véritable souveraineté, puisqu'il ne saurait y avoir de puissance réelle, sans la justice, et que tout Gouvernement qui a cessé d'être juste, a perdu ce qui faisait toute sa force et n'a plus qu'une existence précaire.

En résumé, l'importance de chacune des trois branches du Corps législatif, n'est pas suffisamment appréciée; il serait nécessaire de la rendre plus sensible. Leurs forces respectives n'ont pas été assez bien calculées; il faudrait les mieux régler. D'une autre part, toutes ces expressions: *Représentation nationale*, *Gouvernement représentatif*, *Souveraineté du peuple* ne sont propres qu'à induire en erreur; il faut les abandonner; mais, comme les idées de liberté et de perfection qu'on attache généralement aux systèmes de Gouvernement ainsi dénommés, de même que celles qu'on attache aux déclarations des droits de l'homme, ne sont fondées, ainsi que je l'ai déjà fait observer, au sujet de celles-ci, qu'autant que les pouvoirs sociaux y seraient mieux disposés pour la dispensation de la justice et le maintien de l'ordre, il faut, je le répète de nouveau, avoir soin, par-dessus tout, que les pouvoirs politiques soient sagement organisés. Il ne faut pas moins soigneusement pourvoir aussi, à ce que tous les mécontentemens et toutes les plaintes que les abus peuvent exciter, et à ce que tous les vœux et tous les désirs d'amélioration que les progrès des lumières et les changemens dans les mœurs peuvent faire naître, trouvent des organes puissans qui les portent au sein des principaux pouvoirs de la société, qui les y fassent retentir incessamment, et sollicitent, jusqu'à l'importunité, l'attention et la vigilance du Gouvernement pour que les erreurs et les injustices, principes ordinaires des discordes civiles et des révolutions, ne s'amassent point dans le corps social, et pour que la réforme et le perfectionnement de la législation suivent aussi le mouvement, et le changement moral de la nation.

L'établissement de deux Chambres, l'une élective, et l'autre héréditaire, celle-là démocratique, et celle-ci aristocratique, et leur association à la Royauté, pour l'exercice du pouvoir législatif, donnent les moyens de remplir ce double objet. En effet, d'une part, une Chambre des députés fréquemment renouvelée par des élections périodiques, libres, populaires, et, par cela même, toujours animée d'un esprit indomptable de censure, et d'un zèle effervescent de novation et de perfectionnement; d'une autre part, une Chambre des pairs, composée, pour ainsi dire, héréditairement ou par agrégation, des hommes les plus sages, les plus vertueux, les plus éclairés, et, par cela même, fortement imbue d'un esprit d'ordre, de conservation, et de perpétuité; et, enfin, une Royauté qui, placée, par sa nature, au-dessus de la sphère des ambitions, à cette hauteur devant laquelle viennent se confondre dans l'intérêt général, tous les intérêts de partis, et qui, préservée, en outre, par les conseils et la responsabilité des Ministres, des effets des diverses passions humaines, ne peut vouloir que le bien; ces trois institutions, dis-je, et leur concours à la législation garantissent que toutes les idées dominantes, ou seulement un peu remarquables dans la nation, seront apportées dans le Corps législatif, et qu'elles y seront développées, soutenues, examinées, mûries, et, s'il y a lieu, accueillies. L'ardeur du zèle, la vérité, la franchise doivent en conséquence se déployer plus particulièrement dans les déterminations de la Chambre des députés; la réflexion, la maturité, la sagesse, dans celles de la Chambre des pairs; et la justice, dans celles de la Royauté. La justice, dans les déterminations de la Royauté !... Mais, si la justice doit être plus spécialement l'attribut de la Royauté, et si la justice est, elle seule, la souveraineté, c'est donc aussi, dans la Royauté, que la souveraineté doit résider, et se personnifier.

Un homme de beaucoup d'esprit, M. le comte d'Escherny, prétend que la souveraineté, dans une Monarchie mitigée, n'appartient ni au peuple, ni aux nobles, ni au Roi, et qu'elle reste indivise, sans séparation ni partage, entre ces trois pouvoirs réunis. « La Monarchie limitée, « dit-il, est une espèce de trinité politique; ce « sont trois souverainetés respectives, et indé- « pendantes. Chacun de ces trois pouvoirs est « souverain par son *veto*. Aucun des trois, « n'est rien sans les deux autres; et tous les « trois ne font qu'un, ne sont qu'un tout indi- « visible, un seul Souverain. » Mais la souveraineté individuelle de chacun de ces trois pouvoirs, ne consistant que dans son *veto*, serait donc une souveraineté négative et imperceptible, c'est-à-dire, un mot sans valeur, et cependant la véritable souveraineté doit être positive et apparente. Si la souveraineté ne peut exister réelle et visible, ni dans la Chambre des députés, ni dans la Chambre des pairs, encore bien que l'une et l'autre concourent à former la loi, elle doit donc exister et résider là où la loi élaborée se complète et prend son caractère de loi, c'est-à-dire, dans la Royauté qui la sanctionne. Jusque là, que sont, en effet, suivant les véritables principes constitutionnels, ce qu'on appelle les *résolutions* de la Chambre des députés et de la Chambre des pairs? Elles sont, peut-être bien, la loi, si on considère la force morale que les Chambres auraient de contraindre la Royauté à les adopter et à les sanctionner; mais elles ne sont rien, au contraire, ou elles ne sont que de simples avis, si réellement la Royauté possède le droit, qui lui est attribué, et qu'il importe qu'elle ait, de refuser sa sanction.

Dès lors, pourquoi n'a-t-on pas cherché à relever dans l'opinion publique, par un appareil plus solennel de la sanction, et par une formule plus convenable de la loi, la part que la Royauté a dans sa formation? Pourquoi n'a-t-on pas eu soin de donner, aux délibérations des Chambres, un nom qui leur soit mieux approprié, et d'affaiblir ainsi la trop grande force morale qu'elles ont d'ailleurs? Pourquoi ne les a-t-on pas désignées par la dénomination de vœu ou d'avis qui en est l'expression la plus exacte et la plus vraie? Les vœux ou avis des deux Chambres sont et doivent être, sans aucun doute, les conditions nécessaires de la loi; mais, encore une fois, ils ne sont pas la loi, et si on ne peut pas détruire tout-à-fait l'opinion erronée qui existe sur ce point, il ne faut du moins rien négliger pour la redresser.

Il paraîtrait convenable en conséquence que l'art. 6 du chap. XVII fût adopté.

§ II. — Des relations de la Royauté avec la Chambre des pairs et avec la Chambre des députés.

Il a été établi en principe, dans le chapitre 6 où on a traité du meilleur des Gouvernemens, que les trois puissances inhérentes à toute société : la Démocratie, l'Aristocratie, et la Royauté, doivent être employées, dans toute la pureté de leur essence, partout où elles peuvent être juxta-posées et associées. Ce principe est susceptible de recevoir ici une entière application. Chacune des trois puissances politiques peut intervenir, et concourir à la formation de la loi, avec son caractère propre et d'une manière distincte et indépendante; mais, comme la séparation et l'indépendance de ces trois branches du Corps législatif pourraient amener des dissensions et produire des déchiremens, il est indispensablement nécessaire, pour prévenir de tels malheurs, que ces trois puissances soient unies par quelques liens.

En Angleterre, l'union de la Chambre des communes et de celle des pairs, est fondée sur les rapports de famille qui existent entre leurs membres, et elle est devenue plus étroite par l'élévation de la quotité de revenu foncier exigée pour être élu député, et plus encore par la grande influence des pairs sur les élections. Cette union s'est opérée ainsi, en dehors de la Royauté, et aux dépens de la liberté même, et cela n'a pas peu contribué à dénaturer le Gouvernement anglais, et à le faire dégénérer en oligarchie. Il est essentiel, il est indispensable que non-seulement les deux Chambres, mais encore les trois branches du Corps législatif soient unies par quelques nœuds qui les préservent des dangers de la discorde, mais il n'est pas moins nécessaire que cette union soit établie sur des rapports des Chambres avec la Royauté, qui soient puisés dans la nature du Gouvernement monarchique, et non sur des rapports des Chambres entre elles, qui puissent être funestes à la Royauté. Les moyens de remplir cet objet, seront proposés et développés lorsqu'il sera question de l'organisation de chaque Chambre, § 4, § 5 et § 6. On se borne ici à faire observer que la Démocratie et l'Aristocratie, délibérant et votant dans leurs Chambres respectives, doivent être considérées comme de véritables puissances, comme des puissances distinctes et indépendantes, et que, par suite de ce même principe, il serait convenable que la Royauté se fît représenter auprès de chacune d'elles : habituellement, par des procureurs - généraux chargés de faire, au besoin, des représentations, ou de requérir l'observation des formes dans les délibérations, et, par ses Ministres, dans les circonstances extraordinaires, c'est-à-dire, lorsqu'elle aurait à faire faire elle-même des propositions de lois ou d'autres communications.

C'est d'après ces considérations qu'a été rédigé l'art. 7 du chap. XVII.

§ III. — De l'initiative des Lois.

Dans l'ordre actuel des choses, les lois sont toutes proposées par le Roi, et défendues par ses Ministres ou ses commissaires, mais chaque Chambre a le droit d'y faire des amendemens. Si ces amendemens sont fondés, les Chambres paraissent avoir plus de sagesse que la Royauté. Si ces amendemens ne sont pas fondés et s'ils sont néanmoins adoptés, la Royauté paraît manquer de fermeté ou de puissance. Dans tous les cas, elle reçoit une atteinte, et elle est plus ou moins frappée de déconsidération.

Les propositions de lois étant faites, et leur discussion étant soutenue, au nom du Roi, par ses Ministres, ces Ministres et le Roi lui-même se trouvent ainsi en butte à toutes les objections, et à tous les reproches et les sarcasmes que la nature des discussions peut faire naître, ou qu'une adroite éloquence sait y amener, et tout cela tourne encore au détriment de la dignité royale.

Au fond, conçoit-on que des hommes sages aient voulu et aient réglé que le Roi enverrait dire aux Chambres : « Je veux porter une loi « qui contienne telle et telle disposition ; » et que chacune des Chambres puisse répondre : « Nous voulons bien que cette loi contienne « ceci, mais nous ne voulons pas qu'elle con- « tienne cela, et nous voulons, en outre, « qu'elle contienne telle autre chose ? » C'est là cependant à quoi se réduit, en résultat, cette fameuse prérogative de l'initiative qui a été réservée à la Royauté. Sans doute, il faut que le Roi puisse prendre l'initiative, quand il le veut, mais il est politique aussi qu'il ne l'exerce que rarement, et pour des choses d'une convenance générale, ou qui soient peu susceptibles de contestation.

Chacune des Chambres doit aussi avoir le droit de proposer des lois. C'est là une condition, et une condition inévitable, du système constitutionnel. Les rédacteurs de la Charte l'ont reconnu eux-mêmes, puisque, par l'art. 19, ils ont statué que les Chambres auraient « la faculté de supplier le « Roi, de proposer une loi, sur tel objet que ce « soit, et d'indiquer ce qu'il leur paraît convena- « ble que la loi contienne. » A la vérité, ils ont réglé, par l'art. 20, que les Chambres ne pourraient user de cette faculté qu'en comité secret, mais cette restriction a été détruite ; et, ce semble, sans qu'on y ait pris garde, par l'art. 7 de la loi du 9 juin 1819, où les Chambres se sont donné le pouvoir d'autoriser la publication des séances secrètes. D'un autre côté, l'initiative accordée aux Chambres est le meilleur moyen d'assurer l'ordre et la précision, dans leurs délibérations. En effet, lorsque, dans chaque Chambre, chacun de ses membres aura le droit et la faculté de mettre successivement tout en discussion, de faire des motions spéciales pour proposer des améliorations, ou pour dénoncer des abus, aucun d'eux ne se livrera plus à ces écarts et à ces divagations qui rendent les débats si compliqués et si tumultueux, ou, s'il s'y abandonne, tout le monde approuvera qu'on le rappelle à l'ordre, et, au besoin, qu'on lui interdise la parole.

Les projets de lois, proposés au nom du Roi, lorsqu'ils ont été adoptés par une Chambre, sont reportés au Roi, et le Roi les transmet à l'autre Chambre. On ne voit pas quelle peut être l'utilité d'une telle disposition. Elle présente pareillement cet inconvénient que le Roi est censé avoir adopté les projets de lois, avec les amendemens, et que, si l'autre Chambre les rejette, ou y fait des amendemens contraires, la dignité royale se trouve encore compromise. Si le motif de cette marche a été de faire rendre hommage au Roi, ou d'empêcher les deux

Chambres de se prononcer de concert, pour des propositions de lois, il est étonnant qu'on ne l'ait pas prescrite aussi pour les projets de lois délibérés en comité secret.

Les Ministres ont, dans chaque Chambre, un banc séparé où ils siégent toujours, qu'ils soient commissaires ou non pour soutenir la discussion des projets de lois. Ils ont aussi le droit d'intervenir et de parler sur tout, et quand il leur plaît. Il y a, dans tout cela, une affectation de supériorité, une ostentation de pouvoir, et une prétention d'influencer, qui ne sont propres qu'à exciter des défiances, de l'aigreur, et de l'exaspération. Ces priviléges peuvent faire naître le désir de mortifier les Ministres, et, au surplus, ils sont en contradiction avec les vrais principes qui veulent que les deux Chambres soient et paraissent être des puissances libres et indépendantes.

Dans mon système, l'ascendant et l'influence de la Royauté sur les délibérations des Chambres, pour être dissimulés, seraient bien plus assurés, et sa dignité serait bien mieux gardée! Les procureurs-généraux, choisis ordinairement parmi les magistrats et autres fonctionnaires les plus vénérables par leur âge et par leurs vertus, ne prenant la parole que dans des circonstances graves, seraient toujours écoutés avec respect, ou du moins sans défaveur, et les

Ministres placés et répandus sans distinction, parmi les députés, y exerceraient une influence d'autant plus sûre, qu'ils auraient l'air de vouloir plutôt persuader, que commander. Qu'on s'imagine voir, d'un autre côté, les présidens et les secrétaires des deux Chambres, se présenter ensemble au pied du trône, pour y porter leurs vœux et supplier le Roi de les exaucer en rendant des lois conformes ; les procureurs-généraux du Roi, lui assurer que ces vœux ont été délibérés, dans l'une et l'autre Chambre, avec des intentions pures et pour le plus grand bien de son peuple; les Ministres, conseiller, au Roi, de convertir en lois les vœux des Chambres; et le Roi, prononcer solennellement la formule établie! Quelle majesté, et quelle puissance n'auraient pas des lois, ainsi discutées, ainsi votées, ainsi sanctionnées!

Que si les vœux des Chambres n'étaient pas susceptibles d'être adoptés; si les procureurs-généraux du Roi lui déclaraient qu'ils ne sont pas convaincus de leur utilité; si les Ministres demandaient du temps pour y réfléchir; et que le Roi prononçât qu'il avisera, combien cette solennité ne serait-elle pas propre ou à modérer l'enthousiasme populaire que les délibérations des Chambres auraient excité, ou à écarter du moins, de la personne du Roi, et les reproches, et le mécontentement que le refus de sa sanction pourrait inspirer.

Il semblerait très-important en conséquence que les dispositions contenues dans l'art. 8 du chap. XVII fussent adoptées.

§ IV. — De la composition de la Chambre des pairs.

Donner de la fixité aux principes et de la stabilité aux lois, arrêter la mobilité de la Royauté et modérer l'impétuosité de la Démocratie, tel fut le but de l'institution de la Chambre des pairs. Pour accomplir sa brillante et utile destinée, cette Chambre aurait besoin d'être très-forte; mais, dans le temps où nous sommes, il est bien difficile de former, d'une classe peu nombreuse d'individus, un pouvoir politique capable de lutter contre la Royauté et contre la Démocratie et de leur servir, à toutes deux, de contre-poids. En effet, il faudrait que ces individus fussent tous assez puissans, à la fois, et par l'opinion, pour résister à la Chambre des députés, et par les richesses, pour être au-dessus des séductions du Ministère. Notre Chambre des pairs est bien loin de remplir ces deux conditions.

Cette Chambre présente, dans sa composition actuelle, une réunion, sinon complète du moins très-nombreuse, de beaux noms historiques, de précieux talens, et de grandes vertus politiques; mais beaucoup de pairs n'ont point cette fortune qui garantit l'indépendance, ni même celle qui leur serait nécessaire pour soutenir convenablement leur dignité. Cet inconvénient disparaîtra avec le temps; mais, jusque là, nous ne jouirons pas entièrement des bienfaits de l'institution de la pairie, et ce serait par conséquent une chose très-avantageuse que de former, dès ce moment, aux dépens du trésor, des majorats en faveur des pairs qui n'ont pas de revenus, ou qui n'en ont pas de suffisans. Les avantages que l'État en retirerait, sous le point de vue politique, compenseraient et bien au delà les dépenses que cette mesure aurait entraînées. Au reste, ainsi que l'on fait jeter l'ancre sur un fond solide, à un vaisseau stationnaire, de même, pour assurer la fixité de nos institutions, il faudrait, en outre, rattacher la pairie aux plus grands intérêts du sol, et, à cet effet, n'admettre de majorats qu'en biens-fonds. De cette manière, et avec le temps, la Chambre des pairs se trouverait composée principalement de grands et riches propriétaires, ce qui serait extrêmement important.

Il est beaucoup de départemens où aucun pair n'a sa résidence, ni même de propriété territoriale. La pairie manque ainsi de ces rapports d'intérêts avec les diverses localités, qui lui seraient nécessaires pour obtenir quelque appui dans l'opinion. D'un autre côté, ayant marché, jusqu'ici, par une malheureuse habitude, sur les traces de l'ancien Sénat, la Chambre des pairs n'a encore su ni s'environner d'autant de considération et de respect qu'il lui appartient d'en obtenir ou d'en inspirer, ni se créer, par la sagesse et la fermeté de ses délibérations, cette force morale dont elle aurait essentiellement besoin. Enfin, la Charte n'a donné de moyens constitutionnels d'influence sur cette Chambre, à la Royauté, que dans la faculté de créer des pairs héréditaires ou à vie; or, cette faculté, dont l'exercice illimité serait d'ailleurs très-dangereux, est un moyen d'influence évidemment insuffisant.

En Angleterre, la Chambre des pairs est forte de son ancienneté, de ses vastes possessions territoriales, de ses immenses richesses mobilières. Elle a, en province, une nombreuse clientelle, et une représentation dont le faste et la magnificence égalent celles du Souverain, et cependant elle n'a jamais pu, dans les temps de troubles, se maintenir ni par sa propre force, ni même en s'unissant avec la Royauté. Elle a toujours été trop faible contre la Chambre des communes. C'était là sans doute un vice infiniment grave. Ce vice a disparu lorsque, au moyen de l'élévation des conditions d'éligibilité, et de la formation, par le laps du temps, d'un grand nombre de bourgs-pouris, une grande influence a été acquise, aux pairs, sur les choix des députés; mais, dès lors, par un vice nouveau et non moins grave, la Chambre des pairs s'est trouvée dotée de trop d'ascendant, et, ce qui est encore pire, la Chambre des communes a cessé d'être démocratique, et d'exercer sur l'opinion publique, cette autorité précieuse qui ralliait et mettait entre les mains du Gouvernement, toutes les volontés, et toutes les forces de la nation. Dès lors aussi; la puissance, que l'opinion donne, n'étant plus fixée dans la Chambre des communes, s'est trouvée abandonnée à la merci de quiconque a eu assez d'habileté pour la saisir et la faire tourner au profit de son ambition. C'est également dès cette époque que l'on a demandé la réforme parlementaire, et que ceux qui l'ont réclamée, en se rendant populaires, sont devenus redoutables; et c'est là enfin ce qui expose le plus certainement l'Angleterre, à une grande catastrophe.

Par l'adresse que le Ministère a eue, dit-on, de susciter lui-même la demande de la réforme radicale, c'est-à-dire, d'un mode d'élection qui rendrait tout Anglais électeur sans condition de fortune, il a pu effrayer ou du moins refroidir, pour quelque temps, les partisans d'une sage réforme, mais il n'a fait que retarder une crise inévitable. Sachons profiter de cette leçon, et, sans dénaturer le caractère ni altérer l'essence de notre Chambre des députés, sachons doter notre Chambre des pairs, d'une force qui lui soit suffisante, et qui lui soit propre.

Le moyen le plus simple et le plus sûr d'élever et de fortifier le pouvoir de la pairie, c'est de lui donner de nombreuses et larges racines dans tout le sol politique, et, à cet effet, de lui associer des hommes qui, d'une part, étant choisis dans les classes les plus spécialement vouées au maintien de la Religion, à l'administration de la justice, et à la défense de l'État, jouissent davantage du respect et de la confiance des peuples, et pourraient, en les apportant à la Chambre des pairs, l'entourer d'un nouvel éclat, et qui, d'une autre part, étant envoyés de tous les points de la France, pourraient, par cela même, puiser dans toutes les contrées du royaume, pour la pairie, une partie de l'opinion publique, et lui apporter pareillement une partie de la force que l'opinion publique produit. Il faudrait en conséquence admettre à la Chambre des pairs, des députés qui seraient présentés par les trois ordres de mérite politique et nommés par le Roi. L'introduction de ces députés dans la Chambre des pairs, la préserverait de dégénérer en oligarchie, et lui donnerait en même temps toute la force d'opinion dont elle aurait besoin pour balancer la Chambre des députés. Par ce moyen aussi, la Royauté exercerait désormais, sur la

Chambre des pairs, le degré d'influence convenable, sans cependant lui rien faire perdre de son énergie, et sans être obligée de recourir à des promotions indiscrètes de pairs. Par ce moyen enfin, la considération due aux ministres de la Religion, à la magistrature, et aux défenseurs de l'État, se trouverait rétablie d'une manière conforme à nos anciens souvenirs, à nos mœurs actuelles, et aux véritables intérêts de l'État, sans qu'il pût en résulter aucun danger pour la liberté publique.

Il y a, dans la première Chambre du parlement d'Angleterre, 26 pairs nommés à vie, par les pairs de l'ancien parlement d'Irlande, et 16 pairs nommés, seulement pour la durée de chaque législature, par les pairs de l'ancien parlement d'Écosse. Ce genre de pairie n'a été établi dans aucune autre vue politique que celle de dédommager les anciens pairs des deux royaumes d'Écosse et d'Irlande, de la suppression de leurs parlemens respectifs. La nouvelle pairie que je propose de créer en France, n'aurait rien de commun avec celle-là que d'être temporaire, mais elle produirait évidemment, sous les rapports politiques, de bien plus heureux résultats.

Peut-être serait-il à craindre que la Royauté, pour tirer meilleur parti de l'institution de ces pairs temporaires, dans son intérêt particulier, ne désirât la réduction du nombre des pairs héréditaires, et ne s'abstînt désormais d'en nomnier, ou ne nommât plus que des pairs à vie. Il faudrait, pour prévenir ce danger, abolir la faculté de créer des pairs à vie, et statuer que le nombre des pairs héréditaires ne pourrait jamais être au-dessous de 225, et même que chacun d'eux aurait le droit de voter par procureur.

Les dispositions de l'art. 9 du chap. XVII ont été rédigées d'après ces diverses vues.

§ V. — De la composition de la Chambre des députés municipaux.

Chez tous les peuples, et sous tous les Gouvernemens, il existe un esprit d'opposition et de résistance d'autant plus inévitable que la condition humaine ne comportant pas de sagesse absolue, il est impossible, quelles que soient la Constitution de l'État et la vertu des gouvernans, qu'il n'y ait pas toujours quelque chose à reprendre, ou à désirer. D'un autre côté, la masse du peuple, semblable aux eaux de la mer, est susceptible d'être facilement agitée, et aussi, comme les flots irrités, le peuple, lorsqu'il est en courroux, renverse, déchire, écrase, ou disperse au loin tout ce qui l'entoure ou le domine. Sa violence, son impétuosité, et les désordres qu'il commet, sont toujours extrêmes quand il agit de lui-même. Ils le sont généralement moins, lorsqu'il a des guides et des chefs, parce que ceux-ci redoutent ordinairement d'en être, un jour, rendus responsables; et c'est, pour cela, que Cicéron disait que l'établissement des tribuns, à Rome, avait été le salut de la république.

Cette disposition du peuple à se plaindre et à se soulever, a toujours donné une grande puissance à ceux à qui a été délégué ou qui se sont arrogé le soin de défendre ses intérêts. Ces tribuns de Rome qui, d'abord, n'avaient pas eu d'autre mission, ne tardèrent pas à devenir les maîtres de l'État. La Chambre des communes, en Angleterre, instituée, dans le principe, seulement pour faciliter la levée des tributs, en se rendant l'organe des doléances du peuple, a fini par imposer la loi. En France, les parlemens, qui, à leur création, ne furent commis que pour rendre la justice, au moyen de la faculté qu'on leur avait accordée de faire des remontrances, étaient parvenus, en se voilant aussi de l'intérêt des peuples, à se mettre à même de combattre la puissance de nos Rois, et, dans les temps de minorité, d'adjuger la régence. Il est donc également dangereux, et de ne pas donner aux peuples des défenseurs légaux, et de ne pas bien régler les fonctions des défenseurs qu'on lui donne.

Pénétré de cette double vérité, et convaincu, en outre, que l'art de gouverner aujourd'hui consiste surtout à conquérir les intelligences, l'auguste fondateur de la Charte a institué, et placé près du Gouvernement, la Chambre des pairs, et la Chambre des députés, pour protéger tous les intérêts ou lésés, ou en souffrance; pour être les organes et de tous les besoins, et de tous les vœux; pour répéter et faire retentir tous les mécontentemens qui autrement ne pourraient pas être entendus; pour signaler et faire ressortir tous les changemens opérés dans les mœurs qui, sans cela, resteraient inaperçus. Il a appelé en même temps les deux Chambres à participer à la législation, et à traiter aussi toutes les questions de politique et d'adminis-tion, pour que leur concours serve à imprimer aux lois plus de sagesse, et à inspirer aux peuples plus de soumission; pour que les efforts contraires des partis, les attaques sans cesse renouvelées de la tribune, la chaleur et la publicité des débats de l'une et de l'autre Chambres sur les intérêts généraux et particuliers de la nation, dans leurs actions et réactions perpétuelles, préservent l'opinion publique de s'égarer ou de se corrompre; et pour que le peuple, témoin de ces discussions, en acquérant, avec des lumières, de la sécurité sur ses véritables intérêts, perde cette funeste disposition, qu'il a eue jusqu'ici, à se prononcer aveuglément, dans toutes les circonstances, contre l'autorité. En un mot, il a adopté le système constitutionnel, comme un moyen d'extraire du fond de la nation, cet esprit de résistance et d'agitation qui lui est naturel; comme un moyen de le contenir, en le tempérant, ou de le diriger, en lui cédant; ou plutôt même comme un moyen, en le régularisant, de le rendre utile, et, en faisant entrer, pour ainsi dire, journellement, dans le Gouvernement, les idées et les mœurs dominantes dans la nation, de mettre, par-là, l'État à l'abri de ces troubles et de ces révolutions brusques et violéntes qui compromettent le sort des empires.

Destinées à exercer un si grand pouvoir et de si importantes attributions, la Chambre des pairs, et la Chambre des députés auraient dû recevoir, toutes deux, au moment même de leur création, une organisation assez sagement combinée pour que ni l'une ni l'autre ne pût jamais ni sortir de ses limites, ni porter aucune atteinte à la Royauté. Cet objet serait rempli, quant à la Chambre des pairs, si on adoptait l'institution des pairs temporaires que j'ai proposé de créer. Pour atteindre le même but, en ce qui concerne la Chambre des députés, il faudrait changer entièrement son organisation.

Aux termes des art. 36, 37, 38 et 40 de la Charte, cette Chambre doit être composée de 262 membres seulement, et être renouvelée, par cinquième, tous les ans; pour être électeur, il faut être imposé à 300 fr. de contributions directes; pour être député, il faut en payer 1,000, et de plus, il faut être âgé de 40 ans.

L'ordonnance du 13 juillet 1815 porta le nombre des députés à 395; l'ordonnance du 5 septembre 1816, pour rentrer dans les termes de la Charte, réduisit de nouveau le nombre des députés à 262; la loi du 29 juin 1820, l'a réaugmenté de 172, elle a, en outre, attribué exclusivement la nomination de ces 172 députés, à des Colléges composés du quart des plus forts contribuables parmi les électeurs à 300 fr., et elle a élevé, par ce fait et pour ces nouveaux Colléges, le cens électoral, généralement à 6 ou 700 fr., et, dans certains départemens, jusqu'à 1500 fr., par conséquent beaucoup plus haut qu'il n'est necessaire même pour être député. Ces diverses dispositions, tantôt extra-constitutionnelles, et tantôt rétrogrades, mais toujours incohérentes et contradictoires soit entre elles, soit avec les autres dispositions de la Charte, prouvent, tout à la fois, et que l'on a entrevu de grands dangers pour la chose publique, dans la manière dont la Chambre des députés exercerait son pouvoir, et que l'on a été très-embarrassé pour les prévenir. Ces dangers et cet embarras proviennent tous également de ce que, en réglant le mode d'organisation de la Chambre, on ne l'a puisé ni dans la nature des choses, ni dans les véritables principes qui seuls devaient en diriger la composition.

Quand une assemblée est trop peu nombreuse, ses décisions manquent de cette stabilité qui fait naître la confiance et commande la soumission. Elles paraissent variables, et, par cela même, elles le deviennent en effet; car, ayant été déterminées par un petit nombre de voix seulement, tout le monde sent que, si les mêmes matières étaient remises en discussion, quelques voix changées porteraient la majorité où était la minorité, et décideraient les questions d'une manière tout-à-fait opposée. Dans une assemblée réduite à de trop faibles proportions, chaque individu compte d'ailleurs pour beaucoup et peut forcer à des ménagemens personnels. La répugnance que chacun éprouve naturellement à soumettre sa raison, y est aussi plus difficile à vaincre. Au contraire, dans les assemblées nombreuses et qui, à cause de cela, sont plus susceptibles de cette sorte d'électricité morale qui s'empare des masses et subjugue l'égoïsme des prétentions particulières, la volonté de chaque député sort de l'individualité et se rapproche davantage de la volonté générale; les intérêts divergens que chacun d'eux y a apportés s'y modifient aussi plus aisément, et, de leur conciliation, résulte ainsi, plus vraisemblablement et même presque toujours, l'expression de l'intérêt général. Les nombreuses assemblées se dérobent plus facilement, aux intrigues de la séduction, et ce n'est encore véritablement que là où l'on trouve ces majorités décisives qui, ne pouvant se former que de l'assentiment donné par la raison, en imposent à toutes les oppositions, soumettent toutes les résistances, frappent de respect tous les esprits, et, en rassurant contre la crainte des changemens de vues et de doctrines, impriment aux lois ce caractère de fixité qui en fait la force et qui en étend et perpétue l'empire. Le peuple lui-même, comme l'a fait observer M. Fiévée, obéit aussi plus docilement à des lois rendues par des assemblées nombreuses, parce qu'il y soupçonne moins d'erreurs, et que, ne pouvant mesurer toute la sagesse que ces assemblées renferment, il y croit sans la juger.

L'assemblée constituante était composée de 1200 députés, chacune des assemblées législative et conventionnelle de 745, et le Corps législatif créé en l'an 3, de 750. En Angleterre, où la population n'est que de 17 millions, la Chambre des communes est composée de 658 députés. Il semble donc que, pour un royaume peuplé de 30 millions d'âmes tel que la France, la Chambre des députés ne devrait pas en avoir moins de 600.

En réglant que la Chambre des députés se renouvellerait par cinquième, tous les ans, on lui a donné une tendance à devenir un corps perpétuel et actif, contre laquelle il aurait fallu, au contraire, chercher soigneusement à la prémunir. En principe, le renouvellement de cette Chambre est un appel à l'opinion publique, dont l'objet est de lever tous les doutes du Gouvernement sur les sentimens des peuples, pour qu'il puisse se diriger en conséquence. Le renouvellement de la Chambre doit donc se faire en entier, afin que l'opinion publique soit véritablement consultée, à la fois, sur tous les points du royaume, et que l'esprit de la nouvelle Chambre puisse être considéré comme la véritable expression des sentimens de toute la nation.

En statuant que, pour être électeur d'arrondissement, il faudrait payer 300 fr. de contributions directes, et que les Colléges de départemens ne seraient composés que du quart des plus imposés de ces électeurs, on a réduit le nombre de ceux qui concourent à la nomination des députés d'arrondissemens, à environ 80 mille, et, à 20 mille seulement, le nombre de ceux qui peuvent élire les députés des départemens; on a ainsi ôté, aux élections, ce caractère d'universalité qui seul peut rendre les choix nationaux. En excluant, par ces mesures, l'immense majorité des Français, de toute participation au choix des défenseurs de leurs droits, on a violé le principe du système constitutionnel qui est de faire concourir à l'action du Gouvernement, toutes les facultés morales, intellectuelles, et physiques de la nation; et on a, par suite, atténué sa force. On a en même temps compromis sa stabilité, en le séparant, par-là, de la plus forte portion de la Démocratie et en créant ainsi, hors de lui, un autre pouvoir populaire, une deuxième opinion publique qui, laissée vague et sans organe, sera, dès lors, susceptible de s'attacher au premier ambitieux qui voudra exciter des troubles.

Trop dominés par les souvenirs du passé, ou par les impressions du présent, les rédacteurs de la Charte n'ont pas assez pensé à l'avenir, ou ils ne l'ont pas bien jugé. Il semble du moins qu'ils n'ont aucunement prévu qu'un jour, lorsque les malheurs de la révolution ne se retraceront plus que faiblement à nos enfans, comme à nous-mêmes ceux de la ligue, la liberté et l'égalité reparaîtraient avec tous leurs brillans prestiges; que la Démocratie se réveillerait; que, ne se trouvant pas constituée, elle chercherait de nouveau à reconquérir ses droits; et qu'alors la révolution recommencerait. Hélas! cette révolution est à peine terminée; le sol de la France fume encore du sang qu'elle a versé à grands flots et se trouve couvert des ruines et des débris que, dans sa rage dévastatrice, elle a répandus partout, et déjà cependant des agitations se manifestent, et on peut apercevoir les signes précurseurs de nouvelles tempêtes. Pressons-nous donc d'employer le seul moyen qui puisse les conjurer, et en conséquence faisons participer au système constitutionnel le plus grand nombre possible de Français, en les admettant à concourir aux élections, et en baissant, pour cela, la quotité du cens électoral.

Cette mesure serait très-politique sous d'autres rapports. En effet, l'obéissance aux lois deviendrait d'autant plus grande que l'on aurait plus de confiance en la Chambre des députés, et la confiance en cette Chambre serait d'autant plus étendue que le nombre des électeurs qui auraient concouru à nommer les députés aurait été plus considérable.

Le concours d'un plus grand nombre d'électeurs garantirait aussi que les choix seraient meilleurs. Il serait du moins plus probable que les députés qui auraient été nommés seraient des hommes recommandables. Le peuple, au surplus, est très-propre à faire de bons choix. Sa sagacité pour discerner le mérite ne peut être révoquée en doute, quand on jette les yeux sur cette multitude de grands hommes que les Athéniens et les Romains choisirent pour leurs magistrats, ou pour leurs généraux. On objecte que le peuple ne sait pas quelles qualités il faut pour être député. Mais, à Athènes et à Rome, le peuple savait-il mieux quelles qualités il fallait pour gouverner l'État, ou commander les armées? Les députés qui sont nommés par nos électeurs à 300 fr., sont-ils donc eux-mêmes choisis parce qu'ils possèdent les qualités nécessaires à des législateurs, ou n'est-ce pas plutôt en considération de leurs vertus, ou seulement à cause de leurs opinions? Les électeurs à 300 fr. ne sont pas plus habiles à faire des choix, que ne le seraient des électeurs à 50 fr. (1). Les hommes ne se connaissent que par leurs relations mutuelles. Les habitans d'un canton, qui sont imposés à 50 fr., pourraient donc tout aussi bien que ceux qui sont imposés à 300 fr., savoir et prononcer quel est le plus capable d'entre eux, et, lorsqu'il s'agirait de prendre des candidats hors du canton, ils ne se laisseraient pas plus mal diriger dans ces choix extérieurs. Dans ce dernier cas, sûrement on ne les verrait guère, ou plutôt on ne les verrait jamais, sur la foi d'autrui, donner aveuglément leurs suffrages à des hommes dont ils ignoreraient absolument les qualités et dont le nom même leur aurait été jusque là entièrement inconnu, ainsi que l'ont fait les électeurs à 300 fr. Peut-être, au surplus, à cause de leur petit nombre, ceux-ci sont-ils plus susceptibles d'être séduits ou gouvernés par des coteries? Quoi qu'il en soit, il est certain que, si on appelait plus de monde à participer aux élections, les choix, en devenant

---

(1) Je dis des électeurs à 50 fr., parce que, au moyen des centimes additionnels, les municipaux imposés à 30 fr. de contribution foncière, en principal, se trouveraient payer, en tout, au moins 50 fr.

plus difficiles, s'épureraient, et se porteraient davantage sur les plus dignes.

En disposant que tous les députés devraient être imposés à 1,000 fr. de contributions directes et être ainsi présumés avoir une fortune acquise de 5,000 fr. de rente, on a cru que les choix présenteraient une plus grande garantie pour le maintien de l'ordre public et de la monarchie. Cette condition est encore évidemment insuffisante, ou, pour mieux dire, elle est tout-à-fait vaine, et ils le reconnaissent bien, ceux-là mêmes qui affectent d'y attacher le plus d'importance, puisque, par une contradiction palpable, ils accusent de vouloir renverser l'ordre actuel des choses, le côté de la Chambre où siégent les plus grands propriétaires fonciers, les plus riches capitalistes, et les plus forts manufacturiers de France. L'imputation qu'on fait à ceux-ci, est sans aucun doute calomnieuse, mais il n'en est pas moins faux que la fortune soit une garantie d'attachement à l'ordre de choses existant. En effet, partout et dans tous les temps, ce sont généralement des hommes puissans et riches qui ont suscité et dirigé les révolutions. « Il ne peut plus y avoir de rébellion, disait « lord Russel, il n'y a plus de grands, en An-« gleterre! » Sans aller chercher bien loin dans l'histoire, les parlemens et les notables n'ont-ils pas commencé la révolution française? Les plus hautes classes de la société ne l'avaient-elles pas elles-mêmes préparée, et des membres très-distingués de l'ordre du Clergé et de l'ordre de la Noblesse, ne l'ont-ils pas secondée encore de tous leurs efforts dans l'assemblée constituante? A la vérité, la nation s'y laissa facilement entraîner, mais c'est parce que, puisant leurs moyens de succès dans le désordre des finances et dans les vices de l'organisation politique, les novateurs, en séduisant la multitude par la promesse de remédier à ces désordres et de réparer ces injustices, eurent l'adresse de se concilier l'opinion publique, et de se rendre forts de toute la puissance qu'elle donne. La condition d'un cens de 1,000 fr. pour être député, ne présente donc aucune garantie contre les troubles et les révolutions. Le meilleur préservatif, à cet égard, c'est de donner au plus grand nombre possible de Français, cette participation aux affaires publiques, à laquelle ils croient justement avoir droit et que les novateurs ne manquent jamais de leur promettre, c'est, en un mot, je le répète, de baisser le cens électoral et d'agrandir ainsi le cercle des électeurs de manière à y faire entrer tous ceux qui ont un intérêt sensible au maintien de l'ordre et de la paix, et une capacité suffisante pour apprécier les hommes et les mesures qui sont ou doivent être employés à les faire observer.

En fixant à 300 fr., le cens pour être électeur, et à 1,000, le cens pour être député, on a eu en vue aussi de donner plus d'influence aux richesses. Sans doute, il était très-sage de chercher à procurer la majorité, dans les élections, à ceux qui y sont produits et recommandés par la fortune, parce que la fortune, supposant l'éducation et les lumières, offre, sous ce rapport, plus de garantie; mais ce ne devait pas être au moyen d'une combinaison qui est odieuse par cela seul qu'elle circonscrit trop le nombre des éligibles et des électeurs, et qui d'ailleurs a l'inconvénient d'exclure le talent et le mérite trop souvent dépourvus de richesses. L'intention qu'on a eue, serait, au surplus, bien mieux remplie si l'on admettait des électeurs à 50 fr., parce qu'il est hors de doute que ceux-là nommeraient généralement les hommes les plus riches. En effet, en Angleterre, on voit toujours les électeurs pris dans la classe des hommes les moins aisés, donner leur voix aux hommes les plus recommandables, du moins par la fortune. Il est même remarquable que, dans les élections de ce pays qui sont les plus démocratiques, c'est-à-dire, auxquelles concourent un plus grand nombre d'électeurs peu aisés, la difficulté et la dépense pour être élu, sont naturellement devenues si grandes (1) que les députés que l'on y nomme sont tous nécessairement bien plus riches que la Constitution, ou plutôt le bill de

(1) Cette dépense s'élève quelquefois à plus de 300,000 fr. monnaie de France.

1711 ne l'a exigé. Au fond, c'est bien moins la condition du cens, que le nombre des électeurs et le mode de l'élection qui peuvent faire préférer les riches. D'après cela, ne craignons point de baisser le cens électoral à 50 fr., et de rendre ainsi nos élections plus démocratiques. Persuadons-nous même, au contraire, qu'alors les richesses y obtiendront plus d'influence, et que si le mode d'élection est bien combiné, la Chambre finira infailliblement par être toujours et presque toute composée de ceux que la fortune favorise le plus.

On peut, à tout âge, commander les armées, représenter la nation chez les peuples étrangers, occuper les premières fonctions dans l'État, et, pour être député, il faut avoir 40 ans ! Par une disposition non moins étrange, les fils aînés des pairs sont admis dans la première Chambre, à 25 ans, et ils y délibèrent à 30, comme si le hasard de la naissance qui seul les y appelle, était moins aveugle que les suffrages des électeurs qui portent les députés à la deuxième Chambre, et comme si on ne pouvait pas s'en rapporter à ces mêmes électeurs, du soin de distinguer, à leurs risques et périls,

. . . . Ces âmes bien nées,
chez qui La valeur n'attend pas le nombre des années !

En reculant trop l'époque à laquelle on peut être admis dans la deuxième Chambre, nous devrions bien plutôt craindre de laisser passer celle où les sentimens généreux sont dans toute leur plénitude, et où le patriotisme a le plus d'énergie. L'âge de 40 ans est sans doute l'âge de la maturité; mais il est, par cela même, l'âge de l'intérêt personnel et de l'égoïsme politique. Les jeunes gens ont généralement les vues plus élevées et plus désintéressées; ils sont aussi, il est vrai, plus audacieux, plus téméraires, mais la défiance que la jeunesse inspire naturellement, est elle-même un correctif suffisant contre le danger de l'admettre trop facilement.

Ces conditions trop élevées, d'âge, et de fortune, auxquelles on a soumis les électeurs et les éligibles, ainsi que ces précautions que l'on a prises, de trop limiter le nombre des députés, et de les renouveler partiellement, et tout cela dans la vue de préserver la Chambre démocratique des écarts auxquels un pareil pouvoir est, de sa nature, susceptible de se laisser emporter, sont essentiellement illusoires. Jusqu'ici, elles ont toujours été vaines, et, en faussant le régime constitutionnel, elles ont peut-être même ajouté de nouveaux périls à tous ceux qu'il comporte de lui-même. Il y en aurait eu beaucoup moins, en effet, à organiser cette Chambre d'une manière franche et vraie.

Que la Chambre démocratique soit donc composée d'un nombre de députés plus en rapport avec la population de la France et avec sa propre destination ; que le cercle des électeurs soit agrandi de manière à comprendre tous ceux qui ont droit d'y être admis ; que, par le mode d'élection, les richesses y soient favorisées, mais que les talens et les vertus, qui ne sont pas accompagnés de la fortune, n'en soient pas repoussés ; que l'âge mûr soit plus particulièrement appelé à composer la Chambre et à y faire valoir son expérience, mais que la jeunesse ne soit pas exclue de venir y déployer son ardeur ; en un mot, qu'il suffise, pour y entrer, d'y être porté par la confiance éclairée et le choix réfléchi des électeurs ; enfin, que le renouvellement de cette Chambre se fasse intégralement ; alors, la Chambre des députés ne sera plus une déception, alors elle exprimera véritablement l'opinion publique.

Alors, à la vérité, et par cela même que la Chambre serait déléguée directement et immédiatement par le peuple, elle aurait de plus fortes racines dans la nation, et elle serait, par suite, plus puissante ; mais, comme elle serait aussi plus pure et plus nationale, elle ne serait pas plus dangereuse. Toutefois il ne faudrait pas moins prendre des mesures pour la retenir dans les limites que l'esprit démocratique est naturellement disposé à franchir, et surtout pour la prémunir contre les effets subits de cette exaltation factice, et de ce faux enthousiasme que des harangues artificieuses, des accusations téméraires, et des attaques violentes dirigées contre l'autorité, peuvent produire quelquefois, partout, mais plus particulièrement chez les Français dont la plus ardente mobilité fait le caractère, et qui, lorsqu'ils sont rassemblés, trop souvent dupes de leurs premières impressions, agissent plus généralement par entraînement que par principes. Les meilleurs règlemens seraient inefficaces pour remplir cet objet. La faculté même de dissoudre la Chambre, dans des circonstances critiques, loin d'être un remède, serait peut-être un danger de plus. D'abord, l'emploi de cette mesure aurait une signification sinistre et qui agiterait tous les esprits. D'un autre côté, vraisemblablement on ne ferait que remplacer des députés exaltés, par des députés plus exaltés encore. Émanée directement de la nation, la Chambre démocratique, que l'on y aurait renvoyée, n'y rentrerait que pour en sortir de nouveau, et plus puissante, et plus audacieuse, comme ce géant de la fable qui, lorsqu'il était abattu, en touchant la terre sa mère, se relevait plus fort et plus redoutable.

On s'accorde généralement à reconnaître qu'il est nécessaire que le Gouvernement ait de l'influence sur la Chambre. Mais toute action antérieure et directe du Ministère, sur les élections, pourrait provoquer de la résistance, de l'opposition, et même des choix extrêmes, comme nous l'avons déjà vu. Si, au contraire, elle réussissait, alors il n'y aurait plus de véritable Chambre des députés ; cette Chambre ne serait qu'une fiction. Les divers partis qui divisent si malheureusement notre patrie, toujours d'accord sur le principe de la nécessité de l'nfluence du Gouvernement sur la Chambre des députés, ont, par cette raison, excusé tour à tour, chaque année, les divers moyens que le Ministère avait successivement employés, d'abord sur les élections, pour en diriger les choix, et ensuite sur les députés élus, pour s'assurer de leurs suffrages ; mais ces moyens d'influence, qui ont consisté principalement dans la violence ou la corruption, ne réussiraient pas toujours à l'avenir. Ils ne pourraient être d'ailleurs, ni limités, ni régularisés, et au surplus la morale et la saine politique les condamnent et les repoussent. Il faut donc en chercher d'autres qui soient plus honnêtes, plus légitimes, et dont les effets soient aussi plus certains. Il faut également que ces moyens soient propres tout à la fois, et à réprimer les emportemens de la Démocratie, sans altérer son essence, et à modérer son impétuosité, sans détruire son énergie, et à tempérer son ardeur, sans corrompre sa vertu, et à donner habituellement, à la Royauté, la majorité dans la Chambre, sans jamais l'asservir. Ces moyens ne peuvent être pris que dans la Démocratie elle-même. C'est en elle, en effet, qu'il faut chercher les moyens de modérer sa fougue, de contenir sa force expansive; et ce n'est véritablement, que par un plus sage emploi de ses propres élémens et par une mesure d'une nature populaire, que l'on y parviendra.

Pour prévenir l'explosion ou le débordement d'une cuve remplie de matières en effervescence, on en retire une partie que l'on remplace par une quantité égale de matières homogènes mais plus froides. Le meilleur moyen de prévenir les écarts de la Démocratie, dans la deuxième Chambre, c'est, en adoptant une mesure analogue, de donner, à la Royauté, la faculté de remplacer une partie des députés envoyés par le peuple à cette Chambre, par d'autres députés également nommés par le peuple. Je dois insister d'autant plus sur cette mesure, qu'elle me paraît être la seule qui puisse résoudre le plus grand problème que présente l'organisation politique d'un État, celui de rendre, tout à la fois, extrêmement utile, et absolument sans danger, l'alliance d'ailleurs indispensable de la Royauté et de la Démocratie.

Il me semble que le mode d'élection indiqué dans l'art. 10 du chap. XVII réunirait toutes les conditions désirables.

D'après ce mode d'élection, les 600 députés siégeant dans la deuxième Chambre, formeraient comme une espèce de jury dont les deux cinquièmes des membres seraient choisis par les départemens, et les trois cinquièmes par le Roi, sur une liste de présentation de 1,080 dressée par les districts.

Un grand inconvénient du mode actuel d'élection, c'est de n'avoir pas de suppléans. Il y aurait encore un plus grand inconvénient à en faire nommer suivant un pareil mode, parce que les électeurs attachant peu d'importance en général à cette sorte d'élections, n'y procèdent jamais avec la même attention qu'ils apportent dans le choix des députés. L'un et l'autre inconvénient disparaîtraient par le nouveau mode que je propose, puisqu'il y aurait, suivant ce mode, 480 suppléans pour 600 députés siégeant à la deuxième Chambre, et que ces suppléans auraient tous été nommés avec le même soin et la même attention que les députés.

Le pire de tous les modes d'élections est celui qui peut produire des choix brusques et irréfléchis, et c'est là le vice fondamental du mode actuellement en vigueur. Suivant ce mode, en effet, des Colléges uniques sont convoqués aux chefs-lieux des départemens, ou des arrondissemens électoraux, et les électeurs qui les composent sont obligés, pour s'y rendre des divers points du territoire où ils résident, de parcourir de grandes distances, de perdre plusieurs journées, de faire de fortes dépenses, et, comme ils ne sauraient se soumettre à de tels sacrifices et à de pareils déplacemens, ni s'arracher à leurs affaires privées et à leurs occupations habituelles qu'avec une grande impatience et beaucoup de regrets, il arrive de là qu'ils sont infiniment plus susceptibles d'être dominés par des intrigues, et d'être entraînés, pour en finir plus vite, à faire de mauvais choix ou du moins des choix de complaisance. Si on adoptait le mode d'élection que je propose, le devoir d'élire ne paraîtrait, ni ne serait plus une charge pour personne. En effet, il n'exigerait d'aucun électeur, ni une grande perte de temps, ni un long déplacement, puisque les plus éloignés n'auraient besoin, pour le remplir, que d'y consacrer quelques heures. Ce mode préviendrait, en outre, toute surprise. En faisant passer les élections, comme par un crible réitéré, il produirait infailliblement les meilleurs choix possibles.

D'après le mode actuel d'élection, toutes les nominations sont faites exclusivement par la majorité. Cette règle est, sans aucun doute, la seule à suivre quand il s'agit de nommer à des fonctions actives, telles que sont, par exemple, celles de maires, parce qu'il est nécessaire que ceux qui doivent les exercer, y soient portés par le plus grand nombre; mais, quand il s'agit de fonctions délibératives, et qu'il y a plusieurs choix à faire, il est nécessaire d'adopter une combinaison qui assure quelques nominations à la minorité; car, puisque, dans le système constitutionnel, on pense que le moyen de défendre tous les intérêts consiste dans la représentation des divers intérêts, il faut, par une juste conséquence, que la minorité ait aussi, de son côté, des délégataires. Suivant le mode actuellement existant, il pourrait arriver que, sur 800 mille électeurs procédant à la nomination de 600 députés, 399 mille électeurs n'eussent donné leurs voix à aucun des 600 députés élus. Suivant le mode que je propose, les deux tiers des députés seraient toujours nommés par la majorité, mais un tiers pourrait l'être cependant, par la minorité, et alors les diverses fractions des Colléges se trouveraient véritablement avoir toutes participé à la formation de la Chambre.

Avec ce même mode d'élection, l'ascendant des villes populeuses ne pourrait plus priver les campagnes d'avoir des députés, puisqu'on aurait la facilité d'en faire la division entre elles, et de les leur faire nommer séparément.

Avec ce mode, il arriverait encore que les électeurs ne choisiraient plus guère, pour députés, que des personnes domiciliées dans leur arrondissement ou qui y auraient vécu assez de temps pour s'être fait connaître des habitans, et qui auraient été ainsi à même d'y observer les besoins de la contrée, et d'y recueillir tous les renseignemens et toutes les idées utiles à sa prospérité.

L'étendue des districts, est, en général, circonscrite de manière qu'il y aurait nécessairement, entre les électeurs et les députés, trop de liaisons pour que l'opinion des députés ne correspondît pas à celle des électeurs et que les élections n'offrissent pas toutes les probabilités propres à faire croire que l'opinion générale serait véritablement manifestée.

Les élections, en raison du grand nombre d'électeurs et des positions différentes où chacun d'eux se trouverait, et en raison encore de la division des Colléges et de leur dissémination sur environ 3,600 cantons, fourniraient infailliblement aussi des représentans à tous les intérêts et à toutes les opinions. Elles donneraient même sans doute, sous ce dernier rapport, des choix divers; mais ces choix seraient le produit de circonstances locales, et non plus de doctrines factieuses.

Les élections seraient encore indubitablement sujettes à beaucoup d'intrigues et de cabales; mais, comme il serait nécessaire d'exercer ces intrigues et ces cabales simultanément, d'abord dans tous les cantons du district, et ensuite dans tous ceux du département, il faudrait, pour réussir, quelque chose de plus : il serait, en outre, absolument indispensable ou de posséder un grand mérite, ou de faire de grandes dépenses; et ceux qui ne se distingueraient pas, par les vertus, par les talens, ou par les richesses, se trouveraient naturellement et invinciblement exclus, quelles qu'eussent été leurs intrigues. Les prétendans à la députation auraient besoin, dans tous les cas, de s'appuyer sur les hommes qui sont environnés de la considération publique et les plus influens dans chaque localité, et il résulterait enfin de tout cela, d'une part, qu'on ne verrait plus guère obtenir de succès, dans les élections, qu'au mérite ou à la fortune, plus généralement même à une heureuse réunion de ces deux avantages; et, d'une autre part, que les députés élus, recevant leur mission d'une plus grande partie du peuple, et de la partie du peuple qui est la plus éclairée et la plus indépendante, seraient, par suite, plus jaloux de s'en montrer dignes, et auraient bien plus de force et d'énergie pour la bien remplir. Ce mode d'élection serait donc éminemment bon. Il serait incontestablement, tout à la fois, et le plus populaire, et le plus monarchique, et le plus véridique que l'on puisse adopter.

§ VI.—Véritable objet de la coopération des deux Chambres à la confection des lois, et nouvelles garanties de son accomplissement.

Les Bourbons veulent essentiellement la justice; ils désirent la lumière et la vérité; ils ne demandent que de connaître le bien, pour l'opérer, et les véritables vœux du peuple, pour les exaucer. Le mode que j'ai proposé pour la composition et l'organisation des deux Chambres, en s'adressant simultanément, à la partie aristocratique, et à la partie démocratique de la nation, et par conséquent à la nation tout entière, serait évidemment très-propre à explorer, sur tous les points du sol politique, et dans tous les étages de l'édifice social, les intérêts, les besoins, et les passions qui s'y agitent, à y recueillir les plaintes et les mécontentemens qui s'y élèvent, ainsi que les désirs et les vœux qui s'y forment, et à les en extraire, pour les réunir, les concentrer, les élaborer, et produire, par leur fusion, l'expression de la véritable opinion publique.

Tout le monde n'aura peut-être pas approuvé, au premier abord, qu'il soit donné à la Royauté, de désigner le quart des pairs, et les trois cinquièmes des députés devant siéger à chaque session. Mais ce serait là, comme je l'ai annoncé déjà, § II, le meilleur moyen d'unir étroitement et par un nœud véritablement monarchique, l'une et l'autre Chambre, entre elles, et avec le trône, et d'éviter les troubles et les déchiremens qui, sans cela, ne tarderaient pas à éclater. Quelques personnes demanderont, vraisemblablement, en outre, pourquoi il a été mis une si grande différence entre le nombre des pairs, et le nombre des députés dont la désignation est attribuée à la couronne. Cette disproportion de nombre, et la prérogative elle-même ont été déterminées d'après la différence des caractères des deux Chambres, et la diversité de leurs tendances; elles ont été puisées d'ailleurs, dans la nature des choses, et je pourrais aller jusqu'à dire qu'elles ont été inspirées par l'exemple que Dieu même nous a donné dans l'organisation du monde physique.

Cherchant à découvrir et à expliquer la marche des astres que la main du Tout-Puissant a semés, avec tant de magnificence et de profusion, dans l'espace, l'immortel *Newton* a deviné qu'au moment même de leur création, chacun d'eux a reçu deux impulsions opposées, dont l'une les porte vers le soleil, tandis que l'autre les en éloigne, et il a démontré qu'étant ainsi poussés, à la fois, par deux forces égales et contraires, ils devaient tous décrire imperturbablement et sans cesse, autour du soleil, leur centre commun, ces lignes elliptiques, et ces vastes orbites que nous les voyons parcourir avec tant de régularité et de majesté.

En nous dirigeant, d'après ce modèle, dans le choix des moyens les plus propres à régler les mouvemens de nos deux principaux pouvoirs politiques, autour de la Royauté, il faut considérer que la première Chambre, par cela même qu'elle est composée de pairs héréditaires, tend naturellement à dégénérer en oligarchie, et à se porter vers la Royauté, mais pour intercepter son influence bienfaisante et usurper son pouvoir, et que, de son côté, la deuxième Chambre, par cela même qu'elle est élective et populaire, tend, au contraire, à dégénérer en démagogie, et à s'éloigner de la Royauté, mais, comme dans l'apologue des membres et de l'estomac, pour se détruire et périr, en se séparant de la Royauté. Dès lors, pour prévenir les effets de cette tendance funeste des deux Chambres, dans leur état actuel, et pour établir, dans notre organisation sociale, cette belle et constante harmonie qui règne dans les mouvemens des corps célestes, il devient nécessaire d'introduire dans la première Chambre, des pairs temporaires, et de régler, en même temps, le mode d'élection des membres de la deuxième Chambre, de manière que l'une et l'autre recevant une force et une tendance nouvelles, et se trouvant désormais soumises à deux impulsions égales et contraires, soient constamment retenues dans leurs orbites respectifs, autour de la Royauté, et obligées de marcher, sans pouvoir lui nuire, conformément à l'objet de leur institution, qui est de provoquer la réforme de tous les abus, et l'accomplissement de toutes les améliorations.

La prérogative donnée à la Royauté, de désigner, pour chaque session, une partie des pairs et des députés devant siéger dans l'une ou l'autre Chambre, ne consisterait, à l'égard de la première, qu'à choisir 75 pairs temporaires, sur les 225 candidats présentés par les Colléges des notables de toute la France, et, à l'égard de la deuxième, et au moyen du prélèvement des 240 députés nommés par les départemens sur les 1080 candidats présentés par les districts, qu'à choisir les 360 députés de districts, sur les 840 candidats restans, c'est-à-dire, qu'à choisir 2 députés sur moins de 5 candidats.

Cette prérogative se trouverait déjà trop circonscrite elle-même, pour qu'elle pût jamais devenir dangereuse. Elle s'atténuerait en outre, d'abord, par les doubles emplois résultans de ce qu'un grand nombre de notables seraient infailliblement nommés candidats, tout à la fois, à la Chambre des pairs, et à la Chambre des députés, et de ce qu'un plus grand nombre encore de municipaux seraient infailliblement aussi nommés candidats par plusieurs districts à la fois; elle s'atténuerait encore davantage, d'année en année, par les décès, les démissions, et d'autres causes qui réduiraient la liste des candidats au point que souvent, dans certains districts, elle ne présenterait plus enfin qu'un seul candidat. Alors, la prérogative se trouverait illusoire, et la Royauté se déterminerait vraisemblablement à dissoudre un peu plus tôt les Chambres. La partie élective de ces Chambres, serait en conséquence renouvelée plus fréquemment, et ce serait un avantage de plus pour les peuples.

Cette prérogative ne pourrait être véritablement dangereuse qu'autant que les choix des candidats auraient été mauvais, mais alors ce serait la faute des électeurs qui les auraient nommés, et qui auraient d'autant plus à se le reprocher, que, chez une nation de 30 millions d'âmes, où il y a tant de talens et de lumières, et où, pour chaque élection, il se présente tant de prétendans, ils auraient pu facilement trouver assez de sujets dignes de leur confiance. Il est à observer, au surplus, que, d'après le nouveau mode d'élection, un tiers des nominations étant assurées à la minorité, les choix ne pourraient jamais être en totalité mauvais.

L'influence que cette prérogative donnerait à la Royauté, sur les Chambres, ne serait point immorale et corruptrice, comme celle qui se pratique aujourd'hui par la distribution et la révocation des emplois, par la prodigalité des pensions, des titres, et des honneurs, ou qui se fonde sur l'intrigue et la violence. Elle aurait encore cet autre avantage qu'elle serait exercée d'une manière franche et ouverte, et qu'étant d'ailleurs définie et mesurée, elle ne pourrait point être liberticide.

L'influence que cette prérogative assurerait à la Royauté, sur les deux Chambres, serait, il est vrai, très-grande; mais elle ne serait point à redouter : d'abord, parce qu'il ne faut pas considérer la Royauté comme un pouvoir ennemi, mais plutôt comme la partie du corps politique, la plus intéressée au bon ordre, et comme la plus capable également, par sa position à la tête de la société, de discerner ce qui peut lui être avantageux ou nuisible ; en second lieu, parce que l'exercice de cette prérogative, étant circonscrit sur des listes de candidats, formées par les Colléges des municipaux et des notables, il serait toujours au pouvoir de ceux-ci de ne les composer que d'hommes dignes de leur confiance, et parce que, en outre, les députés, soit par reconnaissance d'avoir été nommés par ces Colléges, soit par le désir d'être élus de nouveau, se garderaient bien de trahir les intérêts de leurs commettans, et parce qu'enfin, s'ils n'osaient pas les défendre ouvertement à la tribune, par leurs discours, ils pourraient du moins, sans crainte, les protéger, par leurs votes, aux scrutins qu'il faut, pour cette raison, conserver secrets.

Ce mode de composition des Chambres serait encore extrêmement précieux par céla que, loin de changer les mœurs nationales, et de leur donner de la rudesse et de l'aigreur, comme cela est arrivé chez les autres peuples qui ont eu des autorités électives, il servirait, au contraire, à leur conserver cette douceur et cette aménité qui distinguent le caractère français. Comme tous les autres, ce mode, sans aucun doute, mettrait en jeu tous les intérêts, et toutes les passions, mais il aurait exclusivement cet avantage, qu'en même temps qu'il exciterait tous les prétendans, à montrer beaucoup d'attachement et de zèle pour les libertés et les franchises nationales, afin de se recommander aux suffrages des électeurs, il leur commanderait de conserver de la mesure et de la sagesse, et particulièrement de ne point se permettre des calomnies et des accusations téméraires, pour ne pas indisposer la Royauté, et perdre ainsi la chance d'être appelés, par elle, à siéger aux Chambres. En plaçant ces prétendans, dans la nécessité de se rendre agréables, tout à la fois, et aux électeurs, pour être portés, par eux, sur les listes des candidats, et à la Royauté, pour être choisis, par elle, sur ces listes, ce mode ne présenterait des écueils qu'aux pervers et aux turbulens; il ne causerait aucun embarras aux hommes animés de bonnes intentions; il servirait même à faire prévaloir ceux-ci et écarter ceux-là. Au reste, s'il survenait des circonstances qui parussent demander d'embrasser ou exclusivement, ou avec plus de vivacité, la défense des droits du peuple, les esprits supérieurs et les caractères élevés trouveraient toujours dans la faculté d'être nommés députés des départemens, une chance suffisante pour les engager à se prononcer avec courage et sans ménagement.

Par l'effet de ces diverses combinaisons, la composition des deux Chambres serait aussi parfaite qu'elle puisse l'être ponr le but qu'il s'agit d'atteindre. La première Chambre serait en même temps très-aristocratique, par le principe de l'hérédité, et très-forte, dans l'opinion, au moyen de l'agrégation des pairs temporaires délégués par les notables des provinces, c'est-à-dire, par ce qu'il y a de plus recommandable dans la nation. La deuxième Chambre serait pareillement, de son côté, tout à la fois, très-démocratique, par le principe de l'élection, et très-puissante, par son émanation immédiate du peuple.

Les 225 *pairs héréditaires* auraient toute l'indépendance et la fermeté qui appartiennent à des positions élevées et immuables; les 240 *députés des départemens* plus spécialement appelés à défendre les droits du peuple, auraient toute la force que peut donner une pareille mission, et tout le zèle que doivent inspirer, et le désir de justifier la confiance des Colléges des municipaux, et le besoin de la conserver. Comme les tribuns de Rome, ils seraient toujours prêts et toujours ardens à attaquer les abus et les vices du Gouvernement.

Les *députés des districts* et les *pairs temporaires*, qui ne siégeraient aux Chambres que parce qu'ils auraient été, à la fois, et nommés par les électeurs, et choisis par le Roi, seraient constamment maintenus, par un double sentiment de reconnaissance, dans une parfaite neutralité, et, placés entre le Ministère, et l'opposition qui se formerait bientôt, dans la première Chambre, parmi les *pairs héréditaires*, et, dans la deuxième, parmi les *députés des départemens*, ils présenteraient une majorité imposante d'hommes éclairés, justes, impartiaux et fermes, qui, également dévouée au peuple et au Roi, suivrait attentivement les débats qu'on élèverait devant elle, sur les diverses questions de haute politique et de haute législation, écouterait, sans prévention, évaluerait, avec équité, les argumens contraires que l'opposition et le Ministère emploieraient tour à tour pour l'émouvoir, et adopterait enfin, avec discernement, le parti le plus sage, ou le plus convenable. Cette majorité naturellement prémunie contre les raisonnemens qui sont dictés par la passion et qui s'appuient sur des subtilités ou des exagérations, et réunissant, d'une autre part, à la justesse d'esprit qui naît des discussions, le sentiment de justice qui prédomine toujours dans les grandes assemblées, ainsi que l'amour de la chose publique qu'impose le mandat de la défendre, serait assez généralement disposée à voter en faveur du Ministère, dans les choses douteuses ; mais elle serait très-susceptible aussi de voter contre lui, lorsque son incapacité ou les erreurs de sa politique et de son administration lui auraient été clairement démontrées par l'opposition, et, dans ce cas, en se prononçant contre le Ministère, ou seulement en cessant de le soutenir, elle déterminerait et entraînerait infailliblement aussitôt sa chute.

Bornés, sur les hautes questions, au simple rôle de juges; les *pairs temporaires*, ainsi que les *députés des districts*, chercheraient à se distinguer d'ailleurs, et à mériter de figurer, un jour, dans des positions plus fixes, en proposant des mesures utiles à la prospérité publique, et en provoquant des améliorations sur tous les divers objets de législation secondaire et d'administration locale. De leur côté, les *pairs héréditaires*, dans la première Chambre, et les *députés des départemens*, dans la deuxième, se consacreraient spécialement à surveiller les Ministres, et à combattre leurs mesures. Se présentant comme capables de mieux faire, et étant, en effet, destinés à leur succéder, s'ils parvenaient à les renverser, ils travailleraient incessamment à découvrir, à relever et à faire connaître leurs fautes; ils les forceraient ainsi ou à quitter leurs places, ou à les mieux remplir; et il arriverait de là, que les droits des citoyens seraient respectés, que la justice règnerait, que le Gouvernement se dirigerait d'après une saine politique, et qu'il serait empressé d'accueillir, d'adopter, et d'exécuter tout ce qui pourrait contribuer à améliorer le sort des peuples, ou ajouter à la gloire et à la puissance de l'État.

Tel serait infailliblement le résultat de ce nouveau mode de composition des Chambres, et c'est là le principal ou plutôt le seul objet que l'on doive se proposer ; car il ne faut pas croire, comme on le pense vulgairement, que la destination des Chambres soit essentiellement de faire des lois. D'abord, cela dénaturerait la Monarchie et finirait même par la détruire, ainsi que l'expérience l'a déjà prouvé. Aussi Montesquieu a-t-il fait observer que la Royauté ne peut pas se maintenir chez un peuple qui est législateur. « Le peuple de Rome, dit-il, se souvint, un moment, qu'il était législateur, et Tarquin ne fut plus. . . . . La Monarchie, chez les Grecs, dit-il encore, ne pouvait subsister parce que le peuple avait la législation. » D'un autre côté, les Chambres ne sont aucunement propres à faire les lois. C'est une vérité déjà suffisamment démontrée par cette quantité innombrable de lois que nos diverses assemblées législatives nous ont prodiguées depuis trente ans. Et comment, en effet, de grandes assemblées pourraient-elles offrir des majorités capables d'apprécier et de décider ce qui, en cette matière, est le plus convenable à un peuple ? Comment ces majorités pourraient-elles particulièrement juger si telle loi de haute législation, de haute politique et même de finances, est ou non opportune ? Comment pourraient-elles en calculer l'influence, en prévoir les conséquences et les résultats, lorsque tout cela échappe même à ceux qui ont fait une étude particulière et approfondie des mouvemens et des combinaisons de l'ordre social?

Les Chambres doivent, sans aucun doute, prendre part à la législation; mais il ne faut pas qu'elles y concourent d'une manière prépondérante. Il ne faut pas qu'elles fassent elles-mêmes, à proprement parler, la loi, mais qu'elles empêchent qu'il en soit porté de mauvaises, ou qu'il s'y glisse rien de contraire aux divers principes qui doivent régir une nation libre et éclairée (1). Il est nécessaire, mais il suffit, en conséquence, qu'elles puissent relever, sans ménagement, contredire, avec succès, et rejeter péremptoirement, tout ce que ces lois contiendraient d'injuste ou d'abusif.

Il ne faut pas davantage que les Chambres puissent arrêter, ou seulement entraver la marche des autres pouvoirs sociaux, mais il est nécessaire pareillement qu'elles puissent examiner, et, au besoin, dénoncer à l'opinion publique, la marche que ces pouvoirs suivent,

(1) En Angleterre même, où la Chambre des communes a pourtant une si grande part dans la législation et surtout dans la formation du budget, c'est un principe généralement reconnu que cette Chambre n'a pas tant le droit d'accorder des subsides, qu'elle n'a le droit de les refuser.

afin que cette crainte empêche ceux-ci de s'égarer. Ainsi, il n'importe point que les Chambres soient nulles pour faire les lois et pour gouverner ; mais il est essentiel, il est indispensable qu'elles soient toute-puissantes pour faire entendre la vérité ; et qu'elles soient invincibles pour résister à l'injustice. A cet égard, comme les deux Chambres, d'après l'organisation que je propose, puiseraient leur force : la première, dans l'hérédité aristocratique, et, la deuxième, dans l'élection populaire, elles trouveraient incontestablement toutes deux, en elles-mêmes, leurs points d'appui, et des points d'appui qui ne pourraient jamais être brisés.

Au surplus, encore bien que la majorité fût, par cette organisation, assez généralement assurée au Ministère, il ne serait point à craindre que des lois oppressives fussent rendues. Avec des Chambres ainsi composées, le Gouvernement ne se hasarderait pas à choquer le bon sens et les intérêts des peuples, par de mauvaises propositions de lois. Il en serait au contraire détourné autant par la résistance qu'il prévoirait trouver dans ses propres amis composant cette majorité, que par les attaques auxquelles il s'attendrait de la part de ses adversaires formant la minorité, et très-certainement il serait contrarié de tous les côtés, lorsque ses projets de lois seraient évidemment dépouillés de ce caractère essentiel qui peut seul faire adopter les lois et les rendre exécutables, la raison. Au moyen de la publicité des débats législatifs, la loi se confectionnant, si on peut s'exprimer ainsi, sous les yeux du peuple, les discussions dont elle est le sujet, deviennent un appel à la raison publique, et, comme la loi, dans le système constitutionnel, ne tire sa force que du respect qu'elle inspire, il serait impossible encore, sous cet autre rapport, qu'elle pût être séparée évidemment de la raison, sans être aussitôt anéantie. Comment exiger, en effet, la soumission à une loi démontrée vicieuse d'avance par la discussion? Si, malgré tout, de mauvaises lois étaient portées et mises à exécution, elles ne pourraient pas se soutenir longtemps. Séparées de l'opinion, elles seraient comme ces corps frappés de la foudre, qui conservent encore leur ancienne forme, mais que le moindre choc fait tomber en poussière. La minorité, en réclamant contre elles, et en faisant sans cesse retentir cette voix importune et toute-puissante, de la raison, finirait par prévaloir, et par la faire rapporter; car tel est le privilége de la raison, qu'il suffit de la bien établir, et de la faire entendre, pour assurer son triomphe. Ce qui importe donc, par-dessus tout, on ne saurait trop le répéter, c'est que la composition des deux Chambres soit combinée, et réglée de façon qu'une opposition très-ardente et très-vigoureuse s'y forme toujours inévitablement, et que cette opposition puisse toujours parler librement, et soit toujours patiemment entendue. C'est là, on ne saurait trop le répéter aussi, la plus sûre garantie que l'on puisse avoir contre les abus et le despotisme. Partout, en effet, où l'on peut dire, sans crainte et sans détour, ce que l'on pense, et où l'on peut surtout contrôler, hautement et sans danger, la conduite des Ministres, les abus cessent, le despotisme disparaît, et le règne de la liberté et de la justice est assuré.

On objectera que des orateurs audacieux et pervers pourraient abuser de cette faculté de tout dire, et proclamer des doctrines dangereuses, ou provoquer même à la révolte. Mais cela n'arriverait jamais, ou bien ces orateurs, manquant désormais de prétextes, déclameraient en vain. En effet, sous une constitution telle que la nôtre, qui aurait réglé toutes les positions sociales, sans établir d'exclusions odieuses ou de priviléges injustes, et surtout avec une loi d'élection qui admettrait dans la carrière, et amènerait au pouvoir, tous les talens et toutes les vertus, le peuple satisfait de son organisation politique actuelle, loin d'aspirer à la faire changer, en désirerait la conservation, et repousserait lui-même ceux qui l'attaqueraient. L'opposition étant en minorité, serait, par suite, nécessairement circonspecte et réservée, parce qu'elle devrait chercher à suppléer, par le pouvoir de la raison, au pouvoir et à l'ascendant du nombre. D'un autre côté, dans les bonnes choses, et conséquemment dans un ordre social sagement constitué, il y a toujours une force qui leur est propre, et qui, avec quelque peu de courage et de talent qu'elle soit employée, suffirait pour résister aux attaques que l'on oserait leur porter. Redouter, pour notre ordre social, dans quelques circonstances que ce soit, l'examen et la controverse, ce serait donc faire un aveu bien plus dangereux encore que les débats que l'on voudrait éviter. Persuadons-nous bien, en outre, premièrement, que là où il n'y a pas d'abus, les déclamations sont sans effet; secondement, que les mécontentemens et les plaintes, en s'exhalant librement, perdent une grande partie de leurs facultés nuisibles; troisièmement, qu'une parfaite sincérité donnera désormais, sur les peuples, plus d'ascendant qu'on ne saurait en obtenir par la dissimulation et la fausseté; quatrièmement, que, sur quoi que ce soit, la justice et la vérité, qui sortiraient d'une discussion publique, vive, et franche, feraient toujours plus de bien à l'opinion, que la plus grande intempérance des attaques ne pourrait lui faire de mal; et enfin, pour dernière raison, reconnaissons avec saint Augustin (1) que la vérité est si utile qu'il faut toujours la souffrir, quand même il en résulterait du scandale.

Il serait donc juste et convenable, sous tous les rapports, que les dispositions de l'art. 11 du chap. XVII fussent adoptées.

CHAPITRE XII.

Du Pouvoir judiciaire.

L'ART. 57 de la Charte, porte que : « Toute « justice émane du Roi. » Cette maxime éminemment monarchique présentait, il y a 33 ans, des caractères de vérité palpables. Elle s'appuyait sur des faits. Elle se rattachait aux monumens les plus touchans de notre histoire. Qui est-ce qui ne se rappelle encore, avec émotion, d'y avoir lu que Saint-Louis rendait lui-même la justice à ses peuples, assis au pied du chêne de Vincennes? Si, dans les derniers temps, nos Rois n'exerçaient plus immédiatement le pou-

(1) Si de veritate scandalum sumitur, utilius permittitur nasci scandalum, quam veritas relinquatur. (Lib. de libero arbitrio.)

voir judiciaire, ils faisaient seuls, du moins, les lois en vertu desquelles la justice était distribuée. Mais, aujourd'hui que le Roi n'a plus qu'une troisième part, dans la confection de la loi, il n'est plus aussi sensible que toute justice émane de lui. A la vérité, le même art. 57 de la Charte, porte, en outre, que « La justice « s'administre, au nom du Roi, par des juges « qu'il nomme et qu'il institue. » Mais l'art. 58 qui suit, atténue l'importance de cette prérogative, en ajoutant que « Les juges sont *inamo-« vibles.* »

Cette inamovibilité des juges, est encore une de ces dispositions de circonstance, dont on a fait très-mal à propos un principe politique et un axiome pour tous les temps et pour tous les pays, puisque, nécessaire et indispensable dans certains Gouvernemens, elle est insignifiante, et peut même devenir funeste dans d'autres. Elle a été évidemment cause ici que le pouvoir judiciaire est resté organisé d'une manière incomplète et fausse; et elle fournit une nouvelle preuve que les différentes parties de la Charte n'ont pas été conçues d'ensemble, ou qu'elles n'ont pas été bien coordonnées.

Le principe fondamental du système constitutionnel, le droit le plus précieux qui ait été accordé, par l'auguste fondateur de la Charte, aux Français, c'est de ne pouvoir être ni contraints, ni empêchés de faire, de dire, ou de publier quoi que ce soit, ni punis pour avoir ou n'avoir pas fait, dit, ou publié quelque chose, qu'en vertu de la loi, et par un seul et même pouvoir spécial : le pouvoir judiciaire. Le pouvoir judiciaire devrait donc être exclusivement chargé d'appliquer la loi, ou de juger si l'application en a été bien faite. Cependant il ne se trouve composé, jusqu'ici, que de deux sections : l'une civile et l'autre criminelle, et on laisse encore les conseils de préfecture et le conseil d'État, les Ministres, les Préfets et les Maires continuer de rendre des arrêtés ou décisions qui affectent souvent les intérêts pécuniaires des citoyens individuellement, quelquefois même leurs personnes, et qui, dès lors, sont de véritables jugemens. Les mêmes motifs qui ont fait séparer le pouvoir judiciaire, des autres pouvoirs politiques, auraient dû incontestablement lui faire attribuer aussi la partie contentieuse administrative; mais, comme la force du Gouvernement, la vie même du corps social résident dans l'administration, et qu'il est nécessaire à son action, qu'elle reste, jusqu'à un certain point, juge de ses propres actes, et comme, d'une autre part, on a justement craint qu'en attribuant le contentieux administratif, à des tribunaux inamovibles, le mouvement de l'administration ne fût entravé et peut-être même paralysé, pour maintenir ce fatal principe de l'inamovibilité, on a sacrifié le principe le plus important, celui qui veut que le pouvoir judiciaire soit exclusivement chargé d'appliquer la loi; et on a été conduit ainsi, par une double erreur, à conserver aux Maires, aux Préfets et aux Ministres, des attributions contraires au véritable système de la Charte, et à maintenir, sous le titre de conseils de préfecture et de conseil d'État, un pouvoir d'exception qui, placé au milieu d'un ordre constitutionnel dont il est repoussé, réagit sans cesse contre lui; de tous côtés, et qui, sous le prétexte légitime de favoriser la marche de l'administration, tend à envahir le pouvoir judiciaire, à usurper le pouvoir législatif, et à ramener et concentrer toute l'autorité, dans le pouvoir administratif.

Ce qui rend cette erreur plus funeste, c'est que les attributions administratives ayant été mal définies, ou étant exercées par des hommes que l'on renouvelle continuellement, et qui n'ont fait aucune étude préalable pour apprendre à les bien remplir, il n'y a ni harmonie ni concordance dans l'application qu'ils en font. Le conseil d'État, qui semblerait devoir remédier à cet abus, est dans l'impuissance de le faire; d'abord, parce qu'étant lui-même composé d'élémens mobiles, et que l'on change effectivement à volonté, il n'a que ce caractère incertain, et cette autorité précaire qui sont propres à des fonctions dont on peut être arbitrairement privé ; en second lieu, parce que, ses délibérations ne prenant de consistance que par l'attache de Ministres qui, peu stables dans leurs places et susceptibles d'ailleurs de varier dans leurs systèmes, l'accordent ou la refusent alternativement suivant les inspirations des circonstances, il manque entièrement de cette fixité, et de cette persévérance dans les principes, qui rallient ou soumettent les esprits et donnent de l'ascendant à l'autorité.

Lorsque, d'un autre côté, on considère que la justice, en ce qui concerne la partie criminelle et la partie civile, est distribuée, dans un ordre hiérarchique parfait, par des juges de paix, dans chaque canton, par des tribunaux de première instance, dans chaque district, et par des cours d'appel, dans chaque province, sous la surveillance et l'autorité suprême d'une autre Cour qui, sous le titre de Cour de cassation, étant placée au centre du Royaume, et au-dessus des divers corps judiciaires de l'État, semble être, pour tous, comme le type invariable de l'ordre légal, en France, et qui, en effet, par l'influence et le pouvoir qu'elle exerce nécessairement sur le système général de tous les tribunaux, réprime leurs écarts, règle leur marche, maintient l'unité de principes et de législation, et s'oppose, ainsi que l'a remarqué M. Ch. Nodier, au renouvellement de cette jurisprudence multiple et coutumière qui avait engendré tant d'abus, on est frappé d'admiration, et, plus on admire cette belle ordonnance du pouvoir judiciaire, quant au civil et quant au criminel, plus on regrette qu'il n'embrasse pas aussi le contentieux administratif, et, comme ceci est également un effet du principe de l'inamovibilité des juges, on déplore encore plus vivement que ce principe ait été consacré, d'une manière si absolue, par la Charte.

D'autres effets, non moins fâcheux de ce même principe, ajoutent encore à ces regrets; ce sont les conflits multipliés, souvent insolubles, et toujours ruineux pour les plaideurs, qui s'élèvent entre le pouvoir administratif et le pouvoir judiciaire. Un seul fait suffira pour faire juger combien cet abus est grave.

Deux voisins, dans la ville de H....., prétendaient avoir, l'un et l'autre, un droit d'entrée et de sortie, sur un petit terrain. L'un d'eux y a élêvé, en 1808, un mur construit de manière à boucher à l'autre, l'entrée de la maison. Celui-ci a demandé la suppression du mur. Le maire de la ville est intervenu, et a revendiqué le terrain, comme appartenant à la commune. L'affaire a été, par suite, portée, d'abord, devant le préfet, puis, devant le juge de paix, et successivement devant le tribunal de première instance, et devant la cour d'appel. Cette cour, ayant élevé d'office la question de compétence, a renvoyé la cause devant le conseil de préfecture qui, à son tour, a refusé d'en connaître. On a eu recours au conseil d'État, mais il a renvoyé les parties à procéder devant les *tribunaux compétens*. La cour royale qui a été saisie de nouveau, a encore, par un arrêt du 11 juin 1818, refusé de statuer. Ainsi, au bout de 10 ans de procédure, et après avoir frappé, comme on dit vulgairement, à toutes les portes des diverses autorités chargées de distribuer la justice, le particulier, qui avait demandé la suppression du mur, en était encore à savoir quel tribunal, ou quelle cour pourrait connaître de sa réclamation. M. Guichard, avocat aux conseils du Roi et à la cour de cassation, qui rapporte ce fait, dans son ouvrage *sur les conflits d'attributions entre l'autorité administrative et l'autorité judiciaire*, fait observer qu'il a été conseillé, à ce particulier, de s'adresser à la cour de cassation, mais que le conflit étant négatif, cette cour pourrait elle-même se déclarer incompétente, et il ajoute qu'en admettant qu'elle statuât, il n'en serait pas moins vrai que le malheureux plaideur se sera épuisé, pendant 10 années, en frais énormes et purement frustratoires, et en vaines allées et venues d'une autorité à une autre, avant de pouvoir saisir l'autorité compétente, et, cela, par le seul effet de l'obscurité de nos lois, obscurité qui est telle, ajoute encore ce savant jurisconsulte, que ce sont des magistrats supérieurs qui, en se fourvoyant eux-mêmes, ont induit leur justiciable dans une fausse route et dans un dédale presque inextricable. Si le pouvoir judiciaire avait été organisé de manière à embrasser aussi le contentieux administratif, la cour de cassation aurait, dès l'origine, fait cesser très-facilement le conflit, par un arrêt ou de cassation, ou de règlement de juges, ainsi qu'elle le fait, tous les jours, pour les conflits qui s'élèvent entre les tribunaux civils et les tribunaux criminels, notamment en matière de faux. Le désordre qu'offre, sous ce rapport, l'administration actuelle de la justice, est une conséquence du principe de l'inamovibilité des juges, et démontre de plus en plus combien il est malheureux que ce principe ait été consacré par la Charte.

C'est peut-être également, à cause de ce même principe, que les vices que présente aussi, en ce moment, l'organisation actuelle du jury, s'y sont introduits, ou n'ont pas été corrigés. Le jury a été institué pour juger l'existence et la répréhensibilité du fait, en matière criminelle, parce qu'on a justement pensé que, dans un bon Gouvernement, il faut donner aux citoyens, la plus grande garantie possible pour tout ce qui regarde la sûreté et la liberté de leurs personnes, et que cette garantie ne saurait consister que dans le jugement de la société elle-même, ou des jurys qui la représentent, et qui, étant ses organes et ses interprètes, peuvent prononcer avec plus ou moins d'indulgence ou de sévérité, suivant les circonstances qui la blèssent plus ou moins et qu'elle seule est à même de bien apprécier, puisqu'elle seule en a la sensation. Cependant, comme il est arrivé que les jurys ont prononcé quelquefois des absolutions qui ont paru dictées par la partialité, on a statué, pour obvier à cet inconvénient, que la liste des jurés serait formée par les agens du Gouvernement, et on a appelé même les juges à participer au jugement du fait, lorsque les jurés n'ont condamné qu'à la majorité de 7 voix contre 5 ; mais on n'a point atteint, pour cela, le but que l'on se proposait. On n'a fait, au contraire, en adoptant ces deux mesures, que fausser, ou plutôt dénaturer entièrement l'institution du jury.

Pour que les jurés pussent être regardés comme les véritables organes et les fidèles interprètes de la société, ils devraient être nommés directement par la société elle-même, et juger seuls, à une majorité déterminée, de 8 ou 9 voix, par exemple, sur 12 ; pour balancer d'ailleurs aussi efficacement qu'il est possible, l'ascendant des considérations particulières ou des affections locales auxquelles ils seront inévitablement sujets, dans tous les cas, on pourrait, il faudrait même faire un devoir, aux juges, de chercher à les éclairer et à les encourager dans l'exercice de leurs fonctions; enfin, pour que les juges remplissent bien eux-mêmes ce devoir, il faudrait que la Royauté pût exercer sur eux, une action suffisamment propre à les y exciter; mais l'inamovibilité des juges, en excluant ce genre d'influence, est devenue, par cela même, un grand obstacle au perfectionnement du jury.

Le premier de tous les magistrats, le garde-des-sceaux, est révocable à volonté, et, d'après la Charte elle-même, art. 61, les juges de paix ne sont point inamovibles, quoique nommés par le Roi. La contradiction évidente qui existe entre ces dispositions et l'art. 58 de la Charte où tous les autres juges sont déclarés inamovibles, permet au moins de douter que, dans le système même de la Charte, l'inamovibilité des juges soit véritablement un principe fixe et nécessaire.

Considérée dans ses rapports avec le système constitutionnel, cette inamovibilité des juges, loin d'être nécessaire, est, au contraire, très-dangereuse en ce que, ne donnant de garantie que contre le Gouvernement, en même temps qu'elle soustrait les juges à l'heureuse influence d'un pouvoir qui ne peut plus vouloir que l'ordre et l'équité, elle les livre entièrement à l'influence active, toute-puissante, et funeste, des intérêts individuels et des passions locales qui ne demandent que partialité, faveur, et injustice.

En effet, pour appliquer la loi aux actions

des particuliers, à leurs conventions, ainsi qu'aux actes des agens administratifs, ou pour juger si l'application, qui leur en a été faite, est juste, il faut, jusqu'à un certain point, interpréter, et ces actions, et ces conventions, et ces actes, et la loi elle-même. Or, cette interprétation a toujours inévitablement quelque chose de discrétionnaire, et puisqu'on n'a pas des anges pour exercer une pareille autorité, et qu'on est obligé de la confier à des hommes fragiles, il faut du moins, en la leur remettant, prendre toutes les précautions les plus propres à les préserver, autant qu'il est possible, des erreurs attachées à la condition humaine. Il faut également, si on ne peut pas les détruire toutes, chercher du moins à neutraliser, les unes par les autres, les diverses influences auxquelles sont soumis ou exposés les hommes appelés à dispenser la justice. Telles sont les considérations principales qui doivent présider à l'organisation du pouvoir judiciaire.

Lorsque le Roi faisait seul la loi, en France; lorsque le domaine de l'État était le domaine du Roi, et que les contributions publiques se percevaient pour son compte et formaient son revenu propre; lorsque les délits contre l'ordre public, ainsi que les contraventions aux lois sur les finances, étaient poursuivis comme des attentats aux droits personnels du Roi, et que le Roi semblait conséquemment être lui-même partie dans tous les procès criminels ou fiscaux; lorsque, d'un autre côté, toutes les ambitions, n'ayant rien à attendre que du Roi, se tournaient exclusivement vers lui, et que les juges pouvaient être tentés d'avoir de coupables complaisances, pour en obtenir des faveurs; lorsque enfin le peuple, n'ayant aucune élection à faire, se trouvait ainsi dépourvu du plus sûr moyen, en donnant ou en refusant ses suffrages, de récompenser les juges d'avoir été fidèles à leur devoir, ou de les punir d'y avoir manqué, alors il était convenable, alors il était nécessaire d'assurer, aux juges, la possession de leurs emplois, et d'ôter, à la Royauté, la faculté de les en dépouiller; alors il était nécessaire aussi qu'il existât des corps de magistrature, forts, et imposans, soit par le nombre des juges, soit par l'immutabilité de leur charges, afin qu'ils pussent résister aux séductions des Ministres, et même aux surprises qui auraient été faites à la justice royale. C'est, pour cela, que furent institués les parlemens. C'est, pour cela, pareillement, que l'inamovibilité des juges fut érigée en axiome. Et c'est assurément une chose admirable, un véritable phénomène, dans l'histoire des nations, que de voir les Rois de France, créer, multiplier eux-mêmes les parlemens, et travailler constamment ensuite à fortifier l'autorité judiciaire de ces cours, dans la vue de garantir leurs peuples, des abus du pouvoir absolu, et de leur assurer une exacte distribution de la justice! Mais, aujourd'hui que la nation, représentée par les deux Chambres, concourt à la confection de la loi; aujourd'hui que des jurés, pris dans son sein, sont exclusivement chargés de juger en matière criminelle; aujourd'hui que le domaine de l'État, et celui du Roi sont séparés, et que tous les impôts ne sont perçus et dépensés que pour le compte de l'État; aujourd'hui, enfin, que, par un heureux effet du régime constitutionnel, et de la responsabilité des Ministres, le Roi est entièrement dégagé de toute passion et de tout intérêt personnel dans les procédures criminelles, civiles, et administratives, et que son intervention, dans ces procédures, n'a et ne peut avoir, par conséquent, d'autre mobile que l'amour du bien public et le zèle de la justice, ni d'autre but que la conservation de l'État et sa gloire, l'inamovibilité des juges, qui avait été établie uniquement comme une garantie contre le Gouvernement, manque de motifs, et devient elle-même un abus. Elle ne fait, comme je l'ai déjà dit, que soustraire les juges à l'influence désormais impartiale, utile, et pure de la Royauté, pour les livrer entièrement à l'influence arbitraire et tyrannique des passions et des intérêts individuels, influence qui peut les porter d'autant plus facilement à rendre de mauvais jugemens, que, dans notre organisation politique actuelle, ils ont plus à espérer ou à craindre de la part des particuliers, puisque ceux-ci, en donnant ou en refusant leurs suffrages, peuvent ouvrir ou fermer la porte de la législature vers laquelle se dirigeront, à l'avenir, toutes les ambitions.

Cet inconvénient sera bien mieux senti encore si on considère, et si l'on apprécie bien la position des juges, dans les trois espèces de causes sur lesquelles ils ont à prononcer, savoir : les affaires criminelles, les affaires civiles, et les affaires administratives.

Il est dans le système constitutionnel, il a déjà même été réglé pour les crimes, et il ne tardera sans doute pas à l'être aussi pour tout ce qui donne lieu à des peines afflictives, que les questions de l'existence et de la répréhensibilité des faits, soient jugées par des jurés. Dans ces causes, il arrive souvent que, lorsqu'elles ont rapport à des intérêts soit de politique, soit de localité, ou que les prévenus appartiennent à des familles puissantes, les jurés prononcent avec trop d'indulgence, et que les juges, soumis aussi, de leur côté, aux mêmes influences, mollissent pareillement, et alors le crime reste impuni. Si le jury était organisé de manière qu'il représentât véritablement la société, il ne serait aucunement dangereux que les juges, dans ce premier cas, ne fussent pas inamovibles; il serait très-utile, au contraire, que la Royauté pût exercer sur eux, et, par eux, sur les jurés, une influence qui, ainsi indirecte, loin d'être abusive, serait très-propre à inspirer à ceux-ci, et cet esprit de justice, et ce caractère de fermeté dont ils ont besoin.

Lorsque les juges ont à prononcer dans les affaires civiles, c'est-à-dire, sur les contestations des citoyens entre eux, la Royauté n'a sûrement aucun intérêt à faire rendre des jugemens injustes. Au contraire, comme il est de sa gloire que la justice soit bien administrée, l'autorité, qu'elle exercerait sur les juges, dans ce deuxième cas, par l'effet d'une sage modification du principe de l'inamovibilité, ne pourrait jamais être funeste. Elle ne servirait qu'à les prémunir et les fortifier contre les influences et les considérations particulières par lesquelles ils seraient susceptibles autrement de se laisser égarer.

Quand il s'agit enfin de prononcer sur des contestations administratives, c'est-à-dire, sur des affaires dans lesquelles l'État et les citoyens ont des intérêts contraires, les juges sont exposés à des tentations encore plus fortes de commettre des injustices. Placés entre ces particuliers qui les obsèdent sans cesse, et l'État qui n'est qu'un être abstrait, en considérant que les plus fortes sommes ne sont à peu près, pour celui-ci, que, comme pour l'Océan, une goutte d'eau, tandis que les condamnations contre les particuliers, toutes faibles qu'elles soient, pourraient souvent réduire leurs familles à la misère, les juges ne sont que trop naturellement portés à être favorables à ces derniers, et à juger au préjudice de l'État. Dans ce troisième cas, il serait donc non-seulement juste, mais encore absolument indispensable de déroger à ce principe de l'inamovibilité par lequel le Gouvernement, en ne donnant de garantie que contre lui-même, a commis un véritable suicide.

Au surplus, en demandant qu'il soit dérogé au principe de l'inamovibilité des juges, je n'entends nullement, pour cela, qu'il soit attribué, à la Royauté, de pouvoir révoquer ou déplacer les juges à l'improviste et quand il lui plaira. Je sais que les fonctions de juges, pour qu'elles soient recherchées, doivent présenter de la stabilité; mais, comme il n'est pas moins nécessaire que ceux qui les occupent, soient tous des hommes instruits, intègres, et constamment zélés, il me paraît indispensable aussi qu'ils y soient excités par une autorité supérieure, et il me semble que l'on concilierait tout, relativement aux juges civils et criminels, en statuant qu'ils continueraient d'être nommés à vie, mais qu'ils pourraient être révoqués, lorsqu'il aurait été constaté, suivant des formes légales, ou qu'ils sont devenus incapables de remplir leurs fonctions, ou qu'ils négligent de s'y appliquer, ou qu'ils mènent une conduite inconvenante. Quant aux juges administratifs, il faudrait absolument qu'ils ne fussent nommés que pour un temps limité, par exemple, pour 5 ans. Ces emplois ne manqueraient pas, pour cela, de stabilité. Autrefois, un grand nombre de places, amovibles de droit, étaient immuables de fait. Celles de juges administratifs seraient de même immuables, à moins que les individus qui y auraient été nommés, ne vinssent à donner de graves sujets de mécontentement. Au fond, ils seraient assurés de les conserver, pendant 5 ans; ils auraient, par conséquent, le temps d'établir leur caractère d'impartialité et de justice, de conquérir l'estime publique, et de forcer presque, de cette manière, le Ministère, à les continuer dans leurs fonctions, par respect pour l'opinion.

Ces dispositions, qui pourraient, jusqu'à un certain point, neutraliser les influences locales auxquelles nos magistrats seront soumis désormais beaucoup plus qu'ils ne l'étaient autrefois, seraient plutôt répressives qu'excitatives; elles serviraient plutôt de préservatif, que de véhicule; elles suffiraient peut-être, pour empêcher les juges de négliger leurs fonctions, par la crainte d'en être dépouillés, mais elles seraient impuissantes pour les porter à les remplir avec une application et un zèle toujours soutenus, et c'est cependant cet autre effet qu'il convient surtout de rechercher. Pour l'obtenir, il faudrait présenter, aux juges, la perspective d'un avancement avantageux, graduel, et certain. Ce serait là encore un second moyen très-efficace et sans aucun inconvénient, de modifier le principe de l'inamovibilité des juges, et de diminuer cette dangereuse indépendance de la Royauté, qu'elle leur donne.

La crainte et l'espérance, ces deux mobiles les plus propres, après la Religion, à soutenir et à encourager la faiblesse humaine, concourraient, dès lors, simultanément à faire de bons magistrats, et à assurer, aux peuples, une distribution impartiale de la justice. Mais ici il se présente de nouvelles difficultés. L'avancement, dans l'ordre judiciaire, pour exciter l'émulation, devrait offrir, à chaque degré d'élévation, un accroissement de revenu propre à dédommager les juges, soit de l'éloignement de leurs propriétés, soit du déplacement de leurs familles; mais, d'un autre côté, une simple augmentation de traitement, si on maintenait d'ailleurs l'organisation actuelle des cours et tribunaux, aurait cet inconvénient qu'elle tendrait à concentrer, aux chefs-lieux des cours royales, les familles consacrées à la magistrature, à rendre, par suite, les fonctions de magistrats, pour ainsi dire, héréditaires; et elle aurait, dès lors, en outre, cet inconvénient qu'elle priverait les juges des cours royales et de la cour de cassation, de la faculté de concourir, avec succès, pour être élus députés, puisque, d'après l'organisation actuelle, ils sont retenus, presque toute l'année, éloignés de leurs districts. Enfin cette augmentation de traitement, dans ce même ordre de choses, nécessiterait une plus grande dépense de la part du trésor.

Autrefois, les places, ou, comme on disait plus exactement, les *charges* de magistrats, étaient soumises à des finances très-considérables, et produisaient peu de revenus ; mais elles donnaient une grande considération, et cela les faisait rechercher avec empressement. Il faut espérer que nous verrons renaître la même émulation, lorsque les habitudes de respect pour la magistrature, seront rétablies, et que les places de juges seront devenues des situations politiques, encore plus honorables que productives. En attendant, il faut qu'elles soient assez fortement rétribuées, pour que les hommes de mérite les acceptent et même les désirent ; et pour mieux attirer dans les tribunaux et les cours royales, des divers points de leurs ressorts respectifs, tous ceux qui se sentent du goût pour la magistrature, il serait à propos, en outre, que le nombre des juges et l'ordre de leur service fussent combinés de manière qu'ils eussent tous successivement, chaque année, des vacances graduellement plus longues, en raison de l'élévation des emplois, et de l'éloignement des résidences, afin qu'après avoir donné un temps convenable, à l'accomplissement de leurs devoirs de magistrats, chacun d'eux, à son tour, pût se rendre sur ses propriétés, vaquer à ses affaires personnelles, et entretenir les relations propres à les faire figurer avantageusement dans les élections politiques.

Enfin, dans notre nouveau système social, il faudrait, encore plus impérieusement que dans tout autre, qu'il y eût assez de juges surnuméraires, pour remplacer ceux qui viendraient à être nommés députés, ou à manquer par décès, par maladie, ou par congé. Dans ce système, il serait convenable même qu'il y en eût assez pour que le temple de la justice restât toujours ouvert, et fût sans cesse desservi. Il faudrait aussi que tous ces juges fussent de très-bons magistrats, et cependant qu'il en coûtât moins au trésor public. Il serait impossible de réaliser ces divers avantages, en maintenant l'ordre actuel des choses. Il serait facile, au contraire, de les obtenir tous, si on organisait le pouvoir judiciaire, comme notre nouveau système constitutionnel bien compris, permet, ou plutôt commande qu'il soit organisé.

La multitude des membres, dans les tribunaux, qui était nécessaire dans l'ancien régime où ils servaient de contre-poids à l'autorité absolue, et où leur nombre et leurs relations sociales donnaient de l'importance à leur opposition, n'offre que des inconvéniens, aujourd'hui qu'en matière criminelle, ils sont réduits à la seule fonction d'appliquer la loi à des faits déterminés par les jurés, et qu'en matière civile et administrative, il est désirable que la responsabilité morale des mauvais jugemens, soit précisée, et frappe inévitablement le juge ignorant ou prévaricateur. Le trop grand nombre de juges leur a trop souvent permis de s'excuser les uns aux dépens des autres, et de se soustraire ainsi à ce qui est le seul frein de la justice, là où la loi n'a pas pu en établir d'autres, c'est-à-dire, aux reproches du public. Tout bon magistrat doit, d'ailleurs, désirer la considération, et par conséquent que l'on ait une opinion avantageuse de sa justice, et de son impartialité; or, il l'ambitionnera d'autant plus vivement qu'il pourra l'obtenir plus sûrement, en se présentant plus distinctement au jugement de ses concitoyens. En Angleterre, les tribunaux ne sont composés que d'un petit nombre de juges, d'après ce principe qui doit avoir autant de force chez nous que chez eux, et qui veut qu'il n'existe, nulle part, plus de puissance qu'il n'en faut pour le but que l'on se propose. Il est donc convenable, sous tous les rapports, dans notre nouveau système social, que les juges puissent juger isolément, ou en très-petit nombre, et il semble en conséquence, qu'à l'exemple des juges de paix qui jugent définitivement jusqu'à 50 fr., et, en première instance, jusqu'à 300 fr., un juge de district devrait aussi juger seul définitivement les causes dont l'objet ne s'élève pas au-dessus de 1,000 fr., et, en première instance, toutes les autres. Il semble aussi que les cours royales devraient, de leur côté, juger au nombre de trois juges, et la cour de cassation au nombre de cinq. Par ce moyen, on pourrait, en supprimant une partie des juges actuels, tout à la fois, réduire la dépense de l'ordre judiciaire, augmenter le traitement des juges qui seraient maintenus, et en conserver un assez grand nombre pour que les tribunaux fussent toujours ouverts, et pour que chaque magistrat eût, tous les ans, des vacances convenables.

Pour que la perspective de l'avancement, dans l'ordre judiciaire, devînt plus propre à exciter l'émulation, il serait à propos que la prérogative royale de nommer les juges, fût circonscrite de façon que le plus grand nombre des places qui viendraient à vaquer dans les divers degrés de la magistrature, fussent dévolues aux juges du degré immédiatement inférieur, et même que le Roi voulût bien s'astreindre à ne prendre la plus grande partie des juges que sur des listes de trois candidats, qui lui seraient présentées, pour chaque place, par les magistrats eux-mêmes. La Royauté aurait encore plus de latitude, sur ce point, qu'elle n'en avait autrefois, puisque nos tribunaux et nos cours se recrutaient alors dans des formes telles que le pouvoir royal semblait plutôt y donner son consentement, qu'exercer un acte de souveraineté.

Les tribunaux actuels d'arrondissement, jugent en premier et en dernier ressort et suivant des formes particulières, toutes les contestations entre le Gouvernement et les citoyens, en matière de timbre, d'enregistrement, de douanes, de sels, de tabacs, de droits réunis, etc. On se demande pourquoi ils ne prononcent pas aussi sur les contestations en matière de contributions directes et d'octrois, de ventes et de décomptes de prix de domaines nationaux, en matière de grande et petite voirie, et de marchés pour fournitures et travaux publics? Ces diverses attributions intéressent toutes l'action, le mouvement, et la vie du corps social, et, s'il importe qu'elles soient toutes exercées d'une manière spéciale, il n'y a pas de raison pour qu'elles le soient diversement, c'est-à-dire, celles-là par les tribunaux judiciaires, et celles-ci par les autorités administratives. Quoi qu'on allègue, au sujet de cette diversité de jurisdiction, la vérité est que la manière dont trop souvent sont jugées, par les tribunaux judiciaires, les contestations en matière de droits réunis, de douanes, et d'enregistrement, a fait justement craindre que l'attribution, aux mêmes tribunaux, du surplus du contentieux administratif, ne devînt funeste à la marche du Gouvernement; mais il aurait été, dès lors, plus conséquent de leur retirer l'attribution qui leur avait été déjà donnée, et d'organiser une jurisdiction spéciale à laquelle on aurait attribué généralement tout le contentieux administratif, au lieu de le partager, comme on l'a fait, entre des tribunaux différens.

Au fond, parce qu'on a éprouvé qu'il y avait du désavantage, pour l'État, à faire juger, par les tribunaux judiciaires, une partie du contentieux administratif, ce n'était point une raison de faire juger l'autre partie, par des tribunaux d'exception composés de fonctionnaires révocables à volonté, et de priver ainsi, les citoyens, d'une garantie qu'ils ne peuvent trouver que dans les tribunaux réguliers. Si l'on créait, dans le pouvoir judiciaire, une troisième section qui embrassât tout le contentieux administratif, tant celui qui lui est déjà attribué, en matière de douanes, d'enregistrement, etc., que celui qui a été encore réservé, sur les autres matières, aux préfets et aux Ministres, aux conseils de préfecture et au conseil d'État, en même temps qu'on satisferait, par-là, au besoin qu'il y a de faire juger les intérêts généraux, d'une manière plus prompte, suivant des formes spéciales, et par une jurisdiction particulière, on donnerait, aux citoyens, toute la garantie qu'ils doivent désirer, ou qu'ils peuvent espérer, lorsque leurs intérêts sont mêlés avec ceux du Gouvernement.

On pourrait attribuer aussi, à cette section, le règlement des comptes de toutes les communes, et on introduirait, dès lors, dans cette partie, un ordre et une sincérité qui seraient très-profitables et aux intérêts et à la morale des peuples. Si on attribuait, en outre, à cette même section, le règlement des comptes de l'État, on pourrait, dès lors, également fondre la cour des comptes dans la cour de cassation, et effectuer encore ainsi, tout à la fois, une grande amélioration politique, et une très-importante économie.

La seule difficulté qui resterait à résoudre, ce serait de régler la manière de procéder pour la mise en jugement des agens du Gouvernement. On a beaucoup critiqué le privilége, dont ils jouissent, de ne pouvoir être traduits en justice que d'après l'autorisation du conseil d'État, ou plutôt du Gouvernement lui-même. Cependant ce privilége est absolument indispensable. C'est une barrière contre la désorganisation. En effet, il est quelquefois des nécessités, soit politiques, soit administratives, qui commandent aux agens du Gouvernement de prendre sur eux, et alors leurs actes, si on ne les appréciait que d'après l'événement, paraîtraient souvent plus répréhensibles qu'ils ne le seraient véritablement. On doit sentir, par exemple, que, dans des circonstances urgentes, dans des cas d'inondations, d'incendies, de séditions, d'invasions étrangères, ou d'intelligences avec les ennemis de l'État, un agent du Gouvernement qui aurait agi irrégulièrement, devrait néanmoins être consideré sous d'autres rapports qu'un simple particulier, et jugé autrement que d'après les règles ordinaires de la justice, et que, sur ce point, il est indispensable de laisser une grande latitude au Gouvernement. Toutefois, dans l'intérêt de l'ordre public, et même dans l'intérêt du Ministère, il ne faudrait pas que cette prérogative fût portée trop loin; il faudrait du moins que l'exercice en fût soumis à une marche et à des conditions propres à en prévenir l'abus. Il serait bon, en conséquence, de reconnaître et de déclarer que les particuliers, qui se prétendraient lésés par les agens du Gouvernement, auraient la faculté de les traduire en justice, mais qu'ils ne pourraient exercer cette faculté, qu'après en avoir, en premier lieu, demandé l'autorisation aux sections administratives du pouvoir judiciaire, lesquelles statueraient, comme sur les autres affaires, mais seulement par forme d'avis, et qu'après avoir, en second lieu, obtenu celle des Ministres, lesquels pourraient toujours, à leur gré, la refuser ou l'accorder, quel qu'eût été d'ailleurs l'avis des sections administratives. Dans le cas où, en définitive, cette autorisation ne serait pas accordée, le refus des Ministres ne serait point, à proprement parler, un déni de justice. Ce serait uniquement, de leur part, une reconnaissance que l'agent du Gouvernement aurait rempli son mandat, qu'ils assument, sur eux-mêmes, les conséquences et les résultats de sa conduite, et qu'ils s'en déclarent responsables. Alors les Chambres, où sont les seuls accusateurs et les seuls juges des Ministres, pourraient être invoquées par les particuliers, et elles auraient, dans la production de l'avis des sections administratives du pouvoir judiciaire, les premières lumières, et quelquefois même les premiers élémens de conviction pour agir, de leur côté, et pour exercer, à leur tour, cette prérogative, qui leur appartient, de réprimer l'arbitraire des Ministres, ou de les punir de s'y être livrés.

On a déjà fait observer que, dans un bon Gouvernement, il faut donner, aux citoyens, la plus grande garantie possible, pour tout ce qui regarde la sûreté et la liberté de leurs personnes, et que cette garantie ne peut exister, en matière criminelle, que dans le jugement de la société elle-même, ou des jurys qui la représentent. Tout le monde sent que de la manière dont ils sont actuellement composés, les jurys ne peuvent pas être regardés comme étant les organes et les interprètes fidèles de l'opinion publique, et, par conséquent, il est bien moins nécessaire de chercher à démontrer cette vérité, que d'indiquer comment les jurys devraient être formés. D'après ce que j'ai déjà dit, qu'il existe, dans toute société, trois élémens ou puissances principales : la Démocratie, l'Aristocratie, et la Royauté, pour que les jurys représentent véritablement la société, et que leurs jugemens soient censés exprimer ses jugemens, il faut que ces puissances participent, toutes les trois, à la formation de la liste des jurés. Ce concours peut être combiné de diverses manières, mais il me semble que la meilleure combinaison serait de faire nommer tous les jurés ordinaires de jugement, par les Colléges de municipaux votant suivant le mode progressif, et, par ces jurés ordinaires, les jurés spéciaux de jugement, ainsi que les jurés d'accusation, de faire tirer au sort, pour chaque session, un nombre double de jurés, par exemple 48, et que le ministère public, stipulant pour la Royauté, formât ensuite la liste définitive de 24 jurés, sur laquelle les prévenus pourraient seuls ultérieurement, exercer des récusations.

Il serait important de faire ressortir l'union du pouvoir judiciaire avec la Royauté, par des actes extérieurs et des cérémonies publiques qui rendissent, pour ainsi dire, plus sensible aux yeux, que le pouvoir judiciaire émane véritablement de la Royauté, ou s'y rattache. On a institué des solennités pour l'ouverture du Corps législatif. Pourquoi n'établirait-on pas quelque chose de semblable en faveur du pouvoir chargé de distribuer la justice ? L'autorité royale n'en serait que plus imposante, et deviendrait même bien plus chère aux peuples, si, au renouvellement de l'année judiciaire, la cour de cassation était mandée auprès du Roi, et si Sa Majesté assise sur son trône, et environnée de ses Ministres et des grands fonctionnaires de l'État, après s'être fait rendre compte des travaux de l'année judiciaire expirée, ouvrait elle-même la session nouvelle des cours et tribunaux, dans toute la pompe du pouvoir souverain, et si, en appelant tous les juges, à reprendre leurs fonctions, elle adressait, de sa propre bouche, aux premiers magistrats de la capitale du Royaume, et faisait adresser, par des commissaires, aux autres magistrats éloignés de la résidence royale, l'invitation et l'ordre de rendre une justice exacte à ses sujets.

L'art. 12 du chap. XVII a été rédigé de manière à remplir ces divers objets.

CHAPITRE XIII.

Du Pouvoir administratif.

Les publicistes distinguent, presque tous, trois espèces de pouvoirs politiques, et n'en distinguent guère que trois : le pouvoir législatif, le pouvoir judiciaire, et le pouvoir exécutif. Je n'examinerai pas ici jusqu'à quel point leur théorie est susceptible d'être contredite. Un simple essai n'admet pas des discussions aussi profondes et aussi étendues. Je me bornerai donc à dire qu'il ne serait pas impossible de prouver que cette division des pouvoirs manque d'exactitude, et, en me fondant sur le seul motif d'une plus grande clarté dans les idées, et d'un meilleur ordre dans les choses, j'oserai proposer d'en reconnaître encore un autre, qui existe déjà de fait : *le pouvoir administratif*.

Cette dénomination, comme tant d'autres, ne répond pas exactement à la chose, mais l'usage l'a consacrée, et par ces mots : *pouvoir administratif*, on entend généralement le pouvoir qui se compose des maires et des conseils de communes, des sous-préfets et des conseils de districts, des préfets, des conseils de préfecture et des conseils généraux de départemens, du conseil d'État et des Ministres, sans trop savoir pourtant se rendre compte de leurs attributions respectives. Rien n'est plus vague, en effet, rien n'est moins défini que ces attributions. La seule chose qui soit bien constante, c'est que, dans beaucoup de cas, quoique sous d'autres formes, ces diverses autorités, ou du moins les maires, les préfets, et les Ministres rendent de véritables lois, prononcent de véritables jugemens, et les font eux-mêmes exécuter. Le pouvoir administratif réunit par conséquent, à lui seul, les attributs qui distinguent les trois autres pouvoirs, et il les cumule d'une manière si étroite et si nécessaire que l'on ne saurait ni en diviser l'exercice, pour rendre, à chacun de ces trois pouvoirs, la portion qui semblerait lui appartenir, ni le remettre tout entier, à aucun d'eux, sans violer les principes, ou sans exposer, aux plus grands dangers, les libertés publiques. Dès lors, il est indispensable d'en former un quatrième pouvoir, en ayant soin de le rattacher, comme tous les autres, à la Royauté, par une organisation convenable.

Ce pouvoir, auquel les citoyens ne sauraient avoir ni le désir ni la faculté de se soustraire, est certainement, pour eux, le plus important de tous. En effet, il les reçoit au seuil de la vie; il les suit et les observe dans tous leurs développemens physiques et moraux; il règle les différentes positions qu'ils doivent occuper dans la société; il consacre les diverses phases soit civiles soit politiques qu'ils y subissent; il constate tous ceux de leurs actes qui, en marquant leur passage dans le monde, peuvent intéresser, un jour ou l'autre, l'ordre social; et, lorsqu'ils ont cessé d'exister, il pourvoit encore à ce que leurs dépouilles mortelles soient portées à leur dernier asile et y reposent en paix.

Ce pouvoir, dont la présence est, pour chaque citoyen, un besoin de tous les jours et de tous les instans, et dont l'action ou le repos pourraient être également funestes, demande, dans ceux qui sont chargés de l'exercer, beaucoup de prudence et de sagesse. En effet, ils doivent sans cesse circonvenir leurs administrés, sans les obséder; les épier, sans les gêner; leur laisser la plus grande liberté dans leurs réjouissances et dans leur deuil, sans leur permettre cependant de troubler, par des mouvemens trop bruyans, le repos des autres, ni d'affliger leurs regards, par des spectacles trop douloureux. Ils doivent aussi empêcher le monopole, sans cependant interdire ni d'acheter ni de vendre; garantir et les personnes et les propriétés, contre toutes les atteintes soit des individus, soit même de la société, et cependant quelquefois sacrifier eux-mêmes et les unes et les autres.

Pour se faire une juste idée du degré de sagesse et d'autorité, nécessaire aux dépositaires du pouvoir administratif, il faut se les figurer dans un pays ou en proie à la disette, ou désolé par la peste, ou dévoré par l'incendie, ou dévasté par les eaux, ou envahi par les armées ennemies, etc., et conséquemment, dans ces cas divers, autorisés, par la suprême loi du salut public, à exiger l'apport, sur les marchés, des denrées nécessaires à leurs approvisionnemens ; à repousser ou à faire séquestrer les personnes soupçonnées d'être attaquées de la contagion, pour en préserver le surplus de la population ; à former ou à détruire des digues, pour arrêter ou détourner les torrens ; à abattre ou à élever des constructions, pour se retrancher contre l'ennemi ; à démolir ou à abandonner aux flammes, les maisons voisines d'un incendie, pour l'intercepter ; et à faire même concourir à ces travaux, bon gré, mal gré, tous ceux qui se trouvent à portée, il faut se les figurer encore au milieu d'une sédition et d'une révolte, ou seulement entre des particuliers qui tous ayant des droits égaux sur les choses communes, veulent, les uns passer, et les autres s'arrêter au milieu des rues et des places publiques, et on sentira facilement que le pouvoir administratif peut être paternel ou tyrannique, bienfaisant ou oppresseur, suivant que l'exercice en est bien ou mal organisé, et surtout suivant qu'il est remis à des hommes qui sont ou plus ou moins investis de l'estime et de la confiance publiques.

En l'an 8, le pouvoir administratif fut organisé, dans toutes ses parties, pour le despotisme. En même temps que l'on maintint, ou que l'on recréa les conseils de communes, les conseils de districts, et les conseils de départemens, pour régler les recettes et les dépenses locales, et qu'on institua les conseils de préfecture et le conseil d'État pour juger les contestations administratives, on annula réellement ces autorités, ou plutôt on en fit de véritables instrumens du despotisme, en réservant, au Gouvernement, et la faculté d'en choisir tous les membres, et celle de les changer à son gré, et celle encore d'approuver ou d'infirmer arbitrairement tous leurs arrêtés.

Par un autre trait non moins remarquable d'adresse et d'habileté, on fut emprunter, aux Romains, pour en revêtir le principal agent de l'administration, dans chaque département, le titre de préfet qu'ils donnaient à ceux qu'ils envoyaient dans les provinces pour y exercer tous les pouvoirs. On prépara ainsi les esprits à voir ces nouveaux magistrats s'emparer de toute l'autorité, et ils ne tardèrent pas, en effet, à devenir de véritables proconsuls.

Notre pouvoir administratif se compose de 86 préfets et d'environ 1,600 conseillers de préfecture ou de départemens, de 264 sous-préfets et d'environ 4,000 conseillers de districts, de 40,000 mille maires et d'environ 450,000 adjoints de maires, ou conseillers de communes, en tout, de près de 500,000 fonctionnaires. En songeant à ce qu'étaient, sous un Gouvernement despotique, cette multitude de fonctionnaires, et à ce qu'ils lui apportaient de secours et de puissance, on a cru que le même système administratif ajouterait beaucoup de force à celle de notre nouveau Gouvernement, si tous ces agens continuaient de rester placés sous sa dépendance absolue, et c'est sans doute, pour cela, que les rédacteurs de la Charte, soit en s'abstenant d'y faire mention du pouvoir administratif, soit en y disposant, en termes généraux, art. 14, que « Le roi nomme à tous les « emplois de l'administration publique, » semblent avoir voulu attribuer tout ce pouvoir, à la Royauté; mais, dans ce cas, ils auraient bien mal jugé de la différence des circonstances et des régimes.

Les agens du pouvoir administratif étant tous nommés par le Gouvernement et révocables à sa volonté, leurs décisions ou arrêtés devant tous lui être soumis et pouvant également être, à son gré, approuvés ou infirmés, modifiés ou changés, les Ministres se trouvent ainsi véritablement chargés de régler les intérêts locaux de toutes les diverses parties du royaume, et concentrer, en eux-mêmes, la totalité du pouvoir administratif. Sous le régime constitutionnel qui nous a été donné, le Gouvernement perd, à cette disposition des choses, une grande partie de sa propre force, bien loin d'y en gagner une nouvelle. En effet, une pareille centralisation, n'admettant que des règles générales et inflexibles, et ne pouvant pas conséquemment s'accommoder et se prêter à toutes les circonstances et à tous les besoins si nombreux et si variés des diverses localités, entraîne inévitablement, avec elle, des contractions et des tiraillemens, des difficultés et des retards qui, en faisant faire les choses à contre-temps, plus chèrement et moins utilement, contribuent beaucoup à mécontenter et à exaspérer les esprits, et par conséquent à affaiblir le Gouvernement.

Ce mode d'administration avait fait beaucoup d'ennemis au Gouvernement impérial. Il en ferait pareillement au Gouvernement royal. Exalté par une prospérité sans exemple, le chef de l'ancien Gouvernement ne se laissa point arrêter par une telle considération. Dans sa folle ivresse, il dédaigna de se faire aimer du peuple, et, s'abusant sur ce qui fait la véritable force du pouvoir, il crut étendre et fortifier son autorité, en s'attribuant le droit d'administrer d'une manière absolue. Il ne fit que la rendre plus odieuse. Peut-être sa position lui prescrivait-elle d'adopter la marche qu'il suivit. La nature de son pouvoir ne devait point, en effet, lui inspirer des idées généreuses. Mais, ces idées généreuses, elles entrent toutes naturellement, au contraire, dans la situation et dans la politique des Bourbons, de ces Princes qui, ne voulant du pouvoir que pour le bonheur de leurs sujets, ne regardent pas comme perdu, pour la couronne, ce qui en est cédé pour contribuer à la félicité des peuples.

L'exercice du pouvoir administratif comporte nécessairement beaucoup d'arbitraire, et par conséquent l'autorité absolue du Gouvernement, dans l'administration, pouvait s'accorder davantage avec le régime impérial; mais elle est tout-à-fait incompatible avec le régime constitutionnel. Les inconvéniens attachés au despotisme des agens administratifs, devaient aussi être moins sentis sous le Gouvernement impérial où la violence renversait tous les obstacles et où l'arbitraire repoussait impunément toutes les réclamations les plus justes; mais, sous le régime constitutionnel, où toutes les plaintes peuvent se faire entendre librement, ils auraient bientôt ruiné le pouvoir. Aussi, prétendre continuer la tyrannie impériale, dans l'administration, après avoir placé la liberté dans la Charte, ce serait, comme l'a dit M. Fiévée, vouloir marcher contre la nature des choses et associer ce qui est contradictoire.

Une foule de difficultés, qui se rencontrent

inévitablement dans l'exercice du pouvoir administratif, et qui n'étaient pas aperçues, ou qui étaient levées, sous le régime impérial, par la nature même de ce régime, se montreraient de tous côtés, sous le Gouvernement constitutionnel, si l'on persistait à vouloir lui continuer l'autorité absolue dans l'administration. De toutes parts, sous le moindre prétexte, et souvent même sans motif, mais uniquement pour plaire aux électeurs et se recommander à leurs suffrages en affectant de défendre les intérêts publics, on s'attaquerait à tous les agens administratifs. De toutes parts, et sur les moindres choses, on leur opposerait une résistance opiniâtre, et on leur susciterait mille contrariétés. Déjà même on doit s'apercevoir que tous ces agens, et les préfets particulièrement, ne sont plus ce qu'ils étaient sous le Gouvernement impérial. Leur importance et leur ascendant sont visiblement diminués; ils décroissent, de plus en plus, chaque jour; et ils ne tarderaient pas à être entièrement annulés.

La plus grande partie des difficultés et des inconvéniens que présente le système actuel d'administration, prennent encore leur source dans les vices de la circonscription des communes. Quoique les différences, qui existent entre elles, soient très-grandes, on les a toutes organisées sur les mêmes bases, et d'après les mêmes principes. Ainsi, les maires des moindres villages sont sur le même rang que les maires de Lyon, de Bordeaux, de Marseille, etc. Les uns et les autres ont les mêmes attributions. Cela ne pouvait guère être autrement; mais ils devraient tous par conséquent réunir les mêmes connaissances, et, bien loin de là, un très-grand nombre savent à peine écrire, quelques-uns même ne savent pas lire; et, dans beaucoup de communes, il n'y a pas assez d'habitans jouissant des droits de citoyens, pour former les conseils municipaux. On doit sentir, dès lors, combien, à ce degré de la hiérarchie administrative, doivent être grands, les obstacles pour diriger, ou seulement pour discerner et connaître les événemens et les intérêts locaux que le Gouvernement ne doit jamais ignorer, et qu'il doit toujours ou régler ou surveiller.

Pour obvier aux inconvéniens provenans de l'incapacité des maires, on a créé des sous-préfets, mais en trop petit nombre pour qu'ils puissent y suffire, et on n'a fait au contraire qu'aggraver les abus, en y ajoutant ceux qui étaient inévitables dans l'exercice d'une autorité chargée de suppléer à des fonctionnaires ignorans, et de remplacer, par des conjectures, les renseignemens que ceux-ci ne pouvaient pas leur donner. Il est résulté de là, tout à la fois, et plus d'arbitraire de la part des sous-préfets ainsi que de la part des préfets, et des erreurs sans nombre dans leurs rapports au Gouvernement. Ces abus et ces erreurs, qui étaient sans conséquence, ou qui étaient couverts par le régime impérial, ressortiraient, ou seraient relevés, avec amertume, sous le système constitutionnel. Ils feraient naître, tous les jours, de nouvelles contestations et des débats qui seraient interminables; et ils auraient bientôt paralysé, entre les mains de ses agens, l'autorité administrative du Gouvernement.

Le régime, sous lequel nous sommes actuellement placés, impose donc la nécessité d'organiser les autorités administratives autrement qu'elles n'ont été organisées jusqu'ici. La politique conseille particulièrement aussi de leur donner plusieurs foyers distincts, afin que l'administration, et on pourrait même dire, la monarchie elle-même, cessent enfin d'être tout entières, exclusivement dans la ville unique où un despotisme insensé avait réuni et centralisé le pouvoir. Les événemens de vingt époques diverses de la révolution, auraient dû prémunir contre cette erreur. La conjuration de Mallet, et celle du 20 mars 1815, qui l'ont rendue plus frappante encore, doivent enfin servir de leçon et engager à distribuer le pouvoir administratif, de manière que les divers arrondissemens de territoires soient tous comme autant de petits États particuliers, qu'ils se rattachent tous aussi à la monarchie, par une force d'organisation politique pareille, et que, partout où le Monarque se trouvera désormais, il y retrouve, ou puisse y rétablir la monarchie.

Le pouvoir administratif comporte, de sa nature, ainsi que je l'ai déjà fait observer, beaucoup d'arbitraire. Un pareil pouvoir, qui est toujours odieux, sous quelque régime que ce soit, lorsqu'il est exercé par des agens du Gouvernement, ne saurait être fort, ni même être toléré, sous le régime constitutionnel, qu'autant qu'il serait confié à des élus du peuple. Sous l'empire, les agens du Gouvernement n'auraient pas pu le conserver dans toute son intégrité; il serait, à bien plus forte raison, impossible de le leur continuer sous la Charte. D'ailleurs, ce sont nos Rois, de la race actuellement régnante, qui créèrent les communes, et qui leur concédèrent le droit de nommer leurs officiers municipaux. Les peuples en jouissaient, depuis plus de 600 ans, lorsqu'il fut usurpé, sur eux, en l'an 8, par Buonaparte. Ce n'est sûrement pas, aux Bourbons, à les priver d'un bien qui leur est aussi précieux. Ce n'est sûrement pas, aux Bourbons, à leur retenir un droit que ce despote leur avait enlevé.

Enfin, il appartient, aux Bourbons, de faire renaître tous les sentimens généreux, et principalement l'amour de la patrie. Or, le meilleur moyen de remplir cet objet, c'est de réédifier le pouvoir communal, et de recréer ainsi des intérêts politiques sur tous les points du territoire. Lorsque chacun trouvera, dans son pays, et à sa portée, un rang et des fonctions honorables; lorsqu'il pourra se mêler de l'administration de sa commune, de son district, de son département; lorsqu'il y trouvera l'occasion de se rendre utile, de mériter de la considération, et de se donner des chances pour être, un jour, député, et figurer, à ce titre, sur le plus beau théâtre qui puisse être ouvert à une louable ambition, il en aimera mieux la grande patrie, et il s'attachera davantage à un ordre de choses où l'on peut parvenir à tout, avec du talent et l'estime de ses concitoyens. Une telle institution servirait même à épurer et à anoblir le caractère national. En effet, par respect pour l'opinion, le Gouvernement ne nommerait plus, dès lors, aux places d'administration, dont il dispose, que ceux qu'elle lui aurait désignés. Dès lors, on ne viendrait plus les solliciter à Paris, comme on ne le fait que trop aujourd'hui, et, comme cela ne se voit que trop aussi, on ne chercherait plus à les obtenir par l'importunité, les intrigues, et la bassesse.

En organisant, d'une manière populaire, le pouvoir administratif, il faut bien se garder de le rendre trop puissant contre la Royauté. Aujourd'hui que celle-ci a ses contre-poids au centre, établir, aux extrémités, des résistances trop fortes, ce serait la paralyser. Les deux Chambres ont besoin cependant que, dans cette partie de l'organisation sociale, le pouvoir ait assez de consistance pour leur offrir des points d'appui et des retranchemens où elles puissent trouver éventuellement la seule force propre à leur faire éviter les atteintes de la tyrannie. Il faudrait donc que le pouvoir administratif, dans chaque localité, fût organisé de manière qu'ayant plus de puissance morale que d'autorité réelle, sous le rapport politique, il servît à fortifier l'influence des Chambres, et qu'il ne pût, toutefois, opposer au Gouvernement, sous le rapport administratif, aucune résistance invincible.

Pour résoudre ce problème, il ne faut que remonter et s'attacher aux principes.

La commune est, et doit être, en effet, l'élément ou l'unité première de l'organisation administrative; mais il faut que cette unité soit complète et ne dégénère pas, comme cela est arrivé pour le plus grand nombre des communes, en des fractions sans valeur. Il serait donc à propos de reconstituer et d'agrandir les diverses communes, de façon que chacune d'elles eût une population et une étendue de territoire telles que, d'un côté, il fût possible d'y trouver la qualité et le nombre d'administrateurs qui leur sont nécessaires, et que, d'une autre part, les fonctions administratives pussent aussi y être exercées dans tous les développemens dont elles sont susceptibles. Il faudrait en conséquence ne faire généralement qu'une seule commune, de toutes les communes d'un canton. Cette première et indispensable mesure, une fois adoptée, mettrait à même de faire, dans l'administration, avec la plus grande facilité, les améliorations les plus précieuses. En effet, comme l'on trouverait alors, dans chaque commune, un assez grand nombre d'hommes qui seraient propres et disposés à exercer, moyennant une faible indemnité, ou même tout-à-fait gratuitement, les fonctions administratives, les uns, dans l'intérêt des localités, et, les autres, dans l'intérêt du Gouvernement, ceux-là, comme magistrats du peuple, pour diriger les affaires de ces communes, et, ceux-ci, comme procureurs du Roi, pour en surveiller la marche, on pourrait, dès lors, par une meilleure organisation des agens, simplifier l'administration, et opérer de grandes économies; on pourrait, en outre, par une meilleure distribution des fonctions, donner aussi, à leur action respective, plus d'intensité, d'énergie, et de force.

Pour faire connaître de quelle manière le pouvoir administratif doit être organisé, et les fonctions administratives, distribuées, il n'est pas besoin de se jeter dans des dissertations diffuses; il suffira de définir ce pouvoir, ou même seulement d'énoncer ses attributions.

Le pouvoir administratif est celui dont les

agens, placés au centre et sur les divers points principaux du territoire, sont chargés : d'une part, de régir, les uns, les intérêts des localités, et, les autres, les intérêts généraux du royaume, et, d'une antre part, de prendre et de faire accomplir, les uns, dans les diverses localités, et, les autres, par toute la France, les mesures que la sûreté, la salubrité et l'ordre publics peuvent réclamer.

Les dépenses et les recettes ainsi que les autres intérêts du Royaume, qui sont l'objet de ce qu'on appelle l'administration générale de l'État, sont réglés concurremment, par la Royauté, par l'Aristocratie, et par la Démocratie, procédant sous la forme de pouvoir législatif, et ils sont régis d'après leurs délibérations prises en forme de lois. Les dépenses et les recettes ainsi que les autres intérêts particuliers de chaque arrondissement de territoire, qui sont l'objet de ce qu'on peut appeler l'administration locale, devraient être réglés pareillement en commun, par la Royauté, par l'Aristocratie, et par la Démocratie organisées et procédant sous la forme de conseils de communes, de conseils de districts, ou de conseils de départemens, et ils devraient être régis aussi d'après leurs délibérations prises en forme d'arrêtés.

Tout ce qui concerne la sûreté, la salubrité et l'ordre publics du Royaume, et qui forme ce qu'on appelle la police générale de l'État, est ordonné et dirigé, d'après les lois, et sous l'autorité du Roi, pour tout le Royaume, par les Ministres. Tout ce qui concerne la salubrité, la sûreté et l'ordre publics de chaque arrondissement de territoire, et qui forme ce que l'on peut appeler la police locale, devrait aussi être ordonné et dirigé, d'après les lois, et sous l'autorité du Roi, par des fonctionnaires spéciaux, pour chaque localité.

Le soin de concevoir les diverses mesures que réclament l'administration et la police générale du Royaume, exige une profonde connaissance et une juste appréciation des mœurs et du caractère de la nation, de ses besoins et de ses ressources, ainsi que de ses relations avec les autres peuples, et, comme elles ne peuvent se rencontrer que dans la Royauté, il est convenable que, pour les faire adopter, la Royauté ait une grande influence dans les délibérations du pouvoir législatif qui y sont relatives; il est convenable aussi que, pour les faire exécuter, par tout le Royaume, la Royauté puisse pareillement exercer, sur tous les points, par ses Ministres ou ses autres délégués, une autorité administrative suffisante. Au contraire, en ce qui concerne l'administration et la police locale, comme la conception et le choix des mesures qui s'y rapportent, exigent une connaissance plus spéciale et plus détaillée des individus et des localités, de leurs usages et de leurs mœurs, de leurs goûts et de leurs habitudes, ainsi que de leurs intérêts et de leurs besoins, et, comme toutes ces choses-là sont, d'un pays à l'autre, très-différentes, quelques-unes même tout-à-fait opposées entre elles, et qu'elles ne peuvent guère être bien appréciées que par la Démocratie et par l'Aristocratie, il serait également convenable que celles-ci eussent une plus grande part dans l'administration et la police de chaque localité. Il faudrait toutefois, indispensablement, mais cela suffirait, que la Royauté fût mise à même d'avoir une connaissance exacte et détaillée de toutes les mesures qui seraient prises relativement à l'administration et à la police de chaque localité, et qu'elle pût exercer, sur elles, et partout, cette surveillance générale et cette force d'impulsion et de répression, qu'il est nécessaire qu'elle ait sur tous les points du territoire, et dans toutes les affaires publiques.

D'après cela, et en ce qui concerne spécialement l'administration locale, si on déterminait que les conseils des communes, des districts, et des départemens, seraient composés de conseillers en nombres ronds de 10 ou 20 ou 30 ou 40, etc., on devrait statuer que les six dixièmes seraient nommés par la Démocratie ou les Colléges des municipaux, trois dixièmes par l'Aristocratie ou les Colléges des notables, et un dixième seulement par la Royauté, mais que les conseillers nommés par celle-ci seraient présidens ou vice-présidens nés de leurs conseils respectifs, avec voix prépondérante en cas de partage. On devrait statuer aussi que les arrêtés de ces conseils n'auraient besoin d'une approbation formelle que lorsqu'il s'agirait de recettes et de dépenses extraordinaires, mais qu'ils pourraient être annulés ou modifiés, dans tous les cas, par l'autorité supérieure, lorsqu'il en serait relevé appel, soit par les procureurs administratifs du Roi, soit par les parties intéressées.

En ce qui concerne la police locale, qui devrait être attribuée aux maires, lieutenans de maires, et quarteniers (officiers municipaux d'un quartier, d'un village, etc.), il faudrait pareillement donner à l'Aristocratie et à la Démocratie, une plus grande influence, dans leurs élections, qu'à la Royauté; et, comme ces élections ne pourraient être faites séparément, par ces trois puissances sociales, il faudrait, pour les y faire participer toutes les trois dans la proportion convenable, statuer qu'ils seraient nommés par les Colléges municipaux procédant suivant le mode progressif (c'est-à-dire, que chaque municipal y aurait un nombre de voix proportionné à son impôt), et que les choix seraient soumis à l'approbation du Roi. Les élus exerceraient leurs fonctions, en attendant cette approbation, mais, par politique, la Royauté ne la leur donnerait jamais d'avance, ni même dans le cours de leur exercice, que comme une grande distinction, afin que le refus, éventuellement possible, de cette approbation, maintînt constamment et sans effort, ces fonctionnaires, dans une juste dépendance.

Par la manière dont les atttributions du pouvoir administratif seraient, dès lors, réparties entre les divers fonctionnaires de ce pouvoir : Ministres et procureurs du Roi, conseillers de départemens, de districts et de communes, maires, lieutenans de maires et quarteniers, elles seraient infailliblement toutes exercées avec ce degré de latitude, d'indépendance et de force que leurs objets respectifs demanderaient, comme aussi avec cette diversité de mesures et de moyens que la variété des intérêts ainsi que des besoins des différentes localités réclamerait, et cependant avec cette homogénéité de principes comme aussi avec cette corrélation de vues qu'exigerait la nécessité de les rattacher à un système unique et commun. Malgré leurs divergences naturelles, elles seraient toutes ramenées et coordonnées à ce système général, par le droit, qu'auraient les procureurs administratifs du Roi, d'assister à toutes les délibérations et à tous les arrêtés soit des mairies, soit des divers conseils administratifs; d'être entendus sur leurs objets; de faire telles réquisitions qu'ils jugeraient convenables; dans certains cas, d'en arrêter ou suspendre provisoirement l'exécution; et toujours d'en appeler ou devant les sections administratives du pouvoir judiciaire, ou, suivant les circonstances, devant le Gouvernement du Roi.

Par la manière diverse dont les différens fonctionnaires du pouvoir administratif, seraient nommés, son organisation présenterait, en même temps, toutes les garanties, qu'il est permis de désirer, ou possible d'obtenir, dans l'exercice d'un tel pouvoir, contre les abus auxquels peuvent donner lieu cette grande autorité discrétionnaire, et cet arbitraire inévitable qui y sont attachés. Les Ministres et les procureurs administratifs du Roi, les maires, lieutenans de maires et quarteniers, dont les attributions sont les plus difficiles à remplir, emprunteraient : ceux-là, de la puissance du Roi qui les aurait nommés, et ceux-ci, de la confiance des Colléges de municipaux et de notables qui les auraient élus, une autorité proportionnée aux obstacles et aux résistances qu'ils auraient à vaincre. La sagesse qui aurait présidé aux choix du Roi, et l'estime qui aurait dirigé les choix des municipaux et des notables, assureraient que les uns et les autres seraient des hommes éclairés, prudens, et fermes. Les conseillers administratifs de départemens, de districts, et de communes étant nommés principalement, et par les municipaux et les notables, et pour l'intérêt de ces arrondissemens respectifs, il y aurait lieu de croire aussi qu'ils chercheraient à bien remplir leurs attributions. Enfin, la surveillance que les Chambres auraient le droit d'exercer sur les Ministres et procureurs administratifs élus par le Roi, et l'autorité que, de son côté, le Gouvernement du Roi exercerait sur les divers conseillers administratifs ainsi que sur les maires, garantiraient que les uns et les autres n'useraient de leur autorité qu'avec prudence et équité, qu'ils ne s'écarteraient jamais de leurs devoirs, ou qu'ils y seraient bientôt ramenés.

Tel est le but que je me suis proposé, en rédigeant l'art. 13 du chap. XVII.

CHAPITRE XIV.

Du Pouvoir exécutif.

§ Ier. — Du Ministère.

Ceux qui ont été attentifs à observer l'influence des mots sur l'esprit des peuples, ont remarqué que la Royauté déchut presque subitement, dans l'opinion, dès le moment où elle fut plus particulièrement désignée sous le titre de *pouvoir exécutif*.

La Constitution de 1791, portait :

Le pouvoir législatif est délégué à une assemblée nationale composée de 745 députés;

Le pouvoir judiciaire est délégué à des juges élus par le peuple;

Le pouvoir exécutif est délégué au Roi.

Dès cette époque, la Royauté ne parut plus être qu'un instrument des deux autres pouvoirs, qu'un simple agent chargé de faire obéir aux lois, et de faire exécuter les jugemens. Elle parut aussi, dès lors, placée dans une situation subordonnée, et soumise à l'examen et au contrôle; par suite et bientôt après, à l'instigation des révolutionnaires, s'établit et se propagea l'opinion que ce pouvoir était susceptible d'être révoqué, et que celui, à qui il avait été délégué, pouvait même être jugé.

Les rédacteurs de la Charte se sont exprimés, d'une manière bien moins inconvenante, en disant : art. 13 « Au Roi seul appartient la « puissance exécutive, » mais cette rédaction, qui semble avoir eu pour objet d'établir que personne, autre que le Roi, n'a le droit de s'immiscer dans ce qui concerne la puissance exécutive, est encore très-inexacte, d'abord, parce que le Roi ne saurait exercer seul la puissance exécutive, et, en second lieu, parce que, tout en voulant rattacher, à la Royauté exclusivement et personnellement, le pouvoir exécutif, cette rédaction induit trop à confondre la Royauté tout entière, avec un seul de ses attributs, et avec celui-là précisément qui l'expose le plus aux jalousies et aux résistances, aux critiques et à la haine, et, on peut ajouter aussi, aux erreurs. Cette manière de s'exprimer montre la Royauté sous un rapport trop matériel. Elle semble, pour ainsi dire, la dépouiller de sa spiritualité, pour la revêtir d'un corps qui la rend palpable, et accessible aux atteintes. On aurait dû, au contraire, au sujet de ce pouvoir, et même plus soigneusement peut-être que pour les autres, ne présenter ici la Royauté que comme l'âme et le moteur du pouvoir exécutif. Ainsi que les pouvoirs législatif, judiciaire, et administratif, le pouvoir exécutif n'est qu'un mode de la souveraineté, et par conséquent de la Royauté qui la représente. L'organisation à donner au pouvoir exécutif, n'est donc, comme celle déjà donnée à chacun des trois autres pouvoirs, que l'expression des conditions et des règles suivant lesquelles cet attribut de la Royauté doit être exercé. Ces conditions et ces règles n'ayant été déterminées et établies distinctes et diverses, pour chaque pouvoir, que dans la vue de faire et d'assurer que les différens pouvoirs seraient tous et toujours, ou du moins autant que cela est humainement possible, exercés avec justice, la Royauté ne devait donc, je le répète, être présentée ici que comme elle l'avait été pour les autres pouvoirs, c'est-à-dire, uniquement comme répandant, sur ses auxiliaires ou sur ses agens dans l'exercice de cet autre attribut, cet esprit de sagesse et de justice dont le chef de l'État, au moyen de ses Ministres responsables, doit être constamment animé, et qu'il doit aussi, sans cesse, répandre partout.

Il importait d'exprimer formellement cette idée, dans la Charte, et l'objet de l'art. 14 du chap. XVII est d'y suppléer.

§ II. — Des Agens du Gouvernement.

Tous ceux qui sont ou institués pour faire exécuter les lois et en requérir l'application dans l'intérêt public, ou préposés à la perception des revenus et au paiement des dépenses de l'État, ou chargés, soit de maintenir l'ordre dans l'intérieur, soit de faire respecter son territoire et son indépendance au dehors, soit de défendre l'honneur et les intérêts du royaume auprès des étrangers, etc., se trouvent naturellement placés dans la dépendance du pouvoir exécutif, et doivent être subordonnés, au Gouvernement, d'une manière assez complète pour assurer l'unité la plus parfaite, la précision la plus exacte, et la promptitude la plus grande dans l'exécution des lois. Il faut, par conséquent, que tous ceux qui sont employés dans les ambassades et les consulats chez les puissances étrangères, en qualité de procureurs du Roi auprès des deux Chambres législatives, auprès des cours et tribunaux judicaires, auprès des mairies et des conseils administratifs, et, à quelque autre titre que ce soit, dans les intendances, dans les administrations, les régies et autres institutions politiques, militaires, civiles et financières, soient soumis à une obéissance très-ponctuelle, et à une autorité plus ou moins discrétionnaire. Il faut que ceux qui composent la force armée, soient également assujettis à une discipline sévère, et à un régime plus ou moins absolu. Toutefois, comme ces militaires et ces divers agens sont en très-grand nombre et forment une portion très-précieuse de la nation, et comme d'ailleurs aucun citoyen ne doit être admis à se dépouiller de ses droits naturels, et à se mettre lui-même hors de la loi commune, il est indispensable que la Charte détermine, consacre, et légitime les régimes exceptionnels sous lesquels les militaires ainsi que les divers agens du Gouvernement peuvent être placés, et qu'elle leur assure, en même temps, aux uns et aux autres, toutes les garanties qui peuvent se concilier avec le but qu'il faut atteindre.

La Charte porte, art. 14 : « Le Roi est le « chef suprême de l'État, il commande les forces de terre et de mer, *nomme à tous les emplois d'administration publique*, etc. » On a voulu, par-là, et avec raison, attribuer, au Roi, la nomination de tous les emplois qui sont du ressort du pouvoir exécutif. Cette disposition est juste, parce que, encore une fois, il est absolument indispensable, pour que la marche du Gouvernement soit une, précise, rapide, forte, que tous ses agens obéissent avec zèle et docilité, et qu'à cet effet il est nécessaire que le Gouvernement puisse ou les garder, ou les renvoyer, ou les punir, ou les récompenser, à son gré, et suivant que cela lui paraîtra convenable; mais il ne faut cependant pas que ce soit d'une manière arbitraire et capricieuse; autrement cette faculté, en jetant, dans les emplois, une instabilité qui en repousserait les cœurs nobles et généreux, ne servirait qu'à avilir les individus et à altérer le caractère national, à favoriser le despotisme et à mettre en péril les libertés publiques.

En principe, dès que le Gouvernement juge à propos d'employer quelqu'un, il se forme aussitôt, au moins tacitement, un contrat entre lui et cet employé. Que le Gouvernement règle toutes les clauses de ce contrat, qu'il y insère toutes les conditions qu'il jugera à propos d'y mettre, il doit avoir, à cet égard, la plus grande latitude. Il faut même, à mon avis, qu'il puisse rompre ce contrat, quand il lui plaira; mais, d'un autre côté, il est conforme à l'équité et absolument indispensable, tant que le contrat dure, qu'il soit observé de la part du Gouvernement, comme de la part de l'employé, et, dans le cas où il viendrait à être rompu par le Gouvernement, et à quelque époque qu'il le soit, que l'employé obtienne ou une pension, ou tout autre dédommagement proportionné à son temps de service, si le Gouvernement n'a pas de justes motifs de le renvoyer, ou des motifs qu'il veuille avouer.

Avant la révolution, presque toutes les places étaient amovibles de droit, et inamovibles de fait. Cet avantage si précieux, on le devait au Gouvernement doux et paternel des Bourbons. Ce même avantage serait-il donc inconciliable, sous les mêmes Princes, avec le Gouvernement constitutionnel, ou serait-il de l'essence de ce nouveau régime, d'entretenir, sans cesse, et parmi les agens du Gouvernement, et parmi les officiers de l'armée, l'incertitude sur leur avancement, et l'anxiété même sur la conservation de leurs places? On serait tenté de le croire, quand on a vu que les emplois ont été si souvent, sous de vains prétextes, et très-fréquemment même sans alléguer aucun motif, enlevés à ceux qui les occupaient; qu'ils ont été distribués sans avoir égard ni aux talens, ni à l'ancienneté, ni à la bonne conduite; et qu'ils étaient devenus, presque généralement, le prix de l'intrigue, de la bassesse et de la servitude. Certainement, si les rédacteurs de la Charte eussent considéré que le Roi nomme personnellement à très-peu de places; que ses Ministres eux-mêmes ne peuvent pas nommer à toutes, en connaissance de cause; que la réalité de cette prérogative tombe entre les mains des commis; et que la distribution des emplois est ainsi presque toujours faite, sous le nom du Roi et des Ministres, par des subalternes qui sont mus trop souvent par des passions honteuses, ou par de vils calculs; s'ils eussent considéré enfin que la prérogative de nommer aux emplois, ne consiste pas dans la faculté d'en disposer capricieusement, et de les dispenser à tort et à travers, mais qu'elle a été établie dans l'intérêt commun du Gouvernement et des gouvernés, et que, pour la rendre utile à la Royauté et précieuse au peuple, il fallait faire en sorte que l'exercice en fût conforme à la justice; et s'ils eussent en conséquence posé des règles propres à déterminer les meilleurs choix possibles, ils auraient bien mieux compris les motifs et le but de cette prérogative, et ils auraient bien mieux répondu aussi aux véritables intentions du Roi.

Les études et le noviciat préalables, auxquels ont dû se soumettre presque tous ceux qui ont des places, leur donnent le droit de les conserver, et même celui d'en obtenir de meilleures, s'ils s'en rendent dignes par leurs talens, leur zèle, et leur conduite. La certitude de garder les emplois obtenus, et l'espoir de parvenir aux emplois supérieurs, sont, d'un côté, le prix légitime de l'instruction qu'ils ont dû acquérir, ainsi que des épreuves qu'ils ont dû subir pour arriver aux emplois qu'ils occupent, et, d'un autre côté, la condition sacrée que le Gouvernement s'est imposée à lui-même, en les appelant dans la carrière, ou en les admettant dans les premiers grades. En agissant donc comme si le Gouvernement n'avait contracté aucune obligation, ou comme s'il ne reconnaissait ni titres, ni droits, et en disposant généralement des emplois, sans observer ni règle ni justice, et suivant les seules impulsions des affections privées, ou les petits calculs d'une politique étroite, on avait excité de justes mécontentemens. Le retour à de meilleurs principes ramènerait infailliblement les esprits aliénés, mais des dispositions constitutionnelles, qui régulariseraient l'exercice de la prérogative royale, serviraient bien mieux à rétablir la confiance, et à rattacher les cœurs au Gouvernement; elles contribueraient même à accroître et à fortifier son autorité.

L'art. 15 du chap. XVII a été rédigé dans cette vue.

§ III. — Du Recrutement de l'Armée.

Tout Français, par cela seul qu'il est Français, est obligé, lorsque sa patrie est en péril, de prendre les armes et de marcher pour la défendre. Il ne devrait toutefois être appelé sous les drapeaux, qu'alors seulement qu'elle est véritablement en péril; mais, comme il se trouverait qu'il ne connaîtrait pas le maniement des armes auquel il faut avoir été exercé pendant près d'un an, pour cette raison, et, en outre, sous le prétexte qu'un grand royaume doit toujours avoir sur pied une armée imposante, sous le prétexte aussi que des engagemens volontaires, même à prix d'argent, ne suffiraient pas pour la recruter, sous le prétexte, enfin, que les hommes, qui s'engagent pour de l'argent, sont de mauvais soldats, et que d'ailleurs ce mode de recrutement entraînerait une trop grande dépense pour l'État, on a fait rendre, le 10 mai 1818, une loi qui assujettit les jeunes gens de l'âge de 20 ans, à fournir, chaque année, même en temps de paix, un contingent de 40,000 recrues, et qui rétablit ainsi, sous le titre de mode de recrutement de l'armée, la conscription militaire que l'art. 12 de la Charte avait abolie dans les termes les plus formels. Cette violation de la Charte fut un grand malheur. Ce fut un plus grand malheur encore, en la violant d'une manière aussi évidente, et sur un point qui intéressait aussi vivement chaque famille, d'oser nier qu'on la violait. Ce qui fut un plus grand malheur encore, c'est qu'on adopta, en cela, un système défectueux et non moins contraire à l'esprit qu'à la lettre de la Charte.

Un grand royaume, dit-on, doit toujours avoir sur pied une armée imposante. Mais, sous quels rapports peut-il être nécessaire d'entretenir une grande armée permanente? Serait-ce pour se préserver d'une invasion subite, de la part de l'étranger? Ce danger est désormais imaginaire. De pareils attentats ne sauraient plus avoir lieu, dans l'état où se trouve l'Europe. Lorsque les communications, entre les divers pays, sont devenues si multipliées, si fréquentes, et si rapides, il serait physiquement impossible qu'une invasion fût non-seulement exécutée, mais même préparée, sans qu'on en fût informé assez long-temps à l'avance pour que l'on pût se mettre en mesure de la repousser. Serait-ce pour avoir une plus forte garantie de la durée de la paix, en se montrant toujours prêt à la guerre, qu'une grande armée permanente serait utile? Mais l'avantage qu'a un Gouvernement, d'être toujours prêt à la guerre, ne le rend que trop susceptible d'être tenté de la faire et d'attirer ainsi, sur les peuples, l'un des plus horribles fléaux qui puissent les affliger.

D'un autre côté, il est difficile de croire que, chez une nation telle que la France, dont la population est si considérable, et le caractère si belliqueux, les engagemens volontaires ne fussent pas suffisans pour le recrutement de l'armée, en temps de paix, et qu'il fût véritablement nécessaire d'y ajouter des primes en argent. Toujours, est-il certain que, dans ce dernier cas, tout le monde y contribuerait proportionnellement, et que cette dépense, étant supportée par tous les citoyens et répartie sur eux en raison de leurs facultés, deviendrait plus juste et plus légitime. Un vice essentiel de la conscription, ou, comme on l'appelle aujourd'hui, du mode de recrutement de l'armée, c'est, en effet, de répartir très-inégalement, et par conséquent très-inconstitutionnellement, une charge à laquelle tout le monde généralement devrait contribuer. Dans les temps ordinaires, un remplaçant coûte environ 1000 fr.; ce n'est rien pour le riche, et c'est la ruine du pauvre. Un grand nombre de conscrits, qui ne peuvent pas faire cette dépense, sont obligés, malgré leur peu de vocation, de se faire soldats, de s'arracher à leurs habitudes et à leurs affections, pour aller végéter dans une caserne. Les hommes, que l'on force ainsi à embrasser la profession militaire, ne sauraient guère y apporter cette ardeur et ce dévouement qu'elle demande. Ces qualités se retrouveraient, au contraire, bien plus sûrement, dans des hommes qui se seraient enrôlés volontairement ou même à prix d'argent.

Sous un autre rapport, ce serait un bien,

au reste, que la dépense des engagemens militaires fût supportée par l'État. De cette manière, en effet, elle deviendrait le sujet d'une discussion publique annuelle, et, quand il en coûterait trop pour déterminer des recrues à contracter des engagemens militaires, ou d'anciens soldats à renouveler ceux qu'ils auraient déjà remplis, on chercherait enfin, sans doute, à attirer ces recrues, ou à conserver ces soldats, par un régime plus paternel; car, si l'on ménage peu ceux que la violence a soumis, on traite ordinairement, avec plus d'égards, ceux que l'on ne peut pas contraindre.

On objecte que des hommes, enrôlés à prix d'argent, seraient de moins bons soldats. On pourrait facilement prouver le contraire, par des exemples, et faire voir que d'illustres généraux sont entrés, de cette manière, dans la carrière militaire. Quoi qu'il en soit, on souffre bien que des hommes s'engagent envers d'autres hommes, pour les remplacer; serait-il donc moins honteux de prendre de l'argent d'un conscrit, pour aller se faire tuer à sa place, que d'en recevoir de l'État, pour aller le défendre? Si de pareils marchés avilissent effectivement les hommes, c'est un reproche de plus à faire à la révolution. Elle devait relever la dignité de l'homme, et c'est, par elle, que les Français sont devenus une marchandise, et que nous avons vu de vils spéculateurs en faire le trafic publiquement et sous la protection des lois, alors même que d'hypocrites amis de l'humanité déclamaient contre la traite des Nègres qui est assurément un trafic odieux, infâme, mais bien moins inhumain, puisqu'on n'achète les Nègres que pour les employer à son service, et avec l'intention et le besoin de les ménager pour les conserver.

La seule bonne raison que l'on ait fait valoir à l'appui de la conscription, c'est qu'il est nécessaire qu'un soldat soit exercé, près d'un an, au maniement des armes. Mais, cette considération n'ayant abouti qu'à faire lever 40,000 hommes, tous les ans, la conséquence en a été ou mal déduite ou trop restreinte. Les enrôlemens des conscrits, dont la durée est de 6 ans seulement, ne produiraient que 240 mille hommes, et ce ne serait pas assez, en temps de guerre. L'obligation, où sont tous les Français, de prendre les armes pour leur patrie, lorsqu'elle est en péril, et le besoin d'avoir été préalablement formés aux exercices militaires, afin de pouvoir mieux la défendre, devaient conduire à adopter une tout autre mesure, celle de faire apprendre le maniement des armes, non pas seulement à une portion, mais bien plutôt à la totalité des jeunes Français. Cette double raison devait donc inspirer, aux rédacteurs de la Charte, de les soumettre tous à aller passer, à cet effet, une année, dans des écoles spéciales. Si on avait disposé en même temps que, dans ces écoles, les jeunes Français seraient tous vêtus, nourris, et entretenus, aux frais de l'État, et qu'aux frais de l'État encore, on les y appliquerait aux exercices gymnastiques propres à développer et à augmenter les forces du corps, qu'on les y instruirait de leurs devoirs et de leurs droits sociaux, qu'on y apprendrait un art ou un métier, à ceux qui en auraient besoin, et que les autres y recevraient les divers genres d'instruction et de talens que leur fortune, leurs intérêts, ou leurs goûts pourraient leur faire désirer ; une telle mesure aurait été trouvée généralement très-juste, en ce qu'elle se serait étendue à tous les jeunes conscrits, sans aucune exception, et elle leur aurait été très-avantageuse aussi, à tous, quoique sous divers rapports.

Cette mesure, si elle était adoptée, serait, en outre, extrêmement féconde en résultats politiques et moraux. Plus simple, et cependant plus puissante et plus efficace, toute seule, que les plus beaux systèmes d'éducation nationale qu'aient produits jusqu'ici la politique et la philosophie, elle réaliserait l'égalité entre tous les Français, au moins pour un temps, et à un âge où les impressions se gravent dans les cœurs, et y laissent des souvenirs durables. Elle remplirait, à l'égard des Français de toutes les conditions, l'intention de cet auguste Prince qui, en voulant inculquer à ses enfans, l'amour de leurs semblables, se fit apporter les registres de naissance de la paroisse, et leur fit remarquer que leurs noms s'y trouvaient confondus avec ceux des moindres citoyens.

Les obligations d'un citoyen envers sa patrie, sont comme celles d'un fils envers son père et sa mère. Les unes et les autres sont également sacrées. On apprend à un fils, dès sa plus tendre enfance, ses devoirs envers ses parens; pourquoi ne lui apprend-on pas, aussi, ceux qu'il a à remplir envers son pays? Les parens doivent, de leur côté, à leurs enfans, des soins proportionnés à leurs besoins, et une instruction analogue à leur condition; n'est-ce pas également une obligation, pour la patrie, de leur fournir des moyens et des ressources qui les mettent à même d'être de bons citoyens? Cette double lacune serait encore comblée, au moyen de l'école spéciale que je propose. Là, en effet, les pauvres apprendraient des métiers et recevraient une éducation que leurs parens n'auraient pas pu leur donner; les riches y perfectionneraient les talens et l'instruction qu'ils auraient reçus antérieurement; et tous, en les pratiquant, pendant un temps, contracteraient peut-être l'habitude des vertus nécessaires au maintien de la société. De cette manière, se trouveraient encore réalisés, les conseils que, dans Télémaque, le sage Mentor donnait à Idoménée, au sujet de l'éducation de la jeunesse.

La question de l'armée, sous un régime constitutionnel, présente de grandes difficultés, parce que l'armée, comme l'observe Montesquieu, méprisera toujours un sénat et respectera ses officiers. Une autre vérité incontestable, sur cette question, c'est qu'un grand établissement militaire n'est jamais favorable à la liberté publique. Il n'est pas moins évident qu'en temps de paix, il grève le trésor d'une dépense qui pourrait être mieux employée. Il est aisé de juger aussi, que, sous le régime constitutionnel, et en temps de paix, une armée nombreuse serait très-embarrassante pour notre Gouvernement lui-même. En temps de paix, sous ce régime, et surtout d'après la loi du 10 mai 1818, qui attribue la plus grande partie des grades militaires à l'ancienneté, l'avancement doit nécessairement être très-lent; mais, lorsque, sous ce même régime, et dans toutes les autres parties de l'ordre social, la carrière est ouverte à tout le monde, et que tous ceux qui ont des talens et de l'ambition, cherchent à s'y élever rapidement, et peuvent, en effet, y marcher à grands pas, l'impétuosité et l'impatience naturelles aux Français ne sauraient guère s'accommoder d'un trop long séjour dans le même emploi. Les règles établies à cet égard pourraient donc, un jour ou l'autre, si notre armée était trop considérable, amener les plus grands désordres.

Ces règles ont dû cependant être consacrées,

surtout d'après le mode qui a été adopté pour le recrutement. Elles étaient une conséquence nécessaire du principe de la conscription; car, dès lors que les citoyens des diverses classes, sont également tous forcés, par la loi de la conscription, de se faire soldats, et qu'ils sont tous appelés également à subir la même discipline dans les garnisons, et à courir les mêmes dangers sur les champs de bataille, les mêmes récompenses leur sont dues. C'est, pour eux surtout, et dans la carrière militaire, que les grades doivent être plus généralement distribués par ordre d'ancienneté. Mais cette conséquence et cette nécessité accusent elles-mêmes le principe de l'établissement de la conscription, attendu qu'elles rendraient l'organisation de l'armée, vicieuse et contraire à sa destination.

Par-là, en effet, l'armée se trouverait incessamment composée d'officiers qui, étant tous entrés au service, comme simples soldats, manqueraient, pour la plupart, des ressources qui leur seraient nécessaires pour pouvoir vivre dans la paix, et qui, ayant leur fortune à faire dans les armes, auraient besoin de la guerre pour s'enrichir. Une telle armée serait trop impatiente de la paix, et en même temps trop disposée à ne se battre que par l'appât du butin ou de l'avancement. Pour un pays libre, il faudrait, au contraire, que l'armée ne se portât à la guerre, que par l'horreur du pillage et le besoin de défendre ses propriétés, ou par l'impulsion de l'honneur et le devoir de protéger ses concitoyens. Or, pour avoir une armée qui ne fût animée que par de tels sentimens, il serait nécessaire que la plus grande partie des officiers eussent déjà de la fortune, avant d'entrer au service, et qu'ils ne fussent engagés à y entrer, que par leur goût pour les armes et leur amour pour la véritable gloire, et non point par force, par besoin ou par spéculation. Il faudrait donc renoncer, au moins pour le temps de paix, à la conscription, et adopter un autre mode de recrutement.

Les difficultés, que présente l'organisation de l'armée, et qui sont insolubles avec le système actuel de la conscription, s'évanouiraient toutes si on adoptait le système que je soumets.

Tout le monde reconnaît, et s'accorde à dire qu'en temps de paix, l'armée n'aurait besoin d'être forte qu'en artillerie, génie, et cavalerie, et qu'il ne faudrait, quant à l'infanterie, qu'avoir des officiers et sous-officiers en nombre suffisant pour former les cadres au moment où la guerre éclaterait, si d'ailleurs on pouvait compter, pour cette époque, sur une assez grande quantité de recrues toutes formées. Ce dernier point serait assuré complétement, au moyen des écoles spéciales que j'ai proposé de créer. Au moyen aussi de ces écoles, où les jeunes Français apprendraient le maniement des armes, et qui développeraient leur penchant pour cette profession, sans cependant les trop détacher des affections domestiques, on aurait, en temps de paix, par des enrôlemens volontaires, et même sans primes en argent, bien plus de soldats qu'on n'en aurait besoin, surtout si, comme on le pourrait, dès lors, sans aucun inconvénient, on n'exigeait plus, au moins pour l'infanterie, que des engagemens de 3 ou 4 ans; et comme, dès lors aussi, on leur devrait moins d'avancement, tout en établissant néanmoins des règles fixes pour que les différens grades fussent ouverts et accessibles à tout le monde, on pourrait en attribuer moins à l'ancienneté, et en laisser davantage au choix du Roi. En donnant, par-là, au Roi, une plus grande latitude dans la disposition des emplois militaires, on lui assurerait une plus grande obéissance de la part des troupes. Si on disposait, en même temps, que la moitié des places de sous-officiers seraient accordées aux enfans des municipaux, et la moitié de celles de sous-lieutenans aux enfans des notables et des nobles, on attirerait ainsi, au service, une foule de personnes riches qui s'y decideraient plus facilement dès qu'elles pourraient y entrer avec des grades. De cette manière, et sans trop nuire à l'avancement de ceux qui se seraient enrôlés volontairement en qualité de simples soldats, puisqu'on leur laisserait l'autre moitié de ces places, on unirait, pour ainsi dire, à la fortune et à la propriété, une bonne partie des premiers grades de l'armée, et ce serait là le meilleur, ou peut-être le seul moyen d'assurer le repos de l'État, la stabilité du trône, et le maintien des libertés publiques. En reconnaissant la nécessité d'un établissement militaire dans le *mutiny-bill* qu'ils renouvelaient autrefois, tous les ans, les Anglais, alors plus jaloux de leur indépendance ou du moins plus attentifs à l'entourer de garanties, exigeaient que les officiers eussent des propriétés territoriales. Ils regardaient cette condition comme un gage d'attachement à la Constitution. Que les mêmes intérêts et les mêmes considérations nous décident à adopter, en France, autant que cela se peut d'ailleurs, des mesures pareilles.

L'obligation où l'on serait, dans ce système, d'entretenir, en temps de paix, des corps composés uniquement d'officiers et de sous-officiers propres à former des cadres, en temps de guerre, se concilierait admirablement avec nos mœurs et nos inclinations monarchiques. L'éclat dont, en France, plus que partout ailleurs, on aime à voir la Couronne environnée, indique, d'avance, quels devraient être ces corps. Ce seraient ceux qui sont chargés de la garde personnelle du Roi, ou de celle de ses résidences. Un autre avantage de cette mesure, c'est qu'en recrutant désormais ces corps, moitié dans les autres corps de l'armée, et moitié parmi les enfans des municipaux, ou des notables et des nobles, on éteindrait enfin pour toujours l'antipathie qui existe, et qui, sans cela, ne ferait que s'accroître encore entre la garde et les autres corps de l'armée.

Les dispositions de l'art. 16 du chap. XVII ont été inspirées par toutes ces diverses considérations.

§ IV. — De la Garde nationale.

La garde nationale avait été réorganisée, dans les derniers mois du Gouvernement impérial. En 1814, elle présentait, partout, et particulièrement dans les grandes villes, des forces imposantes. A Paris, elle formait un corps de près de 40,000 hommes complétement armés et équipés. Elle avait rendu d'inappréciables services, lors de la première invasion. Par sa conduite sage et prudente, elle avait su contenir l'effervescence d'un peuple qui, rempli de souvenirs glorieux, et tout exalté encore par les innombrables victoires, et les immenses triomphes qu'il avait tout récemment obtenus, se sentait humilié de voir flotter, sur ses remparts, des bannières étrangères. Elle avait su aussi, par son intrépidité et son attitude ferme, en imposer aux troupes arrivées sous ces bannières, et s'en faire respecter. Le bon ordre qu'elle avait maintenu, à cette époque si critique, avait prouvé l'importance d'une telle institution, et, par conséquent, en attribuer la direction, à la Royauté, ou aux magistrats populaires, et, à plus forte raison, la maintenir ou la supprimer, c'était placer dans la balance des pouvoirs, ou en retirer un poids immense. Dans l'un et l'autre cas, les proportions relatives de ces pouvoirs, étaient changées, et leur équilibre compromis. Cependant la Charte est encore restée muette sur ce point, et l'on peut de nouveau conclure de là que ceux qui l'ont rédigée, n'ont pas embrassé l'ensemble de l'organisation sociale, ou qu'ils n'ont pas bien apprécié les rapports de ses diverses parties.

Essentiellement amie de l'ordre, de la justice, et de la paix, la garde nationale est une institution sociale très-précieuse. Placée, entre l'autorité qui, par sa tendance habituelle au despotisme, menace incessamment la liberté, et la populace qui, par son penchant naturel à l'anarchie, trouble fréquemment la tranquillité publique, aucune autre institution n'est plus propre à arrêter les entreprises de celle-là, et à réprimer l'insubordination de celle-ci. Aussi, un des premiers actes de ceux qui ont voulu fonder la tyrannie, a toujours été de la supprimer, comme un des premiers soins de ceux qui ont voulu bouleverser l'État, a été de la désorganiser. Établie pour être constamment le plus ferme appui des lois, si, à diverses époques, elle n'a pas bien rempli cette destination, ce n'est que parce que les grands propriétaires, les riches capitalistes, les manufacturiers, les fabricans, etc., avaient trop négligé d'y conserver une utile influence, ou à raison de ce que, par l'admission de toutes sortes d'individus, elle s'était enfin trouvée composée d'hommes généralement peu pénétrés de l'esprit de conservation, ou peu intéressés au maintien de l'ordre social. Pour que la garde nationale acquière et conserve toute son importance, il faut donc qu'elle soit organisée conformément à sa destination, et formée d'élémens analogues.

Lorsque l'exercice des droits de citoyen, était dévolu, comme dans la constitution de 1791, à quiconque payait 3 fr. seulement de contributions directes, le cercle d'admission dans la garde nationale, était trop étendu. Il serait trop resserré aujourd'hui, si on n'y recevait que ceux qui paient 300 fr. de contributions. Si, d'un autre côté, on y faisait entrer ceux qui paient moins de 300 fr., sans les admettre, en même temps, à l'exercice des droits politiques, alors le plus grand nombre des gardes nationaux se trouveraient en opposition d'intérêts, ou du moins de priviléges, avec le plus petit nombre. La proposition, que j'ai déjà faite, de n'exiger qu'un cens de 50 fr., pour l'exercice des droits politiques, résoudrait toutes ces difficultés, et se trouve ainsi justifiée elle-même par une nouvelle et très-puissante considération.

Il est encore à remarquer que l'institution de la garde nationale, si essentiellement utile pour la police locale, aurait donné trop de force au système populaire, dans le cas où la portion du pouvoir administratif, chargée de cette attribution, aurait été organisée par départemens, tandis qu'en organisant cette autorité, par cantons, la garde nationale ne lui donne précisément que ce degré d'influence politique qui est absolument nécessaire à l'équilibre social, et cette autre considération vient pareillement appuyer le mode d'organisation que j'ai proposé aussi pour le pouvoir administratif.

Le service de la garde nationale est regardé, par les uns, comme une servitude, et, par les autres, comme une distinction. Honneur, ou charge, ce service doit être dévolu exclusivement à ceux-là, et à tous ceux-là qui exercent les droits politiques, et par conséquent aux municipaux. Il faut en même temps néanmoins qu'il soit réglé de manière qu'il n'exige pas de trop grands sacrifices, et qu'un garde national ne soit jamais gêné dans l'exercice de sa profession ou dans l'administration de ses affaires.

Le principe fondamental de l'organisation de la garde nationale, est qu'elle n'admette ni exception ni privilége, et qu'elle soit dirigée par des règles communes et uniformes. Ses rapports naturels avec l'autorité administrative exigent que cette autorité ait de l'influence sur son organisation et sur sa discipline. L'intérêt général de l'État demande en même temps qu'une force aussi grande ne soit pas étrangère à la Royauté, et qu'au contraire elle lui soit subordonnée, et par la faculté de la mettre en mouvement, et par la prérogative de nommer ses principaux chefs.

Je pense que ces différentes vues seraient remplies par l'adoption de l'art. 17 du chap. XVII.

DISPOSITIONS

ACCIDENTELLES.

CHAPITRE XV.

Mesures pour indemniser les Émigrés, de la perte de leurs biens; pour convertir en immeubles, toute la dotation des ministres des cultes, ainsi qu'une grande partie de celle de la Couronne; et pour donner des majorats, aux membres actuels de la Chambre des pairs, qui n'ont pas des revenus suffisans.

Utilité de ces mesures pour réparer, du moins en partie, les déplorables erreurs qui ont été commises, en matière de finances, dans ces dernières années.

L'ART. 9 de la Charte consacre à jamais l'inviolabilité des ventes qui ont été faites, sous le titre de propriétés nationales, des biens ayant appartenu à la Couronne, au clergé, aux condamnés, aux hôpitaux, et aux Émigrés. Les lois qui avaient déclaré ces biens nationaux, et qui n'ont eu que trop de modèles, chez les autres peuples, et même dans notre propre histoire, furent incontestablement injustes, tyranniques, spoliatrices. Il ne s'en suit cependant pas que l'on puisse incriminer ceux qui s'en sont rendus acquéreurs. Ces lois avaient été certainement inspirées par la haine et la vengeance, mais elles avaient été portées par les mêmes autorités, avec les mêmes formes, et elles présentaient extérieurement les mêmes caractères de régularité qu'une foule d'autres lois qui existent encore, et qui nous régiront vraisemblablement long-temps. Il serait donc possible, et, dès lors, il est convenable de penser qu'un grand nombre d'acquéreurs des biens dits nationaux, adoptant les lois telles qu'elles ont été rendues, sans en considérer le but, sans en examiner les motifs, aient acheté ces biens, simplement parce qu'ils étaient en vente. Lorsque, pour satisfaire l'avarice d'un impitoyable créancier, nos lois et nos tribunaux exproprient son débiteur, infortunée victime de l'usure, l'adjudicataire de ses biens n'est nullement regardé comme complice de ce que cette expropriation peut avoir d'injuste au fond. Ce serait donc manquer, peut-être de prudence, et sûrement de charité, que de ne pas envisager, sous un point de vue pareil, les acquéreurs de biens nationaux. Quand il serait vrai, au surplus, que des acquéreurs de biens nationaux eussent partagé les sentimens des législateurs qui en avaient prononcé la confiscation, on devrait admettre encore qu'exaltés par les idées du temps, ou entraînés par les circonstances, ces acquéreurs aient cru ne pas mal faire.

Quoi qu'il en soit, les anciens propriétaires des biens nationaux sont si peu nombreux en comparaison de ceux qui les possèdent aujourd'hui, et ces biens ont passé, depuis près de 30 ans que la vente en a été faite, en tant de mains différentes, soit par succession, soit par des ventes et des reventes ou des échanges, etc., qu'il serait désormais impossible de les retirer des mains de ceux qui en jouissent. D'un autre côté, ces nouvelles propriétés ont acquis un tel caractère, soit par des partages et des licitations, soit par des constitutions de dot et des affectations d'hypothèques, etc., que, quand bien même il serait possible d'en opérer le retrait, on ne devrait pas le faire. Les rédacteurs de la Charte ont donc été très-sages en y insérant l'art. 9 à l'effet de maintenir et de consacrer les ventes des biens aliénés comme nationaux; mais, en s'abstenant d'assurer, en même temps, des indemnités à ceux des anciens propriétaires, à qui il n'en avait pas encore été donné, ils ont manqué et de justice, et de politique.

Si une raison supérieure, si un véritable patriotisme commandent de ne pas mettre aux prises, les intérêts d'une partie des citoyens, avec les intérêts des autres, disait l'Orateur Romain, au sujet de la conduite tenue par Aratus après la restauration de la liberté de Sycione sa patrie, la même raison, le même patriotisme commandent aussi de ne pas les sacrifier les uns aux autres, mais de les concilier avec une équité qui les satisfasse tous, et, suivant M. le marquis de Lally-Tolendal, c'est parce qu'Aratus sut remplir ce double objet, que Cicéron lui décerna le titre de véritablement grand homme. C'est cet exemple tout entier, que les rédacteurs de la Charte auraient dû imiter.

Les Chambres ont indemnisé la Couronne, de la perte de ses biens, le Gouvernement impérial avait indemnisé le clergé, le Gouvernement directorial avait indemnisé les hôpitaux, et la Convention, la Convention elle-même avait indemnisé les héritiers des condamnés. Comment, à la restauration, n'a-t-on pas indemnisé les Émigrés? Cet acte de justice n'était-il pas prescrit par toutes les considérations les plus impérieuses? La spoliation des Émigrés n'avait-elle pas été une iniquité manifeste? Un grand nombre d'entre eux n'avaient quitté la France, et ne s'en étaient éloignés que par la crainte, assurément trop fondée, des persécutions et des dangers auxquels ils y étaient exposés. Les insurrections, les pillages, les incendies, les meurtres, dont toutes nos provinces ont si long-temps offert le triste spectacle, ne les justifient que trop d'avoir été chercher ailleurs leur sûreté et leur repos.

Beaucoup d'autres Émigrés sortirent du royaume, pour les mêmes raisons, mais dans d'autres vues. Indignés de voir leur pays en proie à une si horrible anarchie, et sachant d'ailleurs que la plus grande partie de la nation, subjuguée par la terreur, les appelait à sa délivrance, ils s'armèrent contre la révolution, et, ne pouvant pas se réunir au dedans, ils allèrent se rallier au dehors, sous les drapeaux de nos Princes, pour revenir la combattre. On leur a reproché depuis d'avoir marché contre ceux de la patrie. Mais, si la patrie réside dans les institutions qui protégent les habitans, plus que dans le territoire qui les rassemble, où donc était alors la patrie, pour les Français? Était-elle avec cette Assemblée constituante qui avait usurpé la souveraineté, et détrôné Louis XVI? Était-elle avec cette Assemblée législative qui avait jeté dans les fers le meilleur des Rois et sa famille? Était-elle enfin avec cette Convention qui les assassina? Tout bon Français doit dire que la patrie n'était pas plus avec ces assemblées, qu'elle ne se trouvait, au commencement du XVe siècle, avec les Bourguignons et le parlement qui avaient proscrit Charles VII et proclamé Roi de France, à sa place, Henri VI Roi d'Angleterre, ou, à la fin du XVIe, avec les ligueurs et le parlement qui avaient aussi proscrit Henri IV et proclamé

Roi de France, à sa place, sous le nom de Charles X, le cardinal de Bourbon. Au surplus, oserait-on bien aujourd'hui, sous la restauration, blâmer ceux qui, poussés par l'honneur et la fidélité, émigrèrent alors pour aller se ranger sous les drapeaux des frères de Louis XVI ? Ils le firent, pour remplir les sermens qui les attachaient à la dynastie, pour répondre à la voix de celui qui règne aujourd'hui sur la France, et, puisque la Providence l'a enfin rétabli sur le trône de ses ancêtres, cela seul légitimerait leur conduite.

Toutefois, cette conduite que tinrent alors les Émigrés ne devait paraître ni moins juste, ni moins digne d'éloge, avant la restauration, et elle n'aurait pas été moins admirable, indépendamment de cet événement. Sur ce point, on ne recusera sûrement pas l'un des plus habiles politiques qui ait jamais existé, l'usurpateur heureux du plus grand empire du monde, l'empereur Auguste. En parlant des Romains qui avaient combattu à Pharsale, et qu'il y avait vaincus, il reconnut, et déclara lui-même que « Quiconque s'oppose au changement du Gou« vernement actuel de l'État, est un bon ci« toyen et un honnête homme (1). »

(1) Quisquis præsentem statum civitatis, immutari non volet, et civis et vir bonus est. (Macrob. Saturn.)

Mais, quand bien même la justice ne commanderait pas d'indemniser les Émigrés, ne devrait-on pas le faire par politique? Ne devrait-on pas le faire au moins par humanité?

Malgré toutes les mesures qui ont été prises pour assurer l'inviolabilité des acquisitions des biens des Émigrés, et malgré la loi du 9 novembre 1815, qui fut portée, par cette célèbre Chambre de 1815 elle-même, pour regarder et pour punir comme séditieux, ceux qui répandraient ou accréditeraient des bruits propres à alarmer les acquéreurs, ces biens n'ont pas repris leur valeur. Partout, on continue de les distinguer des biens patrimoniaux. Et il en est de même encore, après 150 ans, des biens qui furent confisqués sur les Jacobites, en Angleterre, à l'époque de l'expulsion des Stuarts.

La confiscation des biens dits nationaux, mais principalement des biens des Émigrés, a ébranlé toutes les propriétés. Le mot même de propriété a perdu sa véritable signification. Il n'exprime plus, comme autrefois, ce qu'il y a de plus sacré et de plus inviolable. Indemniser les Émigrés, de la perte de leurs biens, ce serait donc réhabiliter et ces biens et ceux des autres origines. Ce serait les replacer tous sous la sauvegarde générale, sous la foi même de la morale publique.

Ce serait insulter à la nation que d'invoquer

sa pitié, soit pour ces Émigrés qui n'eurent d'autre tort que d'avoir été chercher dans des pays étrangers, des asiles contre les troubles et les persécutions qui rendaient dangereux et insupportable, le séjour de leur propre pays, soit pour ces autres Émigrés de toutes les classes, que le dévouement et l'honneur arrachèrent des rangs de l'armée, ou du fond de leurs provinces, et du sein de leurs familles, pour aller porter des secours à des Princes dont ils n'avaient jamais partagé ni la puissance, ni les faveurs, soit même encore pour ceux d'entre eux qui, pouvant réclamer l'application des lois rendues, dans les derniers temps, en faveur des Émigrés, préférèrent s'associer à la destinée de ces Princes, et se condamnèrent, pour ainsi dire, volontairement, à l'exil, suivant les belles expressions de M. le duc de Tarente, pour ne pas déserter la cause du malheur. Toutefois, s'il fallait s'adresser à la générosité de la nation, on lui dirait que la France ne doit pas rester au-dessous de cette nation étrangère (l'Angleterre) qui dépensait, tous les ans, plusieurs millions, pour pensionner les Émigrés de tous les sexes et de tous les âges. On lui dirait de faire au moins, pour des Français, nos parens, nos amis, ou nos voisins, qui ont été fidèles à nos Princes, ce qu'elle a fait pour des Espagnols qui nous étaient inconnus, et qui avaient servi un usurpateur contre leur Roi et leur pays (1). On lui dirait qu'elle a raison d'ambitionner la gloire de passer pour hospitalière, mais que, pour mériter cette gloire, il ne suffit pas qu'elle soit bienfaisante envers les étrangers, qu'il faut aussi qu'elle ne reçoive pas, avec une stérile pitié, ses propres enfans, surtout après qu'ils ont été injustement dépouillés, à son profit et en son nom, par ses soi-disant représentans. On lui dirait, en outre, d'accorder cette indemnité, aux vœux mêmes d'une foule d'acquéreurs de biens d'Émigrés, qui, ayant le désir de les leur remettre, n'en ont été détournés, jusqu'ici, que par la crainte de voir tomber leurs familles dans la misère, et qui s'empresseraient de le faire, dès qu'ils pourraient compter de recevoir, en échange, cette indemnité. On lui dirait, enfin, de l'accorder aux vœux d'une multitude de familles qui ont été ruinées par le refus atroce qu'on a fait de les rembourser de leurs créances sur les Émigrés, et qui vraisemblablement se trouveraient recueillir une aussi grande part, dans cette indemnité, que les Émigrés eux-mêmes.

---

(1) Il n'y a jamais eu d'article, dans notre budget, pour les Émigrés français que la révolution a ruinés, tandis qu'on y a porté jusqu'à 2 millions, par an, pour les Espagnols qui avaient pris le parti de Joseph Buonaparte.

Au fond, quelque divers que soient et nos opinions politiques et nos sentimens particuliers, est-il quelqu'un, parmi nous, qui osât soutenir que l'on ait dû comprendre dans une même mesure, et traiter avec une rigueur égale, tous les Émigrés, et ceux qui étaient allés se ranger sous les drapeaux des Princes, pour revenir faire la guerre en France, et ceux qui n'avaient pas pris les armes, et ceux qui n'étaient pas même en état de les porter, tels que les vieillards, les infirmes, les femmes et les enfans? Tout le monde conviendra sûrement qu'il fallait faire des distinctions, mettre des différences entre ces diverses classes d'Émigrés, et que si, en portant au plus haut point d'exagération les maximes révolutionnaires, on se croyait en droit de confisquer les biens des Émigrés qui avaient pris les armes, on ne pouvait confisquer tout au plus qu'une partie des revenus des biens des autres; qu'on ne pouvait rien confisquer à ceux qui, n'ayant jamais quitté la France, avaient été inscrits et maintenus sur la liste des Émigrés nonobstant toutes leurs réclamations; et qu'on ne pouvait pas davantage, enchérissant sur les fureurs des discordes civiles de l'ancienne Rome, priver les enfans des Émigrés, des alimens que ses tyrans eux-mêmes laissaient aux fils des proscrits. Cependant les mêmes mesures, et les mêmes rigueurs ont été déployées contre tous ceux généralement qui étaient portés sur la liste des Émigrés, sans distinction d'état, d'âge, ni de sexe, sans jugement ni examen préalables, et même malgré les exceptions positives et les réclamations réitérées de ceux qui en étaient les victimes. On prétend excuser aujourd'hui ces barbares injustices, en disant qu'alors il était impossible, ou qu'il aurait été impolitique d'établir des classifications dans les peines, et des formalités dans leur application. Soit. Mais comment ceux qui ne craignent pas d'alléguer la raison d'État, comme ayant prescrit alors de pareilles injustices, comment, dis-je, pourraient-ils ne pas admettre la raison d'État qui exige aujourd'hui que ces injustices soient enfin réparées?

Changeant habilement de tactique, les adversaires des Émigrés rappellent ici, avec une douleur affectée, tous les malheurs que la révolution a causés. Ils énumèrent longuement les diverses et nombreuses classes de Français qu'elle a ruinées; ils racontent qu'elles ont été dépouillées, les unes, par les lois qui ont aboli les droits féodaux; d'autres, par les lois qui ont autorisé le remboursement des dettes en papier-monnaie; celles-là, par les lois qui ont établi le maximum; celles-ci, par les lois qui ont supprimé les deux tiers de la dette publique, etc.; ensuite, s'apitoyant d'un air hypocrite sur tant d'infortunes, ils supputent qu'il faudrait des sommes énormes pour les indemniser toutes, et, comme cela serait impossible, ils en viennent à conclure qu'on ne doit pas indemniser les Émigrés.

Il est étrange assurément de se refuser à réparer une seule des injustices qui ont été commises, sous le prétexte qu'on ne peut pas les réparer toutes. Comme si, dans un tel cas, il n'était pas permis de faire une distinction entre elles, et de réparer la plus criante! Mais la Religion, l'honneur, et la loi distinguent bien entre les dettes des particuliers et les classent diversement pour être payées les unes préférablement aux autres. Pourquoi donc n'en serait-il pas de même des dettes de l'État? Et, dès lors, parmi toutes celles qui ont été payées, ou qui sont encore dues, pourrait-on en citer quelqu'une qu'il soit plus juste, plus politique, et plus urgent de payer, que l'indemnité d'une spoliation commise en son nom, pour son compte, et par ceux qui le gouvernaient? Ce qui certes est bien plus étrange encore, c'est de voir que ceux qui nient la justice ou la nécessité de payer cette dette, sont précisément ceux-là même qui ont demandé d'être payés pour avoir servi, pendant les cent jours, contre les Bourbons, ou qui ont soutenu qu'il était juste que ces sortes de créances fussent acquittées.

Il serait superflu d'insister plus long-temps sur ces observations. Aussi-bien, pour répondre directement à l'objection et la détruire, il suffira de faire remarquer que les dettes, que l'on serait fondé à réclamer de l'État, à cause de toutes les autres différentes injustices qui ont été commises, ne sont pas comparables à sa dette envers les Émigrés. En effet, les lois qui ont produit celles-là, ont frappé les individus, qui en ont souffert, d'une tout autre manière que les lois dont les Émigrés ont été les victimes. Les lois sur les droits féodaux, sur le papier-monnaie, etc., furent rendues en faveur d'individus dont elles supprimaient les dettes, ou en facilitaient la libération, tandis que les lois sur les Émigrés ont été rendues exclusivement en faveur de l'État. Celles-là spoliaient quelques particuliers, au profit d'autres particuliers; celles-ci, au contraire, spoliaient les Émigrés au profit de l'État. Il y a, sans contredit, un peu plus d'analogie entre la suppression des deux tiers des rentes dues par l'Etat, et la confiscation des biens des Émigrés, mais la ressemblance n'est cependant pas tout-à-fait exacte. La spoliation des créanciers de l'État, à qui on a conservé un tiers de leurs rentes, et à qui on a donné, en outre, des bons de quelque valeur, pour les deux autres tiers, n'a été conséquemment ni entière, ni complète, comme celle des Émigrés dont on a confisqué la totalité des biens. D'un autre côté, la spoliation des rentiers a porté sur des biens mobiliers et qui, par cela même, se sont trouvés anéantis et ont disparu aussitôt.

La spoliation des Émigrés, au contraire, en s'opérant sur des biens immobiliers qui ne cessaient pas, pour cela, d'exister, et en s'effectuant par le déplacement violent des anciens propriétaires, a laissé survivre les monumens de sa propre iniquité, et n'a fait que la rendre plus manifeste et plus criante. L'oubli a pu atteindre, et a déjà atteint, en effet, celle-là, mais il ne saurait de long-temps effacer l'autre, et tant que celle-ci subsistera, elle sera une source de discordes et de troubles. Si donc on ne peut pas réparer toutes les injustices de la révolution, il faut du moins distinguer celle-ci, et la faire cesser.

Au reste, ce n'est point une indemnité complète et intégrale que je demande pour les Émigrés. Je ne demande pas davantage qu'ils soient, plus que les autres Français, dédommagés ni de la suppression de leurs droits féodaux, ni du remboursement de leurs créances en papier-monnaie, ni de l'incendie de leurs châteaux, ni de la dévastation de leurs autres propriétés. Qu'ils partagent, sur tous ces points, le sort des autres Français, cela est juste; mais pour les biens que l'État a confisqués, et dont le prix a tourné à son profit, qu'ils soient du moins assimilés aux anciens rentiers de l'État, et qu'en subissant encore, comme eux, la suppression des deux tiers de leurs créances, ils soient aussi, comme eux, liquidés et inscrits au grand-livre, pour le montant de l'autre tiers, et des intérêts à partir de l'époque où ils ont été dépouillés.

On va vraisemblablement opposer la détresse actuelle du Trésor. C'est cependant ici que l'on peut dire, avec toute vérité, que la réparation d'une injustice est toujours une économie. Certainement, si la réparation de celle-ci avait eu lieu, en 1814, la plus grande partie des malheurs qui ont affligé la France, depuis cette époque, auraient été prévenus. Au fond, ne serait-il pas ridicule que l'on fît une pareille objection à des Émigrés qui ne se sont ruinés que pour la Monarchie, et qui seraient heureux d'être remboursés, en rentes *réduites au tiers*, de la valeur des biens qu'on leur a enlevés, tandis que l'on voulait payer, *en rentes au cours* (1), les fournisseurs des cent jours, et tous ceux qui ont servi l'usurpateur, pendant cette funeste période, et qui, par cette forfaiture, ont eux-mêmes amené la détresse du Trésor ?

Si on avait inféré de ce que j'ai dit, que la Couronne et le clergé ont été indemnisés, comme les hôpitaux, de la spoliation de leurs propriétés, je me serais mal exprimé. A la vérité, on a indemnisé les hôpitaux de la perte de ceux de

---

(1) Les reconnaissances de liquidations, qui leur ont été données en paiement, étaient remboursables en numéraire, ou en *Rentes au cours*.

leurs biens qui ont été vendus, en leur donnant d'autres domaines, en échange; mais, quant à la Couronne et au clergé, on n'a fait que leur accorder des traitemens, et, pour la dignité du trône et de l'autel, ce n'est nullement la même chose. Un Roi salarié, et des prêtres salariés, ne peuvent guère désormais être, pour le peuple, ou du moins il est à craindre qu'il ne les considère plus que comme des mercénaires à ses gages, et qu'il ne se croie en droit de les traiter de même.

Salariées par l'État, la Royauté et la Religion sont d'ailleurs, par-là, exposées à toutes les chances des événemens politiques et des embarras du Trésor. La Religion, particulièrement, se trouve ainsi dépendre, pour la subsistance de ses ministres, des caprices du Gouvernement, et de la mauvaise volonté de ses agens. De cette manière, aussi, il deviendrait trop facile, au Gouvernement, d'influer sur les ministres des autels, et d'en faire des commissaires de l'autorité. Or, c'est là un danger auquel on reconnaîtra généralement qu'il est très-important de se soustraire, puisque M. Etienne lui-même a dit, dans la session de 1820 : « Malheur à un pays où les passions du pouvoir pénètrent dans le sanctuaire, et où la Religion, ce bienfait du Ciel, n'est plus regardée que comme un instrument politique et un moyen de Gouvernement. »

De cette manière, enfin, la Religion et la Royauté, qui ne devraient cependant jamais se présenter, aux yeux du peuple, que tout environnées de charmes, et répandant autour d'elles, les consolations, les espérances, et les bienfaits, ne s'y montrent, au contraire, que sous la forme odieuse d'un impôt, puisqu'elles figurent, dans le budget, comme des charges.

Le sacerdoce fut riche, puissant, et sacré chez les païens. Il l'est encore chez les protestans, et chez les musulmans. Pourquoi donc continuerait-il d'être, dans un pays catholique, mercenaire et salarié ? Montesquieu pensait qu'il était nécessaire que le clergé eût un domaine, et que ce domaine fût fixe et éternel comme lui. Cela est bien plus nécessaire actuellement que la propriété foncière est devenue le premier élément de la considération. La Religion doit donc être propriétaire de fonds, si on veut qu'elle soit respectée, et il doit en être de même de la Royauté.

Dira-t-on que les fonctions du trône, et le service de l'autel demandent tout le temps du Prince, et tout le temps du prêtre ; qu'il faut, en conséquence, les délivrer, le plus que cela se peut, des embarras domestiques ? Mais Charlemagne, dont les conquêtes formèrent le plus grand empire qui ait existé, depuis les Romains, savait bien, en même temps, remplir, dans toute leur étendue, les devoirs d'un Roi envers ses peuples, et pourvoir encore à ce que les herbes de ses jardins fussent vendues pour son compte. Dans un royaume moins étendu, et sous le régime constitutionnel, non-seulement nos Rois pourraient facilement s'occuper de l'administration de leurs domaines particuliers, mais encore il serait véritablement à désirer qu'ils en eussent de diverses natures et dans toutes les parties de la France. Les manufactures des Gobelins, de la Savonnerie, de Sèvres, et de Beauvais, ont été comprises dans la dotation de la Couronne, parce qu'on a senti que la munificence royale pouvait seule conserver des établissemens aussi éminemment utiles à notre industrie, par les modèles qu'ils lui offrent. Les mêmes considérations auraient dû inspirer aussi d'affecter à cette dotation de la Couronne, le plus de biens-fonds qu'il était possible, dans l'espoir que les fermes qu'elle posséderait, seraient pareillement les mieux entretenues, et les mieux exploitées, et qu'elles offriraient ainsi, à notre agriculture, les exemples les plus propres à la conduire vers la perfection.

Quant au clergé, n'est-ce pas lui qui a défriché nos forêts, planté nos vignes, et enrichi notre sol, et de l'abeille et de l'olivier, et d'une foule d'animaux et d'arbres étrangers également utiles et agréables ? Il pourrait encore, sous ce rapport, rendre les plus grands services, et contribuer puissamment à faire prospérer notre agriculture. Que les ministres de la Religion redeviennent donc enfin possesseurs de biens ruraux où ils puissent se reposer des travaux de l'apostolat, par le plaisir de cultiver des fleurs, de tailler des arbres, de diriger des travaux champêtres. Qu'ils servent, en même temps, sur ce point, comme sur d'autres, de conseils et d'exemples à leurs paroissiens; qu'ils partagent aussi, avec eux, et les mêmes chances, et les mêmes sollicitudes, et quelquefois les mêmes afflictions que leur causent les intempéries des saisons, les gelées, les grêles, et les autres fléaux auxquels la terre est sujette.

Dira-t-on que la politique demande que la Religion et la Couronne ne soient plus propriétaires? Il serait trop long d'approfondir, dans un simple essai, une question aussi vaste. Je me bornerai donc à dire qu'elle est définitivement décidée, pour nous, puisque la doctrine contraire a été consacrée, en fait, relativement à la Couronne, par la loi du 8 novembre 1814, qui l'a dotée de plusieurs propriétés foncières, et, en principe, relativement à la Religion, par la loi du 25 mars 1817, qui a mis à la disposition du Gouvernement, des forêts, jusqu'à concurrence d'un revenu net de 4 millions, pour être affectées à la dotation du clergé.

On n'opposera sûrement pas ici l'exemple de l'Angleterre. Les Anglais, en effet, n'ont pas dépouillé la Couronne et l'autel, pour leur faire ensuite des traitemens en argent. Dans toutes leurs révolutions, pourtant si fréquentes et si diverses, ils ont constamment respecté les propriétés du clergé, et s'ils ont fixé une liste civile, en argent, à leurs Rois, pour soutenir la dignité de la Couronne, c'est parce que les Rois d'Angleterre n'avaient pas de quoi y subvenir par eux-mêmes. Car il n'en a pas été de ces Rois, comme des Rois de France qui, en montant sur le trône, avaient apporté des biens qui leur appartenaient en propre, et dont les revenus étaient fort au-dessus de la liste civile qui leur a été accordée.

Les anciens domaines de la Couronne et du clergé ayant été tous vendus, il est certain que l'on a fait beaucoup, pour réparer cette spoliation, en leur assignant des traitemens en argent; mais on aurait pu faire mieux encore. Ces traitemens, étant annuels, et devant être perpétuels, forment, par rapport au Trésor, des espèces de rentes. On pouvait donc, sans aggraver les charges de l'État, rendre ces traitemens plus honorables et plus avantageux pour la Royauté et pour la Religion, en les convertissant en de véritables rentes, et en leur donnant la faculté de les employer à acquérir, par voie d'échange ou autrement, des immeubles. Pour prévenir tous les abus, en ce qui concerne le clergé, il n'aurait plus fallu, comme la loi du 8 novembre 1814, l'a fait relativement à la Couronne, que régler, d'une part, les conditions et les formes de ces échanges, de manière à garantir que les biens-fonds acquis produiraient un revenu net égal à celui des rentes cédées, et, d'une autre part, le mode d'administration des bénéficiers, ainsi que le genre de surveillance du Gouvernement, de manière à assurer la conservation de ces biens.

Il est hors de doute qu'une grande partie des rentes du clergé seraient bientôt employées en achats de biens-fonds, par les soins que prendraient, soit des âmes pieuses, soit les ministres de la Religion eux-mêmes, de suppléer, de leurs propres deniers, à l'insuffisance du prix vénal des rentes, et même d'ajouter à leur valeur nominale, aux dépens de leur patrimoine personnel.

Les revenus du clergé, dans l'ancien régime, étaient assujettis à l'impôt, sous le nom de décimes, et contribuaient aux dépenses de l'État, à titre de don gratuit. Les traitemens actuels du clergé sont et doivent être incontestablement affranchis de tout impôt, comme ceux des autres salariés de l'État; mais il n'en serait plus de même lorsqu'ils auraient été convertis en rentes, et ces rentes en biens-fonds. Les mutations qui s'opéreraient de ces biens-fonds, seraient, en effet, sujettes aux mêmes droits d'enregistrement, que les mutations des autres biens-fonds des particuliers. La conversion des traitemens du clergé en rentes, et de ces rentes en domaines, aurait donc cet avantage qu'elle les ferait contribuer aux charges de l'État.

La conversion de la dotation de la Couronne, et de la dotation du clergé, en rentes sur l'État, aurait encore un autre avantage pour le Trésor, c'est que ces rentes, à mesure qu'elles seraient employées en acquisitions de biens-fonds, tomberaient dans le commerce, et deviendraient ainsi susceptibles d'être rachetées comme les autres rentes. Par conséquent, la liste civile et la dotation du clergé se trouveraient amorties, dès ce moment, par anticipation, comme la dette publique; et, comme cette dette publique aussi, elles le seraient effectivement, dans une trentaine d'années d'ici.

Il a été déjà dit, au sujet de la Chambre des pairs, § IV, chap. XI, que beaucoup de pairs n'ont pas cette fortune qui garantit l'indépendance, ni même celle qui leur serait absolument nécessaire pour soutenir convenablement leur dignité, que cet inconvénient disparaîtra avec le temps, mais que, jusque là, nous ne jouirons pas entièrement des bienfaits de l'institution de la Pairie, et on a ajouté que ce serait, par conséquent, une mesure très-avantageuse que de former, dès ce moment, aux dépens du Trésor, des majorats en faveur des pairs qui n'ont pas de revenus, ou qui n'en ont pas de suffisans; on fera observer ici que cette mesure pourrait encore être réalisée, sans accroître les charges du Trésor. Un fonds annuel d'environ 2 millions est affecté à donner des pensions aux pairs qui manquent de fortune. Il ne faudrait que convertir ces pensions en rentes, et autoriser les pairs, auxquels elles auraient été distribuées, à les employer en acquisitions de biens immeubles reversibles à l'État, à défaut d'héritiers mâles en ligne directe. Une telle disposition produirait d'ailleurs les mêmes heureux effets que celles qui ont été déjà proposées concernant la liste civile de la Couronne et les traitemens du clergé.

La conversion de la liste civile de la Couronne, des traitemens du clergé, et des pensions des pairs, en rentes sur l'État, aurait, en outre, cet avantage que, sans addition de charges, elle créerait et ferait ressortir un nouveau et immense capital qui, en augmentant la masse des valeurs en circulation, ajouterait aux moyens de reproduction, et donnerait plus d'aliment et d'activité au mouvement général des affaires.

Il résulterait encore de cette conversion de la liste civile de la Couronne, de la dotation du clergé, et de celle des pairs, en rentes sur l'État, ainsi que du paiement de l'indemnité des Émigrés, en valeurs de ce genre, un avantage politique immense. Chaque évêque, chaque curé, et chaque desservant aurait désormais sa rente sur l'État. Chaque Émigré aurait aussi la sienne, et il en aurait cédé une partie à ses créanciers, comme les évêques, les curés, les desservans, les pairs et la Couronne elle-même auraient transmis, de leur côté, une partie de leurs rentes, aux vendeurs des biens qu'ils auraient acquis. Étant, dès-lors, disséminées par toute la France, et placées entre les mains de personnes intéressées à les accréditer et possédant une influence propre à en soutenir le cours, les rentes reprendraient et conserveraient mieux toute leur valeur.

Par-là, se trouveraient réparées aussi, du moins en partie, les déplorables erreurs qui ont été commises, en matière de finances, dans ces dernières années.

Les événemens des cent jours, et le traité du 8 novembre 1815, avaient soumis la France, à payer, pendant cinq ans, 140 millions de contributions de guerre, et, en outre, pendant trois ans, 130 millions, pour les frais de l'armée d'occupation. Après avoir fixé les dépenses ordinaires et permanentes de l'État, y compris 20 millions pour la dotation de la caisse d'amortissement, à . . . . 546,000,000 fr.
et les recettes permanentes, à. . 570,000,000

c'est-à-dire, à. 24,000,000
en sus des dépenses ordinaires, le budget de

1816, pour subvenir au paiement annuel des 270 millions de la contribution de guerre, ou des frais de l'armée d'occupation, avait créé des impositions extraordinaires, et ajouté temporairement des centimes aux contributions directes, ou élevé les tarifs des droits-réunis, de l'enregistrement, et des douanes, de manière à leur faire produire, à peu près, cette somme de 270 millions. Par conséquent, à la fin de 1818, où a cessé l'occupation du territoire, les dépenses extraordinaires auraient dû être réduites de 130 millions, et, à la fin de 1820, où a cessé également la contribution de guerre, ces impositions extraordinaires auraient dû être entièrement supprimées. Cependant, elles ont été, presque toutes, prorogées, et elles paraissent devoir être indéfiniment maintenues, car, deux ans après, dans le budget de 1822, les dépenses de l'État, se trouvent portées brut,

à	902,000,000 fr.
et, déduction faite de	132,000,000
pour frais de régie, de perception, etc., à	770,000,000
au lieu de	546,000,000
c'est-à-dire, à	224,000,000

de plus, qu'en 1816 (1).

Cette augmentation de dépense est principa-

(1) Dans le budget de 1823, les dépenses sont portées à une somme à peu près pareille, à 905,206,653 fr.

lement due au fatal système, qui a été adopté alors, de vendre des rentes, et à l'abus qui en a été fait depuis.

Comme la loi des finances de 1816, n'avait été rendue que le 28 avril de cette année, pour suppléer au déficit qui pouvait résulter d'un tel retard, cette loi, entre autres ressources extraordinaires, ouvrit aux Ministres un crédit de 6 millions de rentes, et, cet expédient ayant été trouvé commode, les Ministres demandèrent et obtinrent successivement, par la loi du 25 mars 1817, un second crédit de 30 millions de rentes, et, par celles des 6 et 15 mai 1818 et 14 juillet 1819, divers autres crédits montant à 51,558,517 fr. de rentes. Pour soutenir le cours, contre toutes ces émissions qui s'élevaient ensemble à 87,558,517 fr. de rentes, il a fallu porter la dotation de la caisse d'amortissement, de 20 millions, à 40 millions, et de tout cela il est résulté que le budget de la dette, en rentes, s'élève, lui seul, à 241,830,266 (1), et qu'il forme ainsi presque le tiers du montant des charges de l'État.

Les atteintes nombreuses portées à la foi publique, dans la révolution, et surtout la réduction, au tiers, des rentes sur l'État, ordonnée par la loi du 9 vendémiaire an 6, avaient dé-

(1) Voir la loi du 17 août 1822, relative à la fixation du budget 1823.

goûté tout le monde, de ces sortes de créances. Les provinces se défirent de toutes les inscriptions qu'elles possédaient, et les rejetèrent sur la place de Paris, où elles tombèrent à vil prix, et où les capitalistes ont pu les acheter à 7, à 6 pour cent, et même pour une seule année du revenu. Depuis, les Gouvernemens directorial, consulaire, et impérial, adoptèrent l'usage de mettre, de temps en temps, les fournisseurs, à l'arriéré, et de les payer en rentes; mais ceux-ci, ayant eu soin de s'arranger de façon à ne pas être dupes d'un tel mode de paiement, n'ont reçu véritablement qu'à un prix également bien au-dessous de leur valeur nominale, les inscriptions qu'on les a forcés de prendre pour du numéraire. Enfin, les 87,558,517 fr. de rentes, qui ont été mises à la disposition des Ministres, sous le Gouvernement royal, ont été pareillement négociées, sur la place, ou livrées, à des capitalistes, à des prix pareillement très-désavantageux. On peut donc affirmer, et il serait même facile de prouver que les rentes ne reviennent pas, les unes dans les autres, à ceux qui les ont acquises, à 60 pour cent. Ils en ont eu, par conséquent, les deux cinquièmes pour rien, et, en déduisant l'intérêt légal de 5 pour cent pour les fonds qu'ils ont réellement employés à les acquérir, ils se trouvent jouir ainsi, gratuitement, de 75 millions de rentes au capital de 1500 millions!!!

Pour faire juger des énormes bénéfices qu'ont dû faire les capitalistes acquéreurs de rentes, il suffira de citer l'exemple suivant.

Sur les 30 millions de rentes créées par la loi du 25 mars 1817, il en a été cédé 10 millions, à MM. Hope, Baring et Lafitte, à des conditions telles que, suivant les calculs faits alors par M. de Villèle, elles ne leur ont coûté que 50 pour cent; de sorte que, pour 100 millions en numéraire, ces banquiers, ou leurs cessionnaires, sont devenus créanciers de l'État, d'un capital de 200 millions en rentes. Ils en ont retiré, en 5 ans, pour intérêts ci. . . 50,000,000 fr.

Ils ont pu les vendre, depuis et pendant près d'un an, au cours de 91 et même de 94 fr., mais soit seulement au cours de 91 fr. pour cent, ci.	182,000,000
Total.	232,000,000
Ainsi, prélèvement fait du montant de leur déboursé ci. . . . . . 100,000,000 fr., et de l'intérêt légal de ce déboursé, pendant 5 ans, à 5 pour cent, ci 25,000,000	125,000,000
Ils ont gagné, en cinq ans. .	107,000,000

ce qui fait plus que le double de leur capital déboursé.

Tel est le prix auquel, en 1817, les capitaux étrangers sont venus se placer dans les fonds de France ! Eh ! cela pourra-t-il se croire, on s'est félicité, en 1818, de cet événement, comme d'une grande conquête ! Le Ministre des finances de cette époque, en parlant du marché qu'il avait fait avec MM. Hope, Baring et Lafitte, a osé même se glorifier, à la tribune, d'être ainsi parvenu à faire figurer, dans les emprunts français, les plus beaux noms des places de commerce de Londres et d'Amsterdam ! Ce Ministre était, dit-on, un honnête-homme. Je n'ai garde de le révoquer en doute, mais il n'en est pas moins vrai que, par ses déplorables opérations financières, et particulièrement par ses marchés avec MM. Hope et Baring, il a forgé de nouvelles chaînes, à notre malheureuse patrie, et qu'au moment où elle allait enfin échapper au joug imposé par les armes des étrangers, il l'a asservie au joug, plus honteux encore, de leurs capitaux. Car les étrangers, au moyen des capitaux qu'ils ont employés à acheter nos rentes, à si bas prix, peuvent désormais, à leur gré, ou nous débiliter lentement, d'année en année, par l'extraction répétée des gros intérêts qu'elles produisent, ou nous épuiser, un jour, soudainement, par le rappel subit de ces capitaux, et l'extraction simultanée des énormes primes que la hausse y aura attachées.

L'abandon qui a été fait, également à bas prix, de l'autre partie de ces 87,558,517 fr. de rentes, à des capitalistes régnicoles, a été sans doute une chose fort désastreuse aussi, mais elle ne l'a pas été autant, à beaucoup près, par la raison que ce sont du moins des Français qui ont profité de ces gros intérêts et de ces énormes primes. Les bénéfices qu'ils ont faits, ne sont donc pas sortis du royaume; mais ils ont été enlevés, et c'est, en cela surtout, que le système de vendre des rentes a été fatal, ils ont été enlevés, dis-je, aux contribuables que l'on a ainsi écrasés et ruinés pour enrichir des capitalistes qui non contens, selon la juste remarque de M. de Bricogne, de se soustraire aux charges générales, ont exigé des bénéfices, dans des circonstances qui imposaient à tous des sacrifices.

Par l'effet des fausses mesures qui, d'une part, ont porté la dette annuelle de l'État, en rentes, à 242 millions, et qui, d'une autre part, en ont, par le fait, trop circonscrit le placement, la France a été véritablement divisée en deux nations, celle des capitalistes rentiers, au nombre d'environ 200 mille, qui, pour des prêts, on peut dire, usuraires, ont acquis près du tiers des revenus de l'État, et celle des contribuables propriétaires, au nombre de plus de 6 millions, qui bientôt ne pourront plus, a dit M. Casimir Perrier, continuer d'être leurs fermiers obérés. C'est là ce qui fait qu'à Paris, où les rentiers se trouvent presque tous réunis, le numéraire devient de plus en plus abondant, tandis qu'il devient de plus en plus rare dans les départemens. C'est encore là ce qui fait que l'intérêt de l'argent est à bas prix à Paris, tandis qu'il est très-cher dans le reste de la France. C'est là enfin ce qui fait aussi que l'industrie et le commerce prospèrent à Paris, à cause des dépenses des riches consommateurs (les rentiers) qui y résident, tandis qu'en province, ils ne font que végéter et languir, par suite de l'impuissance, où se trouvent les propriétaires, de leur faire des commandes. Tels ont été les résultats de ce fatal système qui ravit, tous les ans, aux habitans des provinces, les fruits de leurs travaux, pour en gratifier les rentiers de la capitale! On ne peut vraiment concevoir comment le mode d'emprunter, en vendant des rentes de cette manière, a pu être adopté, surtout quand on pense que, pour peu qu'il eût été donné encore d'extension à un pareil système, il aurait fini bientôt par rendre la France semblable à ces êtres rachitiques dont la tête devient monstrueuse, tandis que les autres parties du corps se dessèchent et se paralysent, parce que celle-là est nourrie aux dépens de celles-ci (1).

(1) Dans le discours qu'il a adressé au Roi, le 1er janvier 1822, M. le préfet du département de la Seine s'est exprimé ainsi :

Dans cet état des choses, si le montant des recettes venait à diminuer par l'altération de quelque branche de revenu, ou si une augmentation de dépense était nécessitée, soit par quelque guerre, soit par quelque autre besoin imprévu, si, en un mot, il arrivait, par quelque cause que ce soit, que l'équilibre du budget fût rompu, où trouverait-on des ressources pour le rétablir ? Irait-on demander aux propriétaires

---

« Sire, lorsque les Magistrats de votre bonne ville de Paris viennent, au renouvellement de l'année, vous apporter le tribut de leur amour et l'expression de leurs vœux, ils savent qu'ils ne peuvent vous offrir un hommage plus précieux que le tableau de la prospérité de votre capitale.

« .... Tous les citoyens, heureux sous les lois de Votre Majesté, rivalisent de zèle et d'ardeur pour agrandir, orner, embellir encore cette noble cité.

« Trois cents maisons nouvelles s'élèvent à la fois; dix-neuf cents se réparent et s'embellissent; l'argent, ce mobile de la prospérité, circule, avec rapidité, de la main du capitaliste dans celle de l'ouvrier; l'industrie continue ses merveilles.... »

Quel autre préfet, du moins dans les pays uniquement agicoles, pourrait présenter un tableau si prospère de son département? Et comment s'expliquer, après cela, que le principal de la contribution foncière du département de la Seine, qui était porté dans le budget de 1818, à 9,536,388 fr. ait été réduit, par les budgets de 1819 et 1821, à 6,864,750 fr., et que ce département ait été ainsi dégrevé de plus de 4,000,000 fr. en y comprenant les centimes additionnels?

et aux patentables, de nouveaux sacrifices, leur imposer de nouvelles contributions ? Dans ce cas, ceux-ci ne pourraient-ils pas, en invoquant les dispositions de l'art. 2 de la Charte qui veut que chacun contribue aux charges de l'État en proportion de sa fortune, demander, à leur tour, que les capitalistes, qui jouissent de tant de millions de rentes, sur l'État, acquises à vil prix, soient enfin imposés, comme tout le monde, pour les besoins du Trésor? Cette demande serait, il est vrai, contraire aux promesses faites, et subversive du crédit public, mais elle serait fondée et sur le texte, et sur l'esprit de la Charte, ainsi que sur les véritables principes de la justice distributive, et, dans une telle hypothèse, entre 200 mille capitalistes, d'un côté, qui combattraient cette demande, et 6 millions de propriétaires et de patentables, de l'autre côté, qui la soutiendraient, ne serait-il pas à craindre que le choc des intérêts ne fût terrible? Voilà cependant la situation où nous a placés ce funeste système de vendre des rentes, et plus encore le mode qui a été suivi dans son exécution.

On croira peut-être répondre à cela, d'une manière victorieuse, en disant que les habitans des provinces avaient bien, comme ceux de la capitale, la faculté d'acheter des rentes, et de prendre ainsi leur part des profits qu'elles offraient. Sans doute, les habitans des provinces pouvaient, absolument parlant, acheter des rentes, tout comme les habitans de la capitale; mais il ne serait pas exact de dire, pour cela, que les uns et les autres fussent, à cet égard, dans une position semblable; car, en province, comme à Paris, on ne place généralement ses capitaux, que pour en retirer un intérêt, en attendant le moment de les employer à doter un enfant, à acquérir un domaine, à former un établissement, ou à faire quelque autre chose semblable. On y a donc besoin d'être sûr de retrouver, à ces époques, ses capitaux tout entiers. Or, les habitans des provinces, n'étant pas, comme ceux de Paris, à portée de connaître les événemens qui influent sur le crédit de l'État et qui déterminent à acheter ou à vendre à propos les rentes, ne pouvaient donc pas s'accommoder d'une nature d'effets dont la valeur est variable et susceptible de tomber au-dessous du prix déboursé pour les acquérir.

En admettant, au surplus, que leur répugnance fût l'effet d'un sot préjugé, ou d'une folle résistance, c'était, dans tous les cas, un devoir, pour le Ministère, de lutter contre l'un et l'autre, et de chercher à en triompher. Pour cela, il devait varier, combiner, et régler les emprunts de façon à y attirer spécialement les propriétaires et les patentables de toutes les contrées de la France, et à faire tourner ainsi les gros intérêts et les énormes primes qui y étaient attachés, au profit de ceux sur qui pèsent les charges de l'État. Il devait le faire, quand ce n'aurait été, à défaut de justice, que par politique, afin que ceux qui paient les contributions pussent continuer d'en supporter le poids. Il devait le faire encore, pour associer à la dette publique, les propriétaires et les patentables, pour les intéresser, par là, à son inviolabilité, et lui donner à elle-même, la plus grande garantie que l'on puisse concevoir; il devait le faire, en outre, pour que le crédit public, désormais fondé sur la base la plus vaste et la plus solide, réunît ainsi, à la plus grande stabilité possible, toute cette force reproductive que les circonstances rendaient encore plus nécessaire.

La situation de la France, en effet, pouvait alors, jusqu'à un certain point, être comparée à ces maladies de l'homme qui exigent un régime très-confortatif pour qu'il puisse supporter les opérations douloureuses auxquelles il est soumis. Elle avait besoin d'un système de finances qui la mît à même de payer, sans s'épuiser, les contributions exorbitantes que les étrangers avaient imposées, et qui, pour obvier aux effets désastreux que devait produire, tôt ou tard, l'exportation du numéraire enlevé aux provinces, par les contributions de guerre, lui rendît, sous une autre forme, et sur tous les points du territoire à la fois, ce même numéraire, véritable fluide vital du corps social. Il fallait, en outre, que ce système, en ouvrant une source nouvelle et féconde de crédit et de puissance, mît le Gouvernement en état de pourvoir abondamment à toutes les dépenses que la tranquillité intérieure de la France ainsi que sa dignité et son intérêt au dehors pourraient ultérieurement demander. Ce système devait donc non pas prendre, pour unique champ d'opération, la capitale, mais s'étendre à toute la France. Il devait avoir essentiellement pour base d'y faire participer les diverses contrées et les différentes classes d'habitans du Royaume, et pour objet de restaurer, de féconder, de faire prospérer, sur tous les points, l'agriculture, l'industrie, et le commerce.

Dans divers écrits publiés, à cette époque, on avait proclamé, comme des maximes, que, chez une nation agricole et commerçante, plus l'État emprunte et plus il enrichit sa matière imposable et accroît sa force pour supporter de nouveaux impôts, que sa richesse générale et les impôts marchent et augmentent dans une proportion égale à celle des emprunts, et qu'à mesure que ces emprunts grossissent, les impôts deviennent plus productifs et finissent même par rapporter, au Trésor, sous la forme de tributs, les sommes dont ces emprunts l'avaient grevé, attendu qu'il n'est pas de valeur mise en circulation dont il ne rentre annuellement une partie, dans le Trésor, par l'impôt.

Toutes ces vérités furent démontrées, principalement dans un ouvrage de M. Bricogne, avec une grande supériorité de raison et de talent; mais elles étaient bien mieux justifiées encore par l'exemple de l'Angleterre. Les produits des impôts de cette nation, qui, il y a 30 ans, étaient inférieurs à ceux de la France, avaient triplé depuis, et c'est aussi, parce que l'Angleterre a pu emprunter et qu'elle a emprunté, en effet, dans cet intervalle de temps, plus de 10 milliards, que son agriculture, son industrie et son commerce ont fait de si immenses progrès, que sa richesse et sa puissance se sont élevées à un si haut degré, et que son Gouvernement est parvenu à mettre, dans ses mains, la balance de l'Europe, et le sceptre des autres parties du monde.

D'après ces maximes, et d'après cet exemple, on dut naturellement croire qu'il était bon, qu'il était salutaire, et d'emprunter, et d'imposer. On ne pouvait d'ailleurs se dispenser ni de l'un, ni de l'autre, puisque les besoins du Trésor étaient immenses et urgens. On emprunta donc; mais à la manière des Anglais, c'est-à-dire, en vendant des rentes aux capitalistes, et il ne le fallait pas; d'abord, parce que les circonstances où nous nous trouvions, en France, étaient bien différentes; ensuite, parce que système est essentiellement vicieux, tant que le vente des rentes ne peut pas se faire au pair. On avait déjà imposé directement l'agriculture, l'industrie, et le commerce; on les surimposa encore, et il ne le fallait pas davantage, parce que les principes, et l'intérêt même du Trésor s'y opposaient.

L'agriculture, l'industrie, et le commerce, qui sont les bases sur lesquelles se fondent principalement la prospérité, la force, et la puissance de l'État, languissent nécessairement et finissent même par se paralyser entièrement, lorsqu'ils manquent de capitaux, ou qu'ils ne peuvent en obtenir qu'à des conditions ruineuses. Le système de vendre directement, aux capitalistes, des rentes, à bas prix, et de leur ouvrir ainsi des placemens, sur l'État, plus avantageux que ceux que peuvent leur offrir les propriétaires, les fabricans, et les marchands, tendait donc à priver ceux-ci, des secours, en capitaux, qui leur sont absolument indispensables, et, en détournant ces capitaux de leur cours naturel qui est d'aider, avant tout, à l'agriculture et au commerce, il desséchait conséquemment, à leur source, tous les canaux de la prospérité publique.

Le pire de tous les impôts est celui qui, pour un produit égal, détruit une plus grande portion de capitaux. Sous ce rapport, l'impôt foncier est le plus funeste de tous. En effet, lorsque, sur une valeur de 100,000 fr. employée à acheter des marchandises, chez l'étranger, ou des vins, ou des biens-fonds, en France, il est perçu, par les préposés des douanes, par ceux des droits réunis, ou par ceux de l'enregistrement, un droit de 5,000 fr., on atteint et on détruit seulement le vingtième de la matière imposée. Le capital de 100,000 fr. ne se trouve réduit qu'à 95,000 fr. Lorsqu'au contraire, sur un domaine affermé 25,000 fr. et de valeur de 500,000 fr., on perçoit, à titre de contribution foncière, un impôt de 5,000 fr., on réduit soudainement, de 100,000 fr., sa valeur. Ce domaine ne vaut plus, pour le propriétaire, que 400,000 fr., comme il ne lui vaudrait plus rien du tout, si l'impôt était de 25,000 fr. et absorbait le prix du bail. Dans ce dernier cas, les 500,000 fr., que valait naguère un tel domaine, se trouveraient anéantis, et pour le propriétaire, et pour l'État. Ce sont, par conséquent, des milliards de richesses nationales qu'avait fait disparaître notre impôt foncier, si impolitiquement porté, pendant quelques années, à plus de 250 millions.

En principe, les contributions qui frappent directement sur la propriété, sur l'industrie, sur le commerce, sont toutes funestes, de leur nature. En effet, elles enlèvent et absorbent, savoir : la contribution foncière, une partie des capitaux nécessaires à l'agriculture et à la reproduction, et la contribution des patentes, une partie des fonds destinés à alimenter les spéculations de l'industrie et du commerce. Elles empêchent, dès lors, les dépenses personnelles des propriétaires et des patentables, de se multiplier; les consommations générales, de s'étendre; les transactions, d'acquérir plus d'importance; et, par suite, les impôts indirects assis sur ces transactions, sur ces consommations, sur ces dépenses, de devenir aussi productifs qu'ils auraient pu l'être. Les contributions directes, si elles étaient portées à un taux excessif, pourraient même avoir pour résultat, d'anéantir ces impôts indirects. Ainsi, aggraver, comme on l'a fait, les contributions directes, sous prétexte des besoins urgens du Trésor, pour se créer une ressource momentanée, c'était adopter une très-fausse mesure. C'était véritablement imiter les sauvages qui coupent les arbres, par le pied, pour en cueillir les fruits, ou bien encore cet homme de la fable qui tua la poule aux œufs d'or, dans l'espérance d'y trouver un trésor.

Ce serait faire une critique, qui pourrait paraître injuste, que de blâmer le système qui a été adopté, sans indiquer en même temps celui qui aurait dû être préféré. Un simple exposé des effets des emprunts onéreux considérés dans leurs résultats, par rapport aux Gouvernemens, et par rapport aux peuples, en faisant ressortir la plus saine théorie qui puisse être admise, sur cette matière, nous montrera, en même temps, la marche qui aurait dû être suivie dans la position où nous nous trouvions.

Un père de famille, qui emprunterait d'un étranger, un capital, en s'obligeant à lui en rembourser un plus fort, enrichirait cet étranger, aux dépens de sa famille. S'il empruntait, aux mêmes conditions, de l'un de ses enfans, il l'enrichirait également, aux dépens des autres. Si, au contraire, il empruntait de tous ses enfans à la fois, et dans la proportion de la part que chacun d'eux doit avoir dans sa succession, cet emprunt ne serait, en résultat, qu'une fiction, par rapport à ses héritiers, parce que ceux-ci, se trouvant simultanément créanciers et débiteurs des mêmes sommes, devraient, s'ils voulaient se les faire rembourser par la succession, commencer par y apporter, chacun, une somme égale à celle qu'ils auraient à en retirer. Dès lors, il serait plus court d'éteindre et ces créances et ces dettes par confusion. Les unes et les autres ne seraient plus, en effet, qu'une fiction.

Pour rendre la chose plus sensible, supposons un père qui ait quatre enfans, et un bien de valeur de. . . . . 200,000 fr.

Et supposons aussi qu'il ait acheté successivement 5 domaines de valeur de 60,000 fr. chacun, ci. 300,000

Il aura, en tout, des biens pour 500,000

Ci-contre. . . . 500,000 fr.

Si, à mesure qu'il a acheté ces domaines, il lui a plu d'emprunter, chaque fois, ou d'un étranger, ou de l'un de ses fils, 60,000 fr., et de s'obliger, envers lui, pour 100,000 fr., il se trouvera qu'après avoir acheté les 5 domaines, il devra. 500,000

Par conséquent, qu'il ne lui restera rien; . . . .
mais qu'il aura enrichi, ou cet étranger, aux dépens de sa famille, ou ce fils, aux dépens de ses trois frères, des 200,000 francs qu'il possédait avant ces acquisitions et ces emprunts.

Si, au contraire, il avait emprunté, aux mêmes conditions, de tous ses enfans, à la fois, et, de chacun d'eux, en proportion de la part qu'il devait avoir dans sa succession, il arriverait qu'à l'ouverture de cette succession, chacun de ces enfans serait, en même temps, créancier et débiteur d'un quart des 500,000 francs qui grèveraient l'hoirie, et qu'il y retrouverait, avec les 75,000 francs qu'il aurait réellement prêtés, les 50,000 francs qui lui seraient revenus suivant l'ordre de la nature. Ce serait, en résultat, pour la succession de ce père de famille et pour ses enfans, comme s'il n'avait pas emprunté à des conditions usuraires, et même comme s'il n'avait pas laissé de dettes.

On peut juger, d'après l'exemple de ce père de famille, des effets que produisent les emprunts d'un Gouvernement, quand les conditions en sont pareillement trop onéreuses. Ainsi que le père de famille, le Gouvernement enrichit l'étranger, au préjudice de ses sujets, lorsqu'il emprunte de lui, à de gros intérêts et avec accroissement de capitaux. Losqu'il emprunte, au même prix, de quelques-uns de ses sujets, il les enrichit aux dépens des autres. Enfin, lorsqu'il emprunte, à la fois, de tous, dans la proportion de la part que chacun d'eux supporte dans les impôts, ces emprunts ne sont, pour lui et pour eux, comme ceux du père de famille, pour sa succession et ses héritiers, qu'une fiction, et cela est si vrai que, si le lendemain d'un tel emprunt, le Gouvernement voulait le rembourser, il devrait imposer une somme pareille sur ces mêmes prêteurs. Dès lors, chaque sujet de ce Gouvernement se trouvant simultanément créancier et débiteur d'une somme égale, ce serait comme s'il n'existait ni dette à la charge du Gouvernement, ni créance entre les mains de ses sujets. La dette et la créance ne seraient qu'une véritable fiction.

Une telle opération ne présenterait sans doute rien que de bizarre, de la part du père de famille; mais, au contraire, si elle était faite par le Gouvernement, et si elle était sagement exécutée, elle produirait les plus heureux effets.

Cette vérité deviendra palpable, si nous en faisons l'application à la contribution foncière et à celle des patentes qui, en France, sont présumées atteindre les propriétaires fonciers et les commerçans, fabricans et autres industriels, dans une juste proportion de leurs facultés respectives. Supposons donc qu'au lieu d'imposer, sur eux, les 400 millions à quoi se sont portées à peu près, pendant quelques années, ces deux contributions, on les eût levées, à titre d'emprunt, en ayant soin de les leur répartir de la même manière. Supposons, en d'autres termes, que, lors de l'acquittement de ces impôts, au lieu de donner aux contribuables un reçu exprimant qu'ils se sont libérés de leurs cotisations, on leur en eût remis un portant qu'ils en ont prêté le montant; en un mot, si on leur eût fourni, au lieu d'une quittance de paiement, une obligation ou action d'emprunt, malgré la différence des formules, celle-ci n'aurait pas plus grevé l'État, que l'autre, parce que le corps social se composant essentiellement des propriétaires et des patentables; ce serait toujours l'État qui se serait prêté, et qui se devrait à lui-même. Le prêt, exprimé par l'obligation ou l'action d'emprunt, n'aurait donc été, au fond, pour le Gouvernement, qu'une fiction; mais, sous d'autres rapports, une telle opération aurait eu des avantages infiniment précieux, si on avait attaché à ces obligations ou actions d'emprunt, un intérêt de cinq pour cent, et si l'État se fût engagé à en rembourser le capital, par exemple, en vingt ans. Alors, en effet, chaque propriétaire ou patentable, au moyen de ces obligations ou actions d'emprunt, et en y joignant son crédit personnel, aurait trouvé à emprunter des capitaux égaux; et, avec ces capitaux, ils auraient pu : les propriétaires, améliorer leurs biens, les commerçans, les fabricans étendre leurs spéculations, et, tous, devenir, par-là, capables de supporter, sans peine, de plus forts impôts indirects.

Par cet heureux moyen, la contribution foncière et la contribution des patentes auraient été réellement versées tout entières, au Trésor royal, et néanmoins le montant en serait resté réellement aussi tout entier, quoique sous une autre forme, entre les mains des contribuables; il y aurait fructifié, et se serait accru dans une proportion de plus en plus avantageuse pour l'État et pour eux.

A la vérité, pour être en état d'en payer l'intérêt et d'en rembourser, en 20 ans, le capital, le Gouvernement aurait été obligé d'imposer, chaque année, pendant toute cette période de temps, 20 millions de plus, pour le remboursement d'un 20e du capital, et, en outre, une somme proportionnée au montant des intérêts; mais chaque contribuable aurait été, de son côté, en mesure de payer aussi cette augmentation d'impôt, en y consacrant annuellement les intérêts que son action dans l'emprunt lui aurait produits, et un 20e du capital de cette action.

En définitive, il se serait trouvé, d'une part, que les contribuables auraient eu 20 ans pour acquitter leurs contributions, et, d'une autre part, que 400 millions de valeurs fictives auraient été créées, et que ces valeurs, mises en circulation sur tous les points de la France, en portant dans les diverses contrées du Royaume, leur influence fécondante, et en donnant partout une plus vive impulsion et de plus grands alimens à l'agriculture, au commerce, et à l'industrie, auraient augmenté, par des produits nouveaux, les richesses générales qui sont la matière des impôts indirects, et, avec elles aussi, par conséquent, les revenus du Gouvernement.

En empruntant selon ce mode, il aurait fallu, sans aucun doute, pour en simplifier l'exécution relativement au placement des actions, considérer toutes les petites cotes et toutes les petites communes, comme un seul prêteur; il aurait fallu aussi autoriser les petits contribuables à s'associer pour prendre de concert une ou plusieurs de ces actions, et même tout particulier à se charger des actions réparties à ses concitoyens ou à sa commune, et que ceux-ci n'auraient pas voulu accepter.

Conformément à ces sages maximes du crédit, qui prescrivent, pour les circonstances où la confiance est faible, d'emprunter à courtes échéances, de raccourcir encore ces échéances, soit par le rachat, au cours, soit par le remboursement partiel, au sort, et d'attacher, en outre, aux actions, un bénéfice capable d'en maintenir la valeur au pair, il aurait fallu pareillement, pour faciliter le succès de ce mode, attribuer de fortes primes ainsi que de gros intérêts, aux actions des premiers emprunts qui auraient été levés, et s'obliger à rembourser le montant de ces emprunts, à des termes rapprochés.

Sous ces divers rapports, le nouveau système d'emprunt aurait donné, à l'administration, un peu plus de peine que le système d'emprunter en vendant des rentes, mais il n'en aurait pas moins mérité de lui être préféré, non-seulement pour les raisons qui ont été déjà déduites, mais encore parce qu'il n'aurait pas été aussi coûteux pour le Trésor, et parce que encore, bien loin de mettre le Gouvernement dans la gêne, comme cet autre système, il aurait augmenté, à un point incalculable, sa force et sa puissance.

Les emprunts, qui ont été faits, par des ventes de rentes, ont tous coûté fort cher. En effet, ils portaient, quelques-uns, 100 pour cent de prime et 10 pour cent d'intérêt; les moins désavantageux, 50 pour cent de prime et 7 et demi pour cent d'intérêt; car il ne faut pas comprendre au nombre des emprunts, la vente des 12,514,220 francs de rentes qui a eu lieu, le 9 août 1821, et qui a coûté seulement 6 pour cent d'intérêt et 20 pour cent de prime; attendu que ces 12,514,220 fr. de rentes provenant d'acquisitions d'effets publics de même nature faites par le Trésor, ou étant destinées à remplacer d'autres effets du Trésor en circulation (les reconnaissances de liquidation), la vente qui en a été faite, ne peut être regardée que comme une opération de banque, comme un revirement et un échange de valeurs, et nullement comme une émission nouvelle ou comme un emprunt proprement dit. Au surplus, à cette époque du 9 août 1821, la caisse d'amortissement ayant déjà reçu et employé près de 310 millions en numéraire, et retiré de la circulation plus de 21 millions de rentes, le haut prix de la négociation des 12,514,220 fr. de rentes aurait dû être considéré plutôt comme l'effet de cette extinction, que comme le résultat de l'amélioration du crédit. En résumé, le terme moyen du prix des rentes émises a été de plus de 60 pour cent de prime, et de 8 pour cent d'intérêt. Les emprunts, faits de cette manière, ont donc été extrêmement onéreux pour le Trésor.

Il n'est que trop vrai également que ces emprunts ont mis le Gouvernement dans la gêne. Les immenses valeurs qu'ils ont créées, d'abord, jetées, sur la place de Paris qui était déjà saturée de rentes, au lieu d'aller se répandre, comme une rosée bienfaisante, sur nos provinces altérées de capitaux, sont presque toutes restées sur cette place; le plus grand nombre, n'ayant pu s'y classer, ont augmenté la masse de celles qu'on appelle flottantes; et, si, par la puissance d'un fonds annuel d'amortissement de 40 millions et d'un fonds extraordinaire de 51 millions produit par la vente des bois de l'État, ou si, par l'emploi des fonds libres du Trésor, en reports, ou prêts sur dépôts, on est parvenu à hausser le cours des rentes, ce n'a été que d'une manière précaire. La masse encore trop considérable des rentes flottantes sur la place de Paris, semblable à un nuage amené par la tempête, ou à une trombe formée par les vents, menace continuellement de s'affaisser, et, en s'affaissant, de causer les plus grands désastres.

Tel est le vice fondamental du système qui a été suivi, et qui, au lieu de prendre pour base la France tout entière et d'y faire participer les diverses classes de l'État, n'a embrassé qu'une seule portion du territoire et ne s'est adressée qu'à une seule classe d'individus, qu'on peut comparer notre crédit public à un édifice bâti sur un sol trop étroit, et qu'il n'est, dès lors, possible d'augmenter qu'en en multipliant les étages. Plus un tel édifice s'élève, plus il est en danger de crouler et a besoin d'être appuyé. Pareillement, et par cela même que notre crédit public est à peu près borné à la seule place de Paris, on ne peut augmenter les émissions du Trésor qu'en y accumulant ses effets, et, dès lors, il est plus nécessaire et plus difficile d'en soutenir le cours. Le Gouvernement a été, jusqu'ici, obligé d'y appliquer tous ses efforts et tous ses soins, et, ces efforts et ces soins, il sera forcé de les continuer jusqu'à ce que la caisse d'amortissement soit parvenue à absorber la partie exubérante de rentes qui existe à Paris. Jusque là, le Gouvernement, ne pouvant ni ouvrir de nouveaux emprunts à cause de la difficulté de les placer, ni augmenter les impôts à cause de l'épuisement des contribuables, restera resserré dans les limites d'un budget qui, tout énorme qu'il est (902 millions), ne suffit cependant pas, en ce qui concerne les ministères de la guerre et de la marine, aux besoins de l'état de paix; il restera par conséquent dans l'impuissance de rien faire de ce que les circonstances politiques conseilleraient, et peut-être même de ce que l'intérêt et l'honneur de l'État exigeraient.

Si l'on avait employé le mode d'emprunt qui vient d'être exposé, les résultats auraient été bien différens.

J'ai déjà établi que le premier emprunt, fait à MM. Hope, Baring, et Lafitte, portait une prime de 100 pour cent et un intérêt de 10 pour cent. J'ai fait voir aussi que, pour 100 millions qu'ils ont déboursés, ils ont pu, eux ou leurs cessionnaires, en moins de 5 ans, réaliser, en sus de l'intérêt qui leur revenait légalement, un bénéfice de 107 millions. Supposons actuellement que cet emprunt eût été donné, avec la moitié seulement des mêmes avantages, mais suivant le mode que je viens d'indiquer, aux propriétaires et patentables de toutes les parties de la France. Malgré l'appât d'un si énorme bénéfice, et quoique provoqués directement et interpellés, pour ainsi dire, un à un, ces propriétaires et ces patentables n'auraient vraisemblablement pas tous voulu prendre part à l'emprunt, mais il n'en aurait pas moins été placé en totalité, parce qu'il se serait trouvé, sur les divers points du Royaume, des propriétaires et des patentables qui se seraient chargés, non-seulement des portions qui leur auraient été dévolues à eux-mêmes, mais encore de celles que leurs voisins auraient refusé de prendre. Ainsi, le Trésor, tout en leur acccordant un bénéfice de 53 millions 500 mille francs, aurait encore épargné la moitié de cette incroyable perte de 107 millions qu'il a faite avec MM. Hope, Baring, et Lafitte.

Ceux qui auraient prêté au Gouvernement, au prix de l'autre moitié des 107 millions, c'est-à-dire, avec un profit de 53 et demi pour cent, en sus de l'intérêt légal, en donnant pour gage les actions de cet emprunt, ou seulement au moyen de leur propre crédit, auraient facilement trouvé à emprunter à un bien plus bas prix, et même à 5 pour cent, attendu qu'il y a, en province, un grand nombre de capitalistes qui, par délicatesse de conscience, ne prêtent pas au-dessus de ce prix. Ainsi, pour s'être simplement interposés entre ces capitalistes et le Gouvernement, à l'effet de procurer à celui-ci 100 millions, ces prêteurs auraient gagné, à eux seuls, la totalité des 53 millions 500 mille francs.

Un tel succès aurait infailliblement excité l'émulation des autres propriétaires et patentables. Ayant acquis, par cet exemple, une connaissance parfaite du mécanisme et des avantages de cette manière de placer leurs fonds, et en voyant, d'ailleurs, que le paiement des intérêts et le remboursement des capitaux se seraient faits à la caisse des receveurs de chaque arrondissement, et, pour ainsi dire, à la porte même des prêteurs, avec exactitude et régularité, tous ces propriétaires et ces patentables auraient bientôt pris confiance dans les valeurs émises par le Trésor. Ces valeurs seraient devenues populaires en province, comme elles le sont à Paris. Elles auraient été également recherchées partout, et, en très-peu de temps, elles se seraient élevées et fixées au pair. Dès lors, le Gouvernement aurait été à même de stipuler, pour les emprunts suivans, des conditions moins onéreuses, et successivement, selon les améliorations graduelles du crédit, il aurait pu allonger les échéances, modérer les rachats, réduire les intérêts et les primes, et enfin emprunter à très-bas prix, et autant qu'il en aurait eu besoin. Ceci pourra être révoqué en doute par beaucoup de personnes, mais celles qui connaissent les principes du crédit, et qui en ont observé la marche, le concevront aisément, parce qu'elles savent bien que les remboursemens des premiers emprunts, exactement offerts et effectués à l'échéance, se seraient représentés aux emprunts ultérieurs qui auraient été ouverts, et y auraient attiré, en se multipliant progressivement par l'effet d'une juste confiance, des capitaux nouveaux, et qui seraient devenus, d'année en année, plus abondans.

Par cette combinaison, les emprunts du Gouvernement étant donnés à tous les propriétaires et patentables de France et étant remplis ou par eux-mêmes, ou par leur entremise, le crédit de l'État se serait accru de jour en jour, et serait devenu enfin et bientôt même immense, puisqu'il se serait composé de tous les crédits particuliers. Alors, notre crédit public, non-seulement aurait été inépuisable, mais encore il aurait offert plus de solidité et de garantie que celui d'aucun autre Gouvernement, sans en excepter l'Angleterre, puisque nos emprunts, étant fournis par les propriétaires et les patentables qui nomment, et parmi lesquels sont nommés les députés des départemens, se seraient trouvés placés sous la protection, tout à la fois, de l'honneur national, et de l'intérêt personnel de chacun de ces propriétaires, de ces patentables, et de ces députés.

Ce que les moralistes ont pu blâmer, dans le système de vendre des rentes, à cause des gros intérêts et des primes attachés à ces sortes d'emprunts, n'aurait plus été répréhensible, dans le nouveau système, puisque, dans celui-ci, les intérêts et les primes auraient tourné au profit de ceux sur qui le montant en a été levé (les propriétaires et les patentables) et qu'au fond on n'aurait fait que leur rendre, sous une forme, ce qu'on leur aurait enlevé, sous une autre, c'est-à-dire, par les emprunts, ce qu'on leur aurait pris par les impôts.

Qu'il me soit permis de faire observer ici que ce n'est donc point sans fondement que j'ai avancé (pag. 26) que, si, en 1814, on eût mis en pratique les véritables principes de la science des finances, on aurait pu signaler le rétablissement des Bourbons, en France, par la suppression d'une grande partie de la contribution foncière et de la contribution des patentes, en les remplaçant par les moyens que fournit le crédit public. Par une telle mesure, on aurait rallié et rattaché tous les intérêts et toutes les affections à la famille des Bourbons, on aurait à jamais consolidé la restauration, tandis qu'en portant, comme on le fit, les impôts de 1814, beaucoup plus haut qu'ils n'avaient été, en 1812, on rendit le peuple ou mécontent, ou indifférent, et on le disposa ainsi à voir peut-être même sans peine, le retour de l'usurpateur.

Il ne paraîtra pas moins évident, je pense, que, si on avait employé ce mode d'emprunt, pendant les cinq années de contributions de guerre, on aurait fait sortir du sein de nos malheurs, et de la nécessité où nous étions d'emprunter, un principe régénérateur de nos finances, et que ces mêmes emprunts, qui ont été des instrumens de ruine et de dissensions, seraient devenus des moyens de salut, de concorde et de prospérité. Ce nouveau système, en effet, en donnant graduellement, au crédit public, tous les développemens dont il est susceptible, aurait bientôt rendu la France, riche, puissante, et heureuse.

Dès les premiers emprunts qui auraient été ouverts, suivant ce système, tout, dans notre belle patrie, aurait repris une nouvelle vie et une plus grande activité. Partout, comme cela est arrivé à Paris et dans les contrées qui l'avoisinent, partout, dis-je, les capitaux se seraient multipliés, les propriétés auraient acquis plus de valeur, et l'agriculture, le commerce et l'industrie, vivifiés par l'abondance du numéraire ou des valeurs qui le suppléent, auraient produit des richesses qui se seraient sans cesse accrues. Les consommations, les dépenses et les transactions, recevant, d'année en année, de nouveaux et plus grands alimens, seraient devenues de plus en plus considérables, et les impôts indirects, qu'elles supportent, auraient été, par suite, plus productifs. Le trésor public aurait pu demander de plus fortes contributions, et le peuple aurait été en état de les payer plus facilement. C'est alors, et par cela même que les emprunts auraient été ainsi organisés, qu'il aurait été vrai de dire que, chez une nation agricole et commerçante, plus l'État emprunte, plus le peuple s'enrichit, plus les impôts produisent, et qu'en effet les sommes, dont les emprunts ont grevé le trésor, finissent par y être rapportées, sous la forme de tributs.

Au moyen de ces milliards de capitaux créés par les emprunts et qui auraient été répandus par tout le Royaume, au moyen des immenses dividendes ou rentes attachés à ces capitaux et qui auraient été périodiquement versés sur tous les points de sa surface, la France aurait été comme un domaine qui, exactement engraissé, et soigneusement arrosé, donne des moissons toujours abondantes. Fertilisée par le crédit, fécondée par les emprunts, elle aurait fourni, au Gouvernement, des ressources qui auraient été inépuisables.

Bien loin de diviser, comme les autres emprunts l'ont fait, les provinces et la capitale, e de mettre en opposition les contribuables et les rentiers, ces emprunts les auraient au contraire tous réunis dans un seul et même intérêt, celui du bien public. La dette de l'État aurait été aussi, dès lors, véritablement nationale et sacrée, parce que toutes les fortunes s'y seraient trouvées liées, et que tous les vœux s'y seraient généralement rattachés.

Certainement, il serait nécessaire et même urgent de débarrasser la place de Paris, d'une partie des rentes dont elle est inondée, et d'aspirer le superflu qui lui est nuisible, pour le reverser sur les provinces à qui il serait salutaire. L'un et l'autre objet *pourraient être facilement remplis*, au moyen de quelques dispositions combinées sur les mêmes bases que ce nouveau système d'emprunt, mais il serait trop long et par conséquent il serait inopportun de les indiquer et de les développer ici. Je me contenterai donc, en revenant à mon sujet, de faire observer qu'on pourrait, du moins, en partie, remédier aux inconvéniens produits par le système de vendre des rentes sur une seule place du Royaume, et recouvrer les avantages qu'aurait procurés un système d'emprunt qui les aurait disséminées par toute la France, si on adoptait les dispositions contenues dans l'art. 18 du chap. XVII, et qui seraient, d'ailleurs, un acte de justice, à l'égard des Émigrés, et une mesure de bonne administration et de saine politique, relativement à la Religion, à la Royauté, et à la Pairie.

CHAPITRE XVI.

Considérations générales.

Devenus, principalement par les soins de leurs Rois, l'un des peuples les plus heureux et les plus éclairés de l'univers, les Français étaient, depuis long-temps, en possession de tous les plus précieux avantages de l'ordre social et même d'une très-grande influence politique, par leur opinion, sur la marche de leur Gouvernement, puisqu'on disait, de la France, qu'elle était une monarchie tempérée par des chansons, lorsqu'en 1789, ils voulurent avoir et réclamèrent une part positive dans la décision des affaires publiques. Louis XVI s'empressa, dans la fameuse séance royale du 23 juin de la même année, de leur accorder toute celle qui pouvait se concilier avec les anciennes institutions du Royaume, mais des factieux les portèrent à en demander davantage, et, comme les animaux de la fable, pour n'avoir pas su se contenter de ce qui était raisonnable, ils virent, bientôt après, le pouvoir légitime du Prince le plus doux, usurpé, tour à tour, par une foule de tyrans de toutes les couleurs, et, tombés eux-mêmes sous leur honteuse et humiliante domination, ils expièrent leur trop vague ou trop irréfléchi désir de changement, par tous les maux que l'anarchie la plus atroce et le despotisme le plus extravagant peuvent faire éprouver à une nation.

Après 25 ans de malheurs, de calamités, et de souffrances, ils avaient cru se reposer enfin sous le régime de la Charte qu'un Roi justement désiré leur avait donnée ; dont il avait lui-même tracé le plan, et dont toutes les circonstances avaient favorisé l'exécution, mais ils n'ont pas cessé d'y être assiégés d'inquiétudes, de terreurs et d'alarmes : la Charte avait été mal rédigée par ceux à qui cette belle tâche avait été confiée. Cependant, s'étant pieusement persuadés que cette même Charte, qui leur avait été annoncée comme un gage de paix et comme une source de prospérité, pouvait, en effet, réaliser toutes les espérances qu'ils y avaient attachées, les Français se sont long-temps, mais sans en être plus avancés, obstinés à réclamer la Charte, toute la Charte, rien que la Charte.

La Charte, toute la Charte, rien que la Charte ! On a pu voir, au chap. IV, ce que ce serait que la Charte prise à la lettre, et exécutée textuellement, si elle pouvait l'être. Il suffira de rappeler ici qu'il y a été prouvé, et que l'expérience a encore bien mieux démontré que, telle qu'elle a été rédigée, la Charte ne présente de garantie suffisante ni pour aucun des membres de la société, ni pour aucun des pouvoirs constitués. Aussi, reconnaissant enfin qu'elle n'est ni complète, ni parfaite, les Français désabusés ne demandent plus seulement la Charte, toute la Charte, rien que la Charte, mais bien la Charte avec ses conséquences (1). Malheureusement, par les conséquences de la Charte, les uns entendent des institutions démocratiques, et les autres des institutions aristocratiques, et, tandis qu'ils font respectivement tous leurs efforts pour en obtenir de telles, un grand nombre de personnes, qui sentent combien il serait funeste que les institutions fussent ou toutes démocratiques, ou toutes aristocratiques, s'efforcent, avec raison, d'empêcher que l'Aristocratie ou la Démocratie devienne prépondérante, mais, dans cette vue, elles les combattent toutes deux;

---

(1) « Un intérêt non moins pressant touche aux premiers besoins de vos peuples. Pleins de ces sentimens « généreux que Votre Majesté a su lire dans les cœurs, « ils réclament le *complément de vos bienfaits*, ils at- « tendent *ces institutions nécessaires sans lesquelles la* « *Charte ne saurait vivre.*

« Alors, Sire, tous les vœux de Votre Majesté seront « accomplis, *les passions se calmeront d'elles-mêmes, les défiances s'évanouiront.* »

(Adresse de la Chambre des députés, au Roi, du mois de décembre 1821, déjà citée dans l'Avant-Propos, page 40.)

au lieu de chercher à les concilier, et à les unir avec la Royauté, en leur accordant, à l'une et à l'autre, ce que leurs prétentions respectives peuvent avoir de juste et de légitime.

Toute société se compose naturellement et inévitablement de Royauté, d'Aristocratie, et de Démocratie, et, pour que les peuples soient libres, et les Gouvernemens forts et durables, il est indispensablement nécessaire que ces élémens entrent aussi tous trois, avec de justes proportions, dans la composition des pouvoirs politiques. Cependant, de ces trois élémens ou puissances essentiellement inhérentes à toute société, l'Aristocratie et la Démocratie ne sont ni formellement reconnues, ni positivement organisées par la Charte, et la Royauté elle-même n'y est pas définie ce qu'elle est ou doit être désormais d'après les changemens apportés, par cette Charte, dans l'ancien ordre des choses.

On dit que la Démocratie est représentée dans la Chambre des députés; mais elle ne l'est que là, et c'est encore d'une manière qui n'est ni stable, ni vraie, puisque, d'un côté, le mode d'élection n'étant réglé que par la loi, et cette loi pouvant être changée, la Démocratie, qu'elle constitue, est susceptible d'être modifiée et de varier comme elle, et puisque, d'une autre part, le nombre des électeurs n'étant que d'environ 80 mille, et le nombre des éligibles que d'à peu près 15 mille, cette prétendue Démocratie exclût ou laisse en dehors plus des neuf dixièmes de ceux qui devraient en faire partie.

On dit aussi que l'Aristocratie est représentée dans la Chambre des pairs; mais elle ne l'est également que là, et ce n'est encore que d'une manière insuffisante et même dangereuse, puisque, sur une nation de 30 millions d'âmes, elle est circonscrite entre moins de 300 personnes, et que, dès lors, elle forme plutôt une Oligarchie, qu'une véritable Aristocratie.

Enfin, la Royauté, faute d'avoir été définie de nouveau, n'a plus de caractère clairement déterminé, et se trouve ainsi sans cesse exposée à être querellée, blasphémée ou méconnue. Sans doute, dans des circonstances graves, amenées par le hasard ou par d'adroites combinaisons, ses Ministres, en profitant du vague même de ses attributions, ou en alléguant la raison suprême du salut de l'État, pourraient lui faire déployer une très-grande puissance, mais, d'abord, ce ne serait peut-être pas sans quelques risques, et toujours est-il vrai que, ayant plus d'autorité arbitraire que de pouvoir légal, elle manque habituellement de cette force réelle qui lui serait nécessaire pour tous les temps.

La Royauté est placée héréditairement dans l'auguste famille des Bourbons, et elle y est à jamais consacrée et par 900 ans de possession, de bienfaits et de gloire, et par la perspective assurée, qu'une telle expérience nous offre à nous-mêmes, d'un avenir encore plus long, plus brillant et plus heureux. Au moyen des nouvelles dispositions proposées, la Démocratie, prise au plus bas degré de la société où l'on puisse descendre sans tomber dans la démagogie, serait placée dans la classe des municipaux, et comprendrait, sous cette dénomination, généralement tous ceux qu'une cotisation suffisante, dans les contributions directes, signale, d'une façon, pour ainsi dire, matérielle, comme étant véritablement intéressés et propres à prendre part aux affaires publiques. L'Aristocratie, prise et formée dans les régions moralement les plus élevées de la société, serait placée dans les classes des notables, et se composerait, sous cette dénomination, de tous ceux qui, en se distinguant ou par des actions brillantes, ou par de grandes vertus, ou par la manière dont ils exercent les professions les plus importantes pour la société, se montrent véritablement les plus capables de donner aux affaires publiques, une sage et heureuse direction.

Dans ce système, la souveraineté, sujet abstrait de tant de controverses dangereuses, considérée comme une simple intelligence, dominerait au sommet de l'édifice social, semblable à ces divinités tutélaires que l'on croit voir planer au-dessus des temples qui leur sont dédiés. Elle se personnifierait dans la Royauté, et, s'y modifiant conformément à la nature et à la fin de ses principaux attributs, elle se montrerait, sous les titres de pouvoir législatif, pouvoir judiciaire, pouvoir administratif, pouvoir exécutif, non pas divisée, mais organisée diversement, c'est-à-dire, avec les formes et les conditions les plus propres à garantir, pour chacun de ces pouvoirs, qu'il serait toujours exercé avec autant d'équité que cela est humainement possible.

En principe, la Royauté devrait donc se retrouver dans chacun de ces mêmes pouvoirs, et y occuper la première place; mais l'Aristocratie et la Démocratie devraient aussi y être employées, avec elle, autant qu'elles peuvent l'être. Dans le fait, l'une et l'autre auraient, comme la Royauté, une place particulière et séparée, dans le pouvoir législatif; l'une et l'autre participeraient aussi, comme la Royauté, par des nominations distinctes, à la composition de la partie délibérante du pouvoir administratif (les conseils de cantons, de districts, de départemens); et toutes les deux concourraient également, avec la Royauté, en se combinant avec elle, et à la formation de l'autre partie de ce même pouvoir administratif (les mairies), et à la composition de la partie du pouvoir judiciaire chargée de statuer en matière criminelle (les jurys). La Royauté nommerait, seule, aux autres places de ce même pouvoir judiciaire, ainsi qu'à toutes celles du pouvoir exécutif; mais ce serait parce que la prérogative de nommer à ces places, n'étant pas susceptible d'être partagée, doit naturellement lui être dévolue tout entière. Au fond, cette prérogative serait sans inconvénient, dans ses mains, en ce qui concerne les places de juges des sections civiles et administratives du pouvoir judiciaire, attendu que tous ces juges ne sont que des arbitres forcés entre des intérêts qui lui sont personnellement étrangers; et, quant aux places du pouvoir exécutif, il y aurait compensation, dans la faculté qu'ont les Chambres, c'est-à-dire, l'Aristocratie et la Démocratie, de mettre en accusation et de juger les Ministres nommés, par la Royauté, pour composer ou diriger ce pouvoir.

Par la manière dont la Royauté, l'Aristocratie et la Démocratie concourraient, toutes trois, à composer la partie du pouvoir judiciaire chargée de statuer en matière criminelle, leurs influences réciproques y seraient parfaitement balancées, et cela serait nécessaire, parce que l'impartialité des jugemens criminels est, à la fois, le premier besoin de la société, et le principal devoir des pouvoirs qui la régissent.

Dans le pouvoir administratif, la Démocratie serait plus influente que l'Aristocratie, et celle-ci que la Royauté, en raison du plus grand nombre de nominations, qui leur seraient respectivement attribuées, dans la composition de ce pouvoir, mais cela serait juste, parce que la Démocratie, et, après elle, l'Aristocratie ont une connaissance plus étendue des affaires locales sur lesquelles ce pouvoir s'exerce, et un plus grand intérêt à ce qu'il soit bien exercé.

La Royauté, l'Aristocratie, et la Démocratie formeraient, dans le pouvoir législatif, autant de branches distinctes et tout-à-fait indépendantes les unes des autres; toutes trois y auraient une place particulière et séparée, et cela serait encore juste, pour que chacune de ces puissances y eût constamment une existence et une force indestructibles. Toutefois, par la manière dont la composition de la Chambre aristocratique et celle de la Chambre démocratique seraient combinées et réglées, la Royauté y aurait une majorité à peu près assurée, dans toutes les questions où il ne serait pas évident que l'opposition aurait raison, mais cela serait nécessaire, d'abord, parce que, dans ce cas, on doit toujours présumer que l'avis du Gouvernement est le meilleur. Cela serait nécessaire ensuite, soit pour prévenir les dissensions funestes qui autrement pourraient survenir entre les trois branches du pouvoir législatif, par l'effet de leur indépendance réciproque, soit pour compenser, du côté de la Royauté, la force morale que la Chambre des pairs et la Chambre des députés tirent de leur propre nature. Cela serait nécessaire, en outre, pour dédommager la Royauté de sa moindre influence dans le pouvoir administratif, en lui donnant, au moyen de cette prépondérance dans le pouvoir législatif, la faculté de diriger plus convenablement la législation administrative. Cela serait nécessaire enfin pour que la Royauté se trouvât élevée, agrandie, et fortifiée, au centre de l'ordre social, dans la proportion de ce que l'Aristocratie et la Démocratie auraient gagné, sur tous les autres points, par leur organisation particulière, et surtout par l'organisation administrative.

Dès lors, les formes différentes, que les trois principaux partis politiques désirent introduire dans le Gouvernement, seraient toutes réunies dans le nôtre, et les effets divers, que chacun d'eux en attend, y seraient tous produits. La Royauté, l'Aristocratie, la Démocratie s'y retrouveraient dans toute la pureté de leur essence, et leurs influences, c'est-à-dire, celle du prince, celle des grands, celle du peuple, y seraient toujours réalisées autant qu'elles peuvent l'être, ou qu'il est convenable qu'elles le soient.

Le peuple, ou du moins cette portion du peuple qui est sage et éclairée, qui sent et apprécie le besoin de l'ordre et de la paix, organisé sous le titre de municipaux, y formerait cette pure et véritable Démocratie que, pour la sûreté comme pour la force des Gouvernemens, une saine politique doit désormais faire participer aux affaires publiques.

Les grands, non plus ceux que l'on regarde comme tels, uniquement à cause de leur naissance, de leurs titres ou de leur fortune, mais ceux qui le sont véritablement par leurs qualités personnelles, par l'importance politique de leurs professions et la manière distinguée dont ils les exercent, organisés sous la dénomination de notables, y formeraient une Aristocratie qui, fondée sur les vertus, serait à l'abri des jalousies et des rivalités que les autres espèces d'Aristocraties ont toujours fait naître, par conséquent une Aristocratie qui peut encore s'adapter à nos lumières et à nos mœurs actuelles, et que, dès lors, tout le monde doit désirer voir introduire dans le Gouvernement, puisque l'Aristocratie est indispensablement nécessaire pour le salut de la Démocratie, comme pour celui de la Royauté.

Cette Démocratie et cette Aristocratie, ainsi définies, ainsi franchement constituées, se produiraient dans leurs Colléges respectifs, avec toute la vérité et l'indépendance de leur caractère, et, soit par leurs délibérations, soit par leurs élections, elles exerceraient sur le Gouvernement, cette action, et elles lui prêteraient en même temps cette force que donneraient, à la Démocratie, la puissance du nombre dont elle se composerait, et, à l'Aristocatie, l'ascendant des vertus qui la constitueraient.

La Royauté, reconnue enfin pour être le siége et l'organe de la souveraineté, non-seulement se montrerait, de son côté, suivant sa véritable essence, avec toute la plénitude de l'autorité qui doit être attachée à la justice, au moyen de sa prépondérance dans le pouvoir législatif, et de la prérogative qu'elle aurait de former seule le pouvoir exécutif, de diriger la police générale du Royaume, et d'administrer toutes les affaires de l'État, mais encore elle serait, dès lors, véritablement toute-puissante, puisque, s'appuyant désormais, tout à la fois, sur l'Aristocratie, et sur la Démocratie, elle disposerait, par elles, de toutes les forces physiques et de toutes les forces morales de la nation.

La Démocratie et l'Aristocratie seraient prémunies contre tous les écarts, d'abord, par la bonté naturelle de leurs propres élémens, ensuite, et bien plus encore, par la mesure qui les placerait sous la direction de la vieillesse, c'est-à-dire, de la sagesse elle-même, puisque l'idée de l'une est si naturellement liée à l'idée de l'autre, que leurs traits se confondent dans nos pensées, comme dans les images qui nous servent à les représenter. Cette même mesure, en rendant, à la vieillesse, toute la considération et tout le respect dont elle n'aurait jamais dû cesser d'être environnée, serait, d'une part, un heureux moyen d'ordre public, et, d'une autre part, elle contribuerait très-puissamment à améliorer les mœurs et l'esprit national.

La Démocratie serait, en outre, particulièrement préservée de dégénérer en démagogie : elle le serait, dans ses opérations de Colléges, par la présence et le concours des notables qui, en leur qualité première de municipaux, continueraient d'y voter ; elle le serait encore, dans l'exercice de sa portion du pouvoir administratif et du pouvoir législatif, par l'association de l'Aristocratie et de la Royauté, mais surtout par la prérogative donnée à celle-ci de désigner, sur les listes formées par les Colléges municipaux, les trois cinquièmes des membres composant la Chambre des députés, et, par ce moyen, d'entretenir habituellement, dans cette Chambre, une masse calme et paisible qui, étant essentiellement attachée aux intérêts du peuple duquel elle émanerait directement, serait bien toujours susceptible d'être déterminée par la raison ; mais jamais d'être entraînée par la passion.

La notabilité, par cela seul qu'elle serait viagère, manquerait de cette fixité qui constitue la véritable Aristocratie ; elle aurait aussi, par cela même, trop de tendance à la Démocratie, vers laquelle d'ailleurs elle serait encore ramenée par des formes semblables de délibérations et d'élections ; mais le remède à ces deux inconvéniens se trouverait dans son alliance avec la noblesse et la pairie qui, étant héréditaires, lui communiqueraient la stabilité que l'hérédité seule peut donner, et qu'il faudrait par conséquent même conserver héréditaires, quand ce ne serait que pour cette raison.

La tendance naturelle de la pairie vers l'oligarchie, serait neutralisée par la prérogative donnée au Roi, de lui associer 75 pairs temporaires choisis parmi les candidats des notables.

Enfin, la Royauté serait elle-même prémunie aussi contre sa tendance naturelle au despotisme, par l'association de l'Aristocratie et de la Démocratie à l'exercice du pouvoir administratif et du pouvoir législatif, et par la faculté qu'elles auraient de la troubler, dans cette tendance, par leurs clameurs, dans leurs Colléges respectifs.

Ainsi, tout en ne constituant qu'un seul et même Gouvernement, le nôtre serait cependant, à la fois, le plus monarchique, le plus aristocratique, le plus démocratique, et le meilleur qu'il soit possible de concevoir, ou du moins d'établir durablement, puisque, par la manière dont la Royauté, l'Aristocratie, et la Démocratie y seraient distribuées et employées, chacune d'elles y serait prépondérante dans toutes les choses où cela serait juste, et que, là où l'une d'elles aurait le moins d'influence, elle en aurait cependant toujours assez pour empêcher les deux autres d'agir contrairement à la justice et au bien public.

Une grande difficulté de toute organisation politique, c'est, en réglant le matériel des pouvoirs de façon qu'ils soient fixes et indestructibles, d'éviter cette trop rigoureuse précision qui leur ôterait la souplesse et la flexibilité dont ils ont souvent besoin; car s'il est absolument nécessaire qu'ils soient assez fortement constitués pour que toujours ils puissent ou empêcher les diverses puissances sociales : la Monocratie, l'Aristocratie, et la Démocratie, de franchir leurs limites, ou les obliger d'y rentrer bientôt après qu'elles les auraient franchies, il n'est pas moins indispensable que, dans leur jeu, ils puissent se prêter, sans se rompre, aux écarts souvent inévitables de l'une ou l'autre de ces puissances, et surtout qu'ils puissent céder, sans périr, à l'influence d'un Prince extraordinaire.

Constitués, comme on vient de le proposer, tous nos pouvoirs politiques seraient fixes dans leur organisation matérielle, immuables dans leurs bases, et néanmoins, étant, par l'élasticité de leurs ressorts, susceptibles de se dilater et de se contracter alternativement, si on peut s'exprimer ainsi, en même temps qu'ils laisseraient, à chacune des trois diverses puissances, toute la latitude que les circonstances demanderaient, et qu'ils se prêteraient particulièrement à tout ce qu'exigeraient aussi le caractère personnel du

Prince son génie, et ses penchans ou ses goûts pour telle ou telle sorte de gloire, ils ne cesseraient pas de rappeler dans leurs premières limites, celles des puissances qui s'en seraient écartées, et enfin, après un certain degré de tension, ils les forceraient d'y rentrer. Ainsi, ces pouvoirs favoriseraient et seconderaient puissamment un Roi qui aurait des desseins glorieux pour lui et utiles pour l'État, et, au contraire, lorsqu'il tendrait vers un tout autre but, ils l'entraveraient dans ses mouvemens, et finiraient par l'arrêter dans sa marche. Par toutes ces formes diverses de notre organisation sociale, le Prince serait donc obligé de gouverner suivant la justice et dans le sens des intérêts généraux de l'État; mais, en se soumettant à cette heureuse nécessité, et cette condition remplie, il réunirait, comme on l'a déjà fait observer, toutes les forces physiques et toutes les forces morales de la nation; il jouirait d'une puissance sans bornes.

Notre constitution, dès lors, devrait trouver la garantie de sa durée, dans l'intérêt bien entendu et dans la conscience du Monarque lui-même. Elle la trouverait, cette garantie, non moins certainement encore dans l'intérêt évident que tous les Français généralement auraient de s'opposer à ce qu'il y fût porté quelque atteinte.

En effet, en même temps que, pour le maintien du bon ordre et la conservation de la société, elle créerait des positions analogues aux diverses capacités politiques, et qu'elle leur assurerait le rang, la considération, l'influence et l'autorité dont elles devraient jouir, elle les rendrait accessibles à tout le monde. Elle placerait ainsi, à portée de chaque prétention, des centres vers lesquels son activité pourrait se diriger, et où elle pourrait aussi trouver à réaliser toutes les justes espérances qu'elle aurait formées. Il y aurait possibilité, pour chacun, de s'élever aux places auxquelles il croirait convenir; de se donner, dans sa condition, dans sa commune, dans son district, dans son département, ou enfin même dans l'État, et l'importance dont il aurait le sentiment, et l'autorité dont il éprouverait le besoin. Toutes les carrières seraient ouvertes à tous, Seulement, pour y être admis, ou pour les parcourir, avec succès, il faudrait avoir des talens, des vertus, et la confiance de ses concitoyens. Et ce serait là un nouveau bienfait de notre constitution, puisque, dès lors, l'opinion publique, que chacun aujourd'hui prétend avoir pour soi, et ce que jusqu'ici on n'avait pas plus le pouvoir de lui contester qu'il n'avait celui de l'établir, serait véritablement appelée à juger des concurrens, et puisque, sans aucun soin, sans aucun effort de la part du Gouvernement, elle le débarrasserait de ces ambitions importunes et diproportionnées qui aspirent à toutes les places, et même aux plus hautes fonctions, sans être en état de les remplir.

La nécessité, où l'on serait de se faire connaître avantageusement, aurait encore d'autres effets bien précieux. Ce serait, d'abord, de faire rechercher toutes les places locales des divers degrés, et, ensuite, de les faire exercer avec ce zèle, ce désintéressement, cette probité qui concilient l'estime. Les ambitions ayant, dès lors, à justifier de leur capacité, et à conquérir les suffrages publics, premièrement dans les limites resserrées des cantons, et successivement dans les ressorts graduellement plus étendus des districts et des départemens, ne pourraient guère parcourir cette hiérarchie, si elles n'étaient pas appuyées sur un mérite réel. Les diverses gradations, qu'elles auraient à franchir, seraient pour elles, comme autant d'obstacles qui arrêteraient, de distance en distance, les ambitions qui n'auraient pas des connaissances et des vertus proportionnées. Les âmes vulgaires, les petites capacités se trouveraient ainsi retenues dans les régions inférieures, tandis que les mérites transcendans, les âmes fortement trempées s'élèveraient dans les régions supérieures, et même, en passant par les diverses épreuves qu'ils auraient à subir, ceux-ci acquerraient encore une plus grande maturité de talens, et une plus grande force de caractère.

Dès lors que toutes les carrières seraient ouvertes à toutes les ambitions, et qu'avec de la vertu, des talens, et l'estime publique, on pourrait parvenir à tout, les classifications, les hiérarchies et les distinctions établies ne paraîtraient généralement, et ne seraient plus réellement que des moyens d'ordre et de conservation. Elles n'exciteraient plus aucune envie, aucune jalousie, aucune plainte. Elles ne feraient naître qu'une noble émulation pour les mériter et les obtenir. Il y a même plus, elles seraient, sans paradoxe, regardées comme formant une juste application du système de l'égalité naturelle. En effet, si la nature nous donne, à tous, des droits pareils, elle ne nous accorde pas, à tous, des mérites égaux. En créant des classes graduées suivant les mérites, on ferait donc, comme elle, pourvu qu'en même temps, je le répète, on les rendît accessibles à tout le monde. Ce serait là, et seulement là, que se trouverait l'égalité naturelle, la véritable égalité.

D'un autre côté, dès que l'organisation des pouvoirs serait réglée de manière que la société tout entière concourrait à leur composition, et de manière encore que leurs décisions seraient toujours conformes à la justice, ou que du moins la vérité se ferait inévitablement entendre dans tous les cas, ce serait encore là que se trouverait la liberté, la véritable liberté.

Ainsi précisées, ces idées de liberté et d'égalité, dont le vague a toujours tant contribué à agiter les peuples et nous a fait, à nous particulièrement, tant de mal, ne pourraient plus servir ni à égarer, ni à troubler les Français. Aucune nouvelle théorie de Gouvernement, aucun nouveau plan de perfectionnement ne pourrait même plus les séduire. Le bien-être, qui résulterait de notre constitution, serait tel qu'il leur ôterait tout sujet de regret, tout sujet d'envie, et que partout ailleurs soit dans le présent, soit dans le passé, ils ne verraient rien qui méritât d'être préféré. On ne songerait plus, dès lors, en France, qu'à maintenir cet ordre de choses. Ce serait là l'objet et le terme de tous les vœux, de tous les soins, de tous les efforts.

D'un autre côté, cette constitution aurait imprimé à chacune des trois puissances sociales, à la Royauté, à l'Aristocratie, et à la Démocratie, des caractères si distincts et si frappans; elle aurait donné à chacun des quatre pouvoirs, au pouvoir législatif, au pouvoir judiciaire, au pouvoir administratif, et au pouvoir exécutif, des définitions si claires et des attributions si bien déterminées; et cette constitution elle-même, encore bien qu'elle eût embrassé, réglé, et mis hors de discussion tout ce que l'ordre social a d'important, serait réduite à des termes si simples et si précis qu'il n'y aurait personne qui ne fût capable de les saisir et de les comprendre. Dès lors, on ne pourrait plus ni altérer l'essence des trois puissances sociales, ni déranger l'organisation des quatre pouvoirs politiques, sans que, de toutes parts, on ne s'en aperçût aussitôt, et, comme chacun aurait présens à la pensée les motifs qui auraient décidé à définir ainsi ces puissances et à organiser de cette manière ces pouvoirs, tout le monde sentirait le danger d'y faire le moindre changement, tout le monde aurait la volonté de s'opposer aux innovations, et c'est surtout dans cette disposition constante et générale des esprits que nos institutions trouveraient leur plus puissante garantie.

Dès lors aussi, une ligne profonde se trouverait tracée entre la véritable et la fausse opinion publique. La véritable opinion serait dégagée de tout alliage impur. Elle ne se composerait plus que des opinions particulières des municipaux et des notables, et toutes nos institutions seraient, pour elle, comme autant de canaux par où elle s'épancherait, circulerait, et porterait partout sa chaleur vivifiante. Ayant ses centres, dans les Colléges politiques, ses foyers et ses organes, dans les deux Chambres, elle s'épurerait par les diverses élaborations qu'elle y subirait, et, enfin transformée en raison publique, elle deviendrait un sage régulateur et un auxiliaire tout-puissant pour le Gouvernement. Se manifestant, avec cette autorité douce et cependant irrésistible qui caractérise la véritable opinion publique, elle protégerait pareillement et maintiendrait à jamais l'ordre de choses qui aurait ainsi constitué sa prépondérance et son heureuse domination.

Sous les regards de cette opinion, et sous son empire, on verrait bientôt disparaître tous les abus, et se réaliser toutes les améliorations dont sont susceptibles les diverses législations judiciaire, administrative, financière, militaire, commerciale, rurale, industrielle, etc. Le mouvement des élections amènerait incessamment, sur la scène politique, des hommes propres à combattre les uns, ainsi qu'à réclamer les autres, et toujours ardemment empressés de se faire remarquer dans cette lutte du bien contre le mal. Toutefois, l'effervescence de cet esprit de changement et d'innovation essentiellement inhérent au principe électif, serait modérée par la résistance de l'esprit de perpétuité et de conservation essentiellement attaché au principe héréditaire. Dépositaire des traditions de la sagesse et de la justice, celui-ci soumettrait tous les changemens et toutes les innovations qui seraient proposés, à des examens, à des épreuves, à une élaboration qui garantiraient qu'aucune innovation ne serait admise, qu'aucun changement ne serait fait sans nécessité et sans raison. Ainsi, tandis que le principe électif animerait la nation, de l'ardeur et de la force du premier âge, le principe héréditaire la pénétrerait de la modération et de la prudence de l'âge avancé; et, dès lors, avec cette constitution, notre Gouvernement réunirait à toute la vigueur de la plus énergique jeunesse, toute l'imposante maturité de la plus belle vieillesse, et, après 1400 ans d'existence, notre chère France, heureusement régénérée par ses nouvelles institutions, recommencerait ses destinées avec une perspective, sans terme, de puissance, de paix, et de bonheur.

Les changemens les plus importans, que les dispositions proposées apporteraient à la Charte, consisteraient : 1° en ce que le droit d'être élu à la Chambre des députés, qu'elle n'a accordé qu'aux seuls contribuables de 1000 fr., et celui d'élire, qu'elle a attribué seulement aux contribuables de 300 fr., seraient, l'un et l'autre, dévolus à tous les citoyens payant 50 fr. de contributions ; 2° en ce que la pairie, qu'elle ne permet d'instituer qu'héréditairement ou à vie, pourrait être conférée temporairement à 75 notables ; 3° en ce que le droit de nommer à toutes les fonctions administratives, qu'elle a réservé exclusivement au Roi, serait transporté, pour une grande partie de ces places, aux municipaux et aux notables ; et 4° en ce que le droit de nommer à tous les emplois du pouvoir exécutif, qu'elle a attribué au Roi, sans aucune condition, serait soumis à des règles qui assureraient une partie de ces emplois à l'ancienneté jointe au mérite. Mais, ce qui exciterait le plus de clameurs, ce que l'on accuserait le plus d'être contraire au texte et à l'esprit de la Charte, et ce qui cependant le serait le moins, ce serait la création des notables.

Considérées, d'une manière abstraite et indépendamment de leurs attributions, les trois classes des notables nommés, par le Roi, sur la présentation, ou après avoir pris l'avis de leurs comités respectifs, ne seraient sûrement pas plus contraires à la Charte que ne le sont les classes des notaires, et les ordres des avocats auxquels on est, ou admis d'après des examens de capacité subis devant des agens du Gouvernement, ou nommés, par le Roi, sur la présentation ou après avoir pris l'avis de leurs conseils de discipline.

Considérées, sous le rapport des attributions qui leur auraient été données de nommer à quelques places du pouvoir administratif et de proposer des candidats à la pairie, les classes des notables ne seraient pas plus inconstitutionnelles aussi que les ordres des avocats, ou les classes des notaires, si le Roi leur accordait les mêmes attributions; et, ces attributions, le Roi pourrait aujourd'hui les déléguer aux uns comme aux autres, sans blesser aucunement la constitution. En effet, d'après la Charte, le Roi nomme à tous les emplois d'administration publique, et certes on n'a jamais trouvé mauvais que, pour un très-grand nombre de ces emplois, il en ait délégué la présentation, ou même la nomination. En quoi donc blesserait-il la Charte, s'il attribuait *lui-même*, à des notables, la faculté de nommer à une partie des places administratives, et celle de lui présenter des candidats pour un certain nombre de dignités de pairs ? Ce qui présenterait une véritable violation de la Charte, ce serait qu'une telle délégation fût faite *par la loi*, au lieu d'être faite *par le Roi*. C'est ainsi, par exemple, que la Charte a été réellement violée, lorsque, par la loi du 28 avril 1816, on a donné aux notaires, aux avocats, aux greffiers, aux agens de change, etc., le droit de disposer de leurs offices et de désigner leurs successeurs. C'est ainsi que la Charte a été réellement violée, lorsque, par la loi du 10 mai 1818, on a attribué, à l'ancienneté, une partie des emplois de l'armée. Et c'est ainsi encore que ceux qui réclament, avec tant d'instance, l'organisation municipale et départementale, proposent réellement eux-mêmes de violer la Charte; car que demandent-ils, par-là, si ce n'est qu'on donne à telle ou telle classe de citoyens, le droit de présenter ou de nommer aux places de l'administration municipale et départementale ? N'est-ce pas, en d'autres termes, vouloir dépouiller le Roi, de l'une des prérogatives qui lui sont attribuées par la Charte ?

Ce serait, il est donc vrai, faire un changement à la Charte, que d'obtenir du Roi qu'il concédât, par une loi, aux municipaux et aux notables, le droit de nommer à une partie des emplois du pouvoir administratif, et assurât, à l'ancienneté, une partie des places du pouvoir exécutif. Mais, puisque le Roi ne peut pas connaître, par lui même, les sujets propres à remplir toutes ces places, puisqu'il est forcé de s'en rapporter aux Ministres, et ceux-ci, de leur côté, à leurs agens, certainement il serait plus avantageux qu'il abandonnât aux municipaux et aux notables, ou à l'ancienneté, une partie des places auxquelles l'ancienneté peut donner des droits, ou auxquelles les municipaux et les notables seraient plus propres à nommer. Ce ne serait là qu'un heureux changement.

La Charte, il est vrai également, n'autorise pas le Roi à nommer des pairs temporaires; mais elle lui laisse la faculté de créer indéfiniment des pairs héréditaires. Or, l'usage immodéré de cette prérogative serait très-funeste à l'État, et bien plus encore à la pairie. Par conséquent, une mesure sagement calculée et circonscrite, telle que l'autorisation de nommer 75 pairs temporaires, qui dispenserait la Couronne de recourir à des nominations trop multipliées de pairs héréditaires, et qui donnerait conséquemment à la pairie héréditaire un plus grand éclat, cette mesure, dis-je, serait un changement heureux et que les pairs héréditaires devraient eux-mêmes désirer.

D'après la Charte, l'élection des députés ne peut, il est encore vrai, être faite que par des électeurs payant 300 fr. de contributions, et parmi des éligibles qui en paient 1,000; mais le nombre des uns et des autres est trop restreint eu égard à la population de la France, à la diffusion des lumières, et à l'accroissement des richesses. La justice et la plus saine théorie sociale demandent également que le droit d'élire, et le droit d'être élu, soient plus disséminés; et, en cela, on ferait pareillement un heureux changement à la Charte, puisqu'une telle mesure, en attachant un plus grand nombre de Français, à ce pacte, contribuerait infiniment à le consolider.

Ainsi, les changemens proposés seraient tous de véritables améliorations.

D'abord, tous les Français y gagneraient, non-seulement de voir les diverses carrières ouvertes pour eux, mais encore, en y entrant, d'être sûrs qu'ils obtiendraient, par l'ancienneté et le mérite, au moins une partie des emplois, et même que les autres ne pourraient guère plus être distribués contrairement à la justice. Un grand nombre d'entre eux y gagneraient de participer, comme municipaux, à la nomination des places du pouvoir administratif, et aux droits d'élire et d'être élu à la Chambre des députés. Ils y gagneraient, en outre, de voir l'Aristocratie actuelle, qui est fausse et d'autant plus dangereuse qu'elle est en même temps vague et indéfinie, ils y gagneraient, dis-je, de la voir entièrement changée, et remplacée par une Aristocratie pure et légitime, qui ne serait plus aucunement funeste, ou contre laquelle, en tout cas, on pourrait se garder, parce qu'elle serait concentrée sur des points où il serait plus facile de l'observer et même de la combattre.

La véritable noblesse y gagnerait d'acquérir une consistance qu'elle n'a pas, et qu'elle doit d'autant plus ardemment désirer qu'elle ne serait désormais fondée que sur le mérite et les vertus personnelles.

La pairie héréditaire y gagnerait de devenir plus puissante, en s'appropriant, par l'adjonction des pairs temporaires pris parmi les notables, une partie de l'opinion publique, et une partie de la force que cette opinion publique donne. Elle y gagnerait surtout, en se concentrant entre un plus petit nombre de membres, d'acquérir, par là, plus d'éclat et de splendeur.

La Royauté y gagnerait, de son côté, d'acquérir constitutionnellement, dans la Chambre des pairs, et dans la Chambre des députés, une influence légitime qui lui est absolument indissable pour gouverner, et, ce qu'on regardera comme un paradoxe, et ce qui cependant est très-vrai, c'est que ni l'une, ni l'autre Chambre n'y perdrait rien, car cette influence est tellement nécessaire à la Royauté, que la seule force des choses a toujours fait tolérer même les moyens de violence et de corruption que les Ministres ont employés pour la lui procurer. Il y a plus, les Chambres y gagneraient de voir cette influence, en devenant légale, s'exercer avec plus de mesure, et ne plus présenter de danger.

La Royauté perdrait, à la vérité, dans ces changemens, la libre disposition de quelques places, et l'exercice d'une partie du pouvoir administratif. Mais, ce qu'elle perdrait, sous ce rapport, de force et d'autorité, en étendue, elle le regagnerait, et bien au delà, en intensité

L'auguste fondateur de la Charte a souvent exprimé, depuis qu'il l'a donnée à ses peuples, qu'elle était susceptible d'améliorations; seulement il a fait observer, avec cette profonde sagesse qui le caractérise, qu'à côté de l'avantage d'améliorer, était le danger d'innover. Il a été facile de juger que les changemens que je propose, ne seraient point des innovations dangereuses et intempestives, mais qu'au contraire, ils présentent des améliorations importantes et devenues nécessaires. On a pu juger aussi que réellement tout le monde y gagnerait, et que personne n'y perdrait. Je pourrais ajouter que ces changemens seraient bien plus conformes à l'esprit et aux véritables principes de la Charte, que tant d'autres mesures qui ont été adoptées ou proposées depuis 1814. Je ne craindrais même pas d'assurer que, bien loin d'exciter, comme celles-ci, des murmures et des plaintes, ils seraient accueillis avec des acclamations de joie et de reconnaissance.

En effet, ils fixeraient les véritables principes religieux et sociaux qui conviennent à la France; ils donneraient, à la Royauté, tout l'ascendant qui lui est dû, à l'Aristocratie ainsi qu'à la Démocratie, la consistance dont elles ont besoin; et, aux divers pouvoirs politiques, l'organisation la plus propre à garantir que leur action serait dirigée par la justice; ils règleraient tous les droits, réaliseraient toutes les influences, mettraient en exercice toutes les facultés, ouvriraient une libre carrière à toutes les ambitions, et feraient prédominer l'ancienneté des services, ou les supériorités de talens et de vertus; ils contenteraient tous les intérêts positifs; ils concilieraient toutes les théories spéculatives. Ils feraient, dès lors, cesser toutes les divisions d'opinions et de partis. Les royalistes, les républicains, et tous ceux, en un mot, qui sont partisans du gouvernement du peuple, du gouvernement des grands, ou de celui des Rois, seraient également satisfaits par un ordre de choses qui, sans entraîner les inconvéniens que comportent ces divers genres de Gouvernemens, offrirait tous les différens avantages propres à chacun d'eux. Tous ceux, parmi les partisans de ces Gouvernemens divers, qui n'ont que de sages désirs, et de justes prétentions, se réuniraient, avec empressement, à ce nouveau système politique; et, parce que, dès lors, elle ferait régner l'équité, l'ordre et la paix, la Charte rallierait infailliblement tous les cœurs.

Dès lors aussi, cette Charte présenterait tous les caractères et aurait toute la force d'un contrat synallagmatique, non-seulement, dans la forme, à raison de ce qu'elle aurait été consentie par les divers partis, mais encore, par le fond, à raison de ce qu'ils se seraient tous fait réciproquement des concessions. Elle serait un véritable compromis entre les diverses prétentions de la société, et, consolidée ainsi, d'abord, par l'alliance de toutes les opinions, elle se fortifierait, d'année en année, par les développemens et les heureux résultats de cette alliance, et elle trouverait, dès lors, son indestructible garantie dans la gravitation générale de tous les intérêts sur elle-même.

Les mesures proposées concernant le pouvoir judiciaire et le pouvoir administratif, produiraient de grandes économies; la dépense, à laquelle donnerait lieu la création des écoles spéciales, serait plus que balancée par les retranchemens qu'elle permettrait de faire sur le budget du ministère de la guerre; les dispositions concernant la liste civile de la Couronne, la dotation des ministres des cultes et celle de la Pairie, n'ajouteraient nullement aux charges de l'État, et seraient, au contraire, une source de prospérité. La seule chose qui entraînerait un accroissement de dépense, ce serait l'indemnité des Émigrés, mais cette dépense serait largement couverte par les économies qui résulteraient de l'adoption des autres mesures, et bien plus encore par les améliorations que cet acte de justice, le retour de la confiance, et la réconciliation des cœurs produiraient dans les différentes branches des revenus publics; et, cette assertion, tout le monde en sentira la vérité, sans qu'il soit nécessaire de la démontrer ici par de longs calculs.

Quel que soit le jugement que l'on porte sur les changemens que je viens de proposer, j'ose du moins espérer que toutes les personnes de bonne foi reconnaîtront qu'ils ne m'ont été inspirés que par un sincère amour de mon Roi, et un désir ardent de voir ma patrie libre, tranquille et heureuse. Peut-être aussi reconnaîtront-elles que, si ce but pouvait être atteint par les changemens que j'indique, mon épigraphe serait justifiée, et que c'est, avec fondement, qu'il y est dit : « En vérité ce qui nous divise « réellement est peu de chose. »

CHAPITRE XVII.

PROJETS D'ARTICLES.

Nota. Pour bien saisir l'esprit de ces projets d'articles, il faut se reporter à la Charte, et les considérer comme le complément de la Charte. La Charte a voulu principalement que la vérité pût toujours se faire entendre, et que les divers pouvoirs sociaux fussent tous constamment dirigés par la justice. Les projets d'articles ont pour objet de développer ces principes fondamentaux de la Charte, et, en conséquence, d'affermir la liberté de la presse, en lui accordant une nouvelle garantie, comme aussi, en organisant la Démocratie et l'Aristocratie, et en les faisant entrer, avec une influence justement mesurée, dans l'organisation des pouvoirs, de donner à ceux-ci toute la force et toute la sagesse que cette intervention peut leur prêter, et de faire ainsi respecter et chérir de plus en plus le Roi qui est le chef et le moteur suprême de tous les pouvoirs.

Droits publics des Français.

Art. 1er. — La Religion catholique, apostolique et romaine est la Religion de l'État, mais la loi ne peut exiger, en faveur de ses fêtes et de ses cérémonies, que les démonstrations extérieures de respect que tout Gouvernement a le droit de prescrire pour les fêtes et cérémonies politiques, et, en cas de discussion et de controverse au sujet de ses dogmes et de ses doctrines, que la modération et la décence.

Tous les cultes qui ne blessent pas les droits d'autrui ou la morale publique, sont tolérés, mais la loi punit l'athéisme, l'impiété, et le blasphème publics.

La Religion de l'État et celles des deux confessions d'Augsbourg et de Genève, sont les seules dont les frais soient à la charge de l'État; cependant il pourra être fait des fonds en faveur de ceux des autres cultes dont l'influence, pour le maintien de l'ordre public, aura paru mériter qu'il leur en soit alloué.

Art. 2. — Nul ne peut être ni forcé, ni empêché de faire, de dire, ou de publier, ni poursuivi, arrêté, détenu, ou puni pour avoir ou n'avoir pas fait, dit, ou publié quoi que ce soit, qu'en vertu d'une loi antérieure, dans les cas qu'elle aura définis, et suivant les formes qu'elle aura établies.

La loi peut déroger au droit commun, en ce qui concerne la liberté individuelle, dans des circonstances graves, mais seulement pour un délai d'une année au plus.

La loi ne peut jamais ni suspendre la liberté de la presse, ni exiger de ceux qui en usent, d'autres formalités préalables, pour assurer éventuellement leur responsabilité, que celle de déposer, entre les mains de l'autorité, 24 heures avant la publication, un exemplaire de leurs ouvrages, signé au moins de l'imprimeur.

Dispositions organiques concernant la Démocratie, l'Aristocratie, et la Monocratie ou Royauté.

§ Ier. — De la Démocratie.

Art. 3. — L'exercice des droits politiques est dévolu à quiconque, étant né ou naturalisé Français, est âgé de 21 ans, sait lire et écrire, est imposé personnellement en principal, pour 30 fr. à la contribution foncière, ou pour 45 fr. à la contribution des patentes, ou pour 60 fr. à la contribution personnelle, et s'est fait agréger au corps municipal du canton où il est imposé.

Le montant du principal de la contribution foncière, est à jamais fixé à . . . . , celui de la contribution des patentes à . . . . , et celui de la contribution personnelle ou mobiliaire à . . . . .

Il y a, dans chaque canton, autant de Colléges municipaux qu'on peut y former d'arrondissemens de territoires comprenant 50 agrégés municipaux au moins, et 200 au plus.

Les municipaux de professions semblables ou analogues, lorsqu'ils sont en nombre suffisant, peuvent former un Collége particulier.

Chaque municipal, quel que soit son domicile, a une voix dans toutes les élections et délibérations des Colléges des cantons où il est suffisamment imposé.

Chaque municipal a, en outre, dans les élections, qui doivent être faites suivant le mode progressif, telles que celles de maires, lieutenans de maire, jurés, etc., autant de voix qu'il paie de fois, ou 100 fr. de contribution foncière, ou 150 fr. de contribution des patentes, ou 200 fr. de contribution personnelle et mobiliaire, dans l'arrondissement pour lequel se fait l'élection, en sus du cens de 30 fr., 45 fr., ou 60 fr., exigé pour être reçu municipal.

Un comité permanent et appelé *des anciens*, composé de sept membres nommés parmi et par les 50 plus âgés municipaux du canton, est chargé de recevoir les agrégations au corps municipal, de former les listes des municipaux, de nommer les présidens, scrutateurs et secrétaires de chaque Collége, en les prenant parmi les membres de ces Colléges, et de résoudre sommairement et en première instance, toutes les difficultés relatives à leurs opérations. En cas d'appel des décisions de ces comités, l'affaire est portée devant un autre comité permanent des anciens composé de sept membres, siégeant au chef-lieu du département, et, en dernier ressort, devant la Chambre des députés.

§ II. — De l'Aristocratie.

Art. 4. — Il y a, en outre, trois classes ou ordres de notables, appelés : *du mérite moral, du mérite judiciaire*, et *du mérite militaire.*

Ces trois ordres se composent :

Celui *du mérite moral*, des hommes les plus distingués parmi ceux qui se sont consacrés à faire fleurir la Religion et la morale ;

Celui *du mérite judiciaire*, des hommes les plus distingués parmi ceux qui se sont destinés à faire régner la justice et les lois ;

Et celui *du mérite militaire*, des hommes les plus distingués parmi ceux qui, en embrassant la carrière des armes, se sont dévoués à la défense de l'État.

Pourront aussi être admis dans l'un de ces trois ordres, généralement tous les Français de quelque classe ou profession qu'ils soient, lorsqu'ils s'en seront montrés dignes par de grandes vertus, ou de belles actions, ou de bons ouvrages, ou des établissemens utiles, etc.

Tous ces notables sont nommés par le Roi, sur la présentation, ou après avoir pris l'avis du comité des anciens de l'ordre auquel chacun d'eux aura été susceptible d'être agrégé.

Les membres de la noblesse héréditaire, qui sont employés dans les armées, dans des fonctions publiques, ou dans le ministère des cultes reconnus par la loi, ont le droit de se faire agréger à celui des trois ordres, avec lequel leur position sociale a le plus d'analogie.

Les notables de chaque ordre, se réunissent en Colléges, dans leurs arrondissemens respectifs, pour procéder aux élections qui leur sont attribuées, ou pour émettre leurs avis sur les affaires publiques.

Un comité permanent, appelé des *anciens*, et composé de sept membres nommés parmi et par les 50 plus âgés notables du district, est chargé de donner son avis, ou de faire les présentations, concernant les agrégations à l'ordre, de recevoir ces agrégations, de former les listes des membres des Colléges, de nommer les présidens, scrutateurs et secrétaires de ces Colléges, et de résoudre sommairement toutes les difficultés relatives à leurs opérations.

En cas d'appel des décisions de ces comités, l'affaire est portée devant le comité des anciens du même ordre, établi au chef-lieu du ressort de la Cour royale, et, en dernier recours, devant la Chambre des pairs.

§ III. — De la Monocratie ou Royauté.

Art. 5. — Le Roi est l'image vivante de la patrie, le chef suprême des Français et de tous les pouvoirs de l'État;

Sa personne est inviolable et sacrée;

Ses actes sont contre-signés par un Ministre responsable.

FORMES DES DIFFÉRENS POUVOIRS.

Du Pouvoir législatif.

§ Ier. — De la formule de la loi.

Art. 6. — Les lois sont rendues, par le Roi, de l'avis et avec le concours de la Chambre des pairs et de la Chambre des députés, et elles sont promulguées avec la formule suivante :

« Louis, etc., de l'avis de nos fidèles sujets, « les membres de la Chambre des pairs et de « la Chambre des députés, lesdits avis délibérés, dans la Chambre des députés, le...., « et, dans la Chambre des pairs, le...., et à « nous présentés par leurs présidens et secrétaires respectifs, le...., et de notre pleine « science et souveraine puissance, avons ordonné et ordonnons, etc. »

§ II. — Des relations de la Royauté avec la Chambre des pairs et la Chambre des députés.

Art. 7. — Le Roi nomme, pour chaque session, près de chaque Chambre, trois procureurs-généraux qui y ont voix consultative, et le droit de faire toutes les réquisitions qui leur paraîtront convenables.

Le Roi se fait représenter aussi, auprès des Chambres, par ses Ministres, quand il le juge à propos.

§ III. — De l'initiative des lois.

Art. 8. — L'initiative des lois appartient essentiellement au Roi.

Chaque membre des deux Chambres, peut faire cependant des propositions de lois.

Lorsque ces propositions ont été adoptées, dans l'une et l'autre Chambre, elles sont portées au pied du trône, par les présidens et les secrétaires des deux Chambres, et le Roi, après avoir entendu ses procureurs-généraux et pris l'avis de ses Ministres, prononce ou qu'il adopte, ou qu'il avisera.

§ IV. — De la composition de la Chambre des pairs.

Art. 9. — La Chambre des pairs est composée : 1° des princes de la famille royale et du sang, 2° d'autres pairs héréditaires, au nombre au moins de 225, nommés, par le Roi, en considération de services éminens rendus à l'État, 3° de 75 pairs temporaires, nommés aussi, par le Roi, pour chaque session, sur des listes formées par les trois ordres de mérite politique des divers ressorts des Cours royales (1).

Les notables composant chacun de ces trois ordres, réunis, à cet effet, dans leurs Colléges respectifs, aux chefs-lieux de leurs districts, procèdent, ainsi qu'il suit, à la formation de ces listes de députés, par trois scrutins successifs et secrets qui sont dépouillés aux chefs-lieux des districts, et recensés aux chefs-lieux des Cours royales.

Au 1er scrutin, chaque notable dépose dans l'urne, un bulletin sur lequel il a inscrit les noms de quatre notables, mais dont deux au moins doivent être pris hors du district, et les douze noms, qui ont réuni le plus de suffrages, forment une 1re liste de candidats ; au 2e scrutin, chaque notable ne peut plus porter sur

(1) On a supposé, pour plus de clarté, que le nombre des Cours royales serait fixé à 25, et le nombre des pairs temporaires à 3 pour chacun de leurs ressorts. Cependant il y a 27 Cours royales, et il faudrait évidemment attribuer plus de 3 pairies temporaires à la Cour royale de Paris, et en attribuer moins à celle d'Ajaccio.

son bulletin, que trois noms pris dans cette 1re liste, et les six noms, qui ont encore réuni le plus grand nombre de suffrages, forment la 2e liste de candidats; au 3e scrutin, chaque notable ne peut plus porter sur son bulletin, que deux noms pris sur cette 2e liste, et les trois notables qui, cette fois, ont obtenu le plus de suffrages sont proclamés députés candidats à la Chambre des pairs.

Au commencement de chaque session, le Roi envoie des lettres de convocation, à celui des trois députés candidats de chaque ordre, et de chaque ressort des Cours royales, qu'il lui plaît d'appeler à la Chambre des pairs, pour la session.

Toute institution de pairie héréditaire doit être fondée sur un majorat, et ce majorat ne peut être qu'en biens-fonds.

§ V. — De la composition de la Chambre des députés.

Art. 10. — Le nombre des députés susceptibles d'être appelés à siéger dans la deuxième Chambre, est de 1,080; ils sont tous nommés pour cinq ans, sauf le cas de dissolution des Chambres.

Chaque district (1) en nomme trois (2).

---

(1) On suppose que le nombre des districts serait fixé à 360.

(2) La ville de Paris, comptant pour six districts, nom-

Les municipaux de chaque canton, réunis dans leurs Colléges respectifs, procèdent à la nomination de ces députés, par trois scrutins successifs et secrets. Ces scrutins ont lieu, à 15 jours de distance, l'un de l'autre; le dépouillement en est fait aux chefs-lieux des cantons, et le recensement général aux chefs-lieux des districts.

Au 1er scrutin, chaque municipal dépose dans l'urne, un bulletin sur lequel il a inscrit quatre noms, mais dont deux au moins doivent être pris hors du canton. Les douze noms qui ont réuni le plus de suffrages, dans tout le district, forment une 1re liste de candidats.

Au 2me scrutin, chaque municipal ne peut plus inscrire, sur son bulletin, que trois noms pris dans la liste ci-dessus, et les six noms,

---

merait 18 députés, les villes de Bordeaux, Lyon, Marseille, Rouen, etc., auraient aussi un nombre de députés proportionné à leur population. Dans les districts même qui n'auraient que trois députés, et où se trouveraient des villes dont la population particulière serait hors de proportion avec la population du reste du district, ou qui, à cause de leurs fabriques ou de leurs manufactures, de leur industrie ou de leur commerce, auraient des intérêts différens de ceux de la population agricole, il serait attribué à chacune de ces villes, ou même de ces populations, de nommer 1 ou 2 de ces députés, et elles y procéderaient séparément.

qui ont encore réuni le plus grand nombre de suffrages, forment la 2me liste de candidats.

Au 3me scrutin, chaque municipal ne peut plus inscrire, sur son bulletin, que deux noms pris dans cette 2me liste, et, cette fois, les trois municipaux, qui ont réuni le plus de suffrages, sont proclamés députés susceptibles d'être appelés à siéger dans la deuxième Chambre, et ils sont désignés sous le titre de *députés candidats du district de ****.

Le nombre des députés devant siéger à la deuxième Chambre, est de 600, dont 360 sous le nom de *députés des districts*, et 240 sous le nom de *députés des départemens*; la répartition en est faite de manière qu'il y ait un député de district, pour chaque district, et deux députés de département, pour chaque département composé de trois districts.

Le nombre des députés des départemens, qui ne pourra pas être réparti dans cette proportion de deux députés pour trois districts, à raison de ce que certains départemens ont plus de trois districts, sera distribué entre les divers départemens, dans la proportion du montant de leurs contributions, et de leur population.

Les députés des départemens sont nommés, dès la 1re année, et pour toute la durée de chaque législature, parmi les députés candidats de tous les districts du même département, par les municipaux de tous les cantons de ce département, au scrutin secret; le dépouillement des scrutins est fait aux chefs-lieux des cantons, et le recensement général au chef-lieu du département.

Les députés des districts devant siéger à la Chambre, sont désignés et appelés, chaque année, pour la durée seulement de la session, par le Roi, parmi les députés candidats restans de ces districts.

§ VI. — Garanties spéciales pour la discussion et le vote des lois dans les deux Chambres.

Art. 11. — La Chambre des pairs, sur une simple demande signée par 20 pairs héréditaires, et la Chambre des députés, sur une demande signée par 30 députés des départemens, ne peuvent refuser d'entendre, en séance publique, une proposition de loi, ou d'adresse au Roi, et son développement, ni de prolonger, sur telle matière que ce soit, la discussion, ni, lorsque la demande en aura été signée par un nombre, soit de 40 pairs héréditaires, soit de 60 députés des départemens, de faire un appel général des membres de leurs Chambres respectives.

Les lois ne peuvent, dans aucun cas, être votées, s'il n'y a 30 pairs héréditaires dans la première Chambre, et 40 députés des départemens dans la deuxième.

Les lois sont toujours votées au scrutin secret.

Du Pouvoir judiciaire.

Art. 12. — La justice est rendue, au nom, et sous l'autorité du Roi, par des juges qu'il nomme et institue à cet effet

Il y a une ou plusieurs justices de paix, par canton;

Un tribunal, par district;

Une Cour royale, par province;

Et une Cour de cassation, pour tout le royaume.

Les tribunaux des districts, les Cours royales et la Cour de cassation se divisent en trois sections, sous les titres de *section criminelle*, *section civile*, *section administrative*, et chaque section, en plusieurs Chambres, s'il en est besoin.

Les jugemens sont rendus, dans les tribunaux des districts, par un seul juge; dans les Cours royales, par trois juges; et dans la Cour de cassation, par cinq.

Les questions de prévention ainsi que les questions des faits et de la repréhensibilité de ces faits, en matière criminelle, sont jugées par les jurys.

Les vacances, à la fin de chaque année judiciaire, ne sont, pour tous les tribunaux, et pour toutes les Cours, que de quinze jours; toutefois le nombre des juges et leur service sont déterminés de manière que les juges des tribunaux ont chacun, tous les ans, un congé de deux mois; ceux des Cours royales, un congé de trois mois; et ceux de la Cour de cassation, un congé de quatre mois.

Le Roi nomme, pour cinq ans, les juges de paix et les juges des sections administratives des divers tribunaux et des différentes Cours; et, à vie, les juges des sections civiles et des sections criminelles, les uns et les autres, sur des listes triples de candidats, formées, au scrutin secret, toutes les Chambres assemblées, et après avoir entendu les conclusions du ministère public, par les tribunaux des districts, pour les places de juges de paix, et par les Cours royales, pour toutes les autres places de juges.

Les trois 5mes des juges des Cours royales, sont pris parmi les juges des tribunaux de districts du ressort, un autre 5me peut être pris parmi les anciens jurisconsultes, avocats, avoués ou notaires du ressort, et l'autre 5me parmi les membres du ministère public.

Les quatre 5mes des juges de la Cour de cassation, sont pris parmi les juges des Cours royales, et à raison d'un, au moins, par chaque Cour royale, l'autre 5me peut être pris parmi les membres du ministère public.

Le Roi nomme à vie, les présidens et vice-présidens des tribunaux, les premiers présidens, les présidens de section, et présidens de Chambre des différentes Cours. Il peut prendre les présidens des tribunaux, parmi les juges des divers tribunaux du Royaume, et les premiers présidens des Cours royales, parmi les juges des diverses Cours royales, mais il ne peut prendre les autres que parmi les membres de leurs Cours et tribunaux respectifs.

Le Roi nomme, près de chaque tribunal et de chaque Cour, des procureurs et avocats du Roi, ainsi que des substituts, et il peut les révoquer à son gré.

Les juges des tribunaux et des différentes Cours, qui seront nommés, à l'avenir, pourront être révoqués, par le Roi, pour cause de négligence dans leurs fonctions, ou d'inconvenance dans leur conduite, mais seulement après avoir été entendus, et déclarés révocables, savoir : les juges des districts, par les Cours royales, et les juges des Cours royales, par la Cour de cassation, statuant, par forme d'avis, toutes les Chambres assemblées, au scrutin secret, et sur les conclusions du ministère public.

Les jurés ordinaires de jugement sont nommés par les Colléges des municipaux votant suivant le mode progressif. Le nombre en est fixé par la loi, tous les 10 ans, pour chaque district. Les jurés spéciaux de jugement et les jurés d'accusation sont nommés par les jurés ordinaires. Le contingent des districts, pour chaque session criminelle, est tiré au sort, aux chefs-lieux des districts, aux époques fixées par la loi, en présence du comité des anciens des municipaux, et du comité des anciens des notables.

Les agens du Gouvernement peuvent être traduits en justice, à raison de l'exercice de leurs fonctions, par ceux qui se prétendront lésés; mais ceux-ci doivent préalablement demander l'autorisation des sections administratives du tribunal et de la Cour royale du ressort, et obtenir celle du Gouvernement; si le Gouvernement ne l'accorde pas, ce refus tombera dans la responsabilité des Ministres.

Le Roi fait lui-même en personne, ou par des commissaires, l'ouverture de chaque session annuelle du pouvoir judiciaire.

Du Pouvoir administratif.

Art. 13. — Le pouvoir administratif est exercé, au nom du Roi, et sous ses ordres :

En ce qui concerne l'administration et la police générales du Royaume, par ses Ministres et ses procureurs administratifs dans les départemens, les districts, et les cantons ;

En ce qui concerne l'administration locale, c'est-à-dire, la formation des budgets de ces divers arrondissemens, la création, construction, et réparation ou entretien des hôpitaux, colléges, hôtels de ville et autres établissemens leur appartenans, ainsi que des ponts, chemins, promenades, monumens et autres ouvrages ayant pour objet l'utilité ou l'embellissement des localités, etc., par des conseils administratifs de département, de district, et de canton;

Et, en ce qui concerne la police locale, c'est-à-dire, la sûreté, la salubrité, et l'ordre publics de chaque canton, par un maire et un ou plusieurs lieutenans de maire, pour tout le canton, et par des quarteniers, pour chaque section de canton.

Il y a, auprès de chaque conseil administratif, et de chaque mairie, des procureurs administratifs nommés par le Roi, et chargés exclusivement de diriger, dans leurs arrondissemens respectifs, l'exécution des lois et ordonnances, en ce qui concerne l'administration et la police générales de l'État, et de surveiller aussi les actes des conseils administratifs des départemens, des districts, et des cantons, en ce qui concerne l'administration particulière de chacun de ces arrondissemens, et les actes des mairies des cantons, en ce qui concerne la police particulière de chacun de ces arrondissemens.

Les délibérations et arrêtés des divers conseils administratifs, ainsi que des mairies, dans les cas ordinaires, n'ont pas besoin d'être confirmés par l'autorité supérieure, mais il peut en être relevé appel, soit par les procureurs administratifs, soit par les parties intéressées, devant les Ministres, quand il s'agit de trop grandes dépenses votées par les conseils, ou de mesures de police arrêtées par les maires, et, devant les sections administratives du pouvoir judiciaire, quand il s'agit de règlement des comptes et des dépenses administratives, ou de fausse application des lois et des arrêtés ministériels, de la part des maires, des lieutenans de maire et quarteniers.

Le nombre des membres des conseils administratifs, ainsi que le nombre des lieutenans de maire et quarteniers, sont déterminés par des ordonnances royales.

Les six 10mes des membres des conseils administratifs, sont nommés par les Colléges des municipaux de l'arrondissement, trois 10mes par les Colléges des notables, et un 10me par le Roi. Ceux-ci sont, de droit, présidens et vice-présidens de ces conseils.

Les maires et lieutenans de maire sont nommés par les Colléges des municipaux de tout le canton, et les quarteniers par les Colléges des municipaux de leurs sections respectives, procédant suivant le mode progressif.

Les élections des maires, lieutenans de maire et quarteniers, sont soumises à l'approbation du Roi, mais, en attendant, les élus ont le droit d'exercer leurs fonctions.

Du Pouvoir exécutif.

§ Ier. — Du Ministère.

Art. 14. — Le pouvoir exécutif est exercé ou dirigé, sous les ordres du Roi, par ses Ministres, ses procureurs et autres agens ou préposés.

§ II. — Des Agens du Gouvernement.

Art. 15. — Il appartient exclusivement, au Roi, de créer et d'organiser les armées de terre et de mer, ainsi que les différens corps, intendances, régies, et administrations militaires, civiles, politiques, et financières, qui ont pour objet d'assurer l'exécution des lois, la perception des revenus de l'État, le paiement des dépenses publiques, le maintien de l'ordre intérieur, la défense du Royaume, etc.

La nomination à tous les emplois qui sont du ressort du pouvoir exécutif, appartient au Roi, toutefois il peut déléguer la nomination des emplois subalternes, aux Ministres, aux généraux, aux chefs des corps, des régies et administrations, mais à la charge, par ceux-ci, de faire ces nominations, suivant les règles et de la manière que le Roi aura prescrites.

Les ordonnances de création ou d'organisation des corps, régies, administrations ou autres institutions ci-dessus dénommées, déterminent les conditions d'admission, la hiérarchie des grades, la quotité des traitemens, les règles d'avancement, les causes et les modes de suspension, de renvoi, de destitution, de mise à la retraite ou en jugement. Elles déterminent aussi le premier grade dont l'occupation peut faire présumer l'aptitude à obtenir de l'avancement, la durée du temps que chaque employé doit rester dans un grade avant de passer à un autre, et, en réservant, au Roi personnellement, la nomination aux grades les plus élevés, elles assurent, en même temps, au moins un 5me et au plus trois 5mes des grades inférieurs à l'ancienneté (1), dans ce sens, que la place,

(1) Quelques personnes trouveront, peut-être, que la même règle d'ancienneté devrait être suivie non-seulement pour une partie, mais encore pour la totalité des emplois, mais, d'abord, ce serait alors véritablement anéantir la prérogative royale qu'il ne faut, au fond, que renfermer dans les limites de la justice; ce serait, d'une autre part, ravir, à ceux qui ne se bornent pas à être exacts à remplir leurs devoirs, la juste récompense d'un plus grand zèle, ou d'un plus grand talent; enfin, par cela seul qu'elle mettrait sans cesse en comparaison les droits des plus anciens, avec les droits de ceux qui auraient été nommés, cette mesure, sous l'empire tout-puissant de l'opinion, serait tellement efficace, pour prévenir les abus, qu'il suffirait peut-être, en établissant la publicité des nominations aux emplois, de se borner à n'en garantir qu'un 5me à l'ancienneté.

dévolue à l'ancienneté, soit acquise au plus ancien du grade immédiatement au-dessous, à moins qu'il ne l'ait déméritée par son peu d'exactitude à remplir ses obligations, et, dans ce cas, il doit lui en être donné connaissance par écrit, et son tour passe au plus ancien après lui.

Tous les officiers ou employés civils, militaires, et autres, du ressort du pouvoir exécutif, peuvent être ou suspendus, ou renvoyés de leurs fonctions, sans que le Gouvernement soit obligé de leur donner connaissance des motifs, mais, dans ce cas, ils peuvent exiger un traitement, ou une pension proportionnée à leur grade et à leur temps de service.

Dans les conditions d'admission et d'avancement, il ne peut en être établi aucune qui soit fondée sur une distinction de naissance, sauf cependant l'exception établie par l'art. 17 suivant, 3e et 5e alinéa.

§ III. — De l'Armée.

Art. 16. — Tout Français devra, lorsqu'il aura atteint l'âge de 18 ans, mais pourra plus tôt, s'il a, d'ailleurs, les forces physiques nécessaires, aller passer six mois au moins, et un an au plus, dans une école spéciale.

En temps de paix, l'armée est recrutée par des engagemens volontaires, et, en temps de guerre, s'ils sont insuffisans, de la manière qui sera alors déterminée par la loi.

La maison militaire du Roi, est composée d'autant de corps d'élite, qu'il y a d'armes différentes dans l'armée.

La garde extérieure est composée de corps de sous-officiers, recrutés, moitié parmi les fils des municipaux, jouissant de 300 fr. de pension, et moitié parmi les caporaux et les vieux soldats de l'armée.

La garde du corps du Roi, est composée de corps d'officiers, recrutés aussi, moitié parmi les enfans des notables et des nobles, jouissant d'une pension annuelle de 600 fr., et moitié parmi les sous-lieutenans de l'Armée (1).

§ IV. — De la Garde nationale.

Art. 17. — Tous les municipaux, que des infirmités n'en rendent pas incapables, sont membres de la garde nationale, et tenus d'en faire le service en personne, activement pendant 15 ans, et honorairement pendant les 10 années suivantes.

---

(1) Dans ce système, il serait convenable que les officiers, composant la garde du corps du Roi, eussent deux uniformes; celui de leurs armes respectives, pour les parades, et un uniforme commun pour le service de gardes du corps.

Chaque municipal doit servir, pendant deux ans, comme simple garde national, et ne peut passer d'un grade à l'autre, qu'après avoir exercé le grade inférieur, au moins pendant un an.

Les places au-dessous du grade d'officier, sont à la nomination du quartenier, sur la présentation du capitaine de la compagnie; les places d'officiers juqu'au grade de chef de bataillon inclusivement, sont à la nomination du maire, sur des listes triples présentées par le colonel. Les nominations de colonel en premier et en second, sont faites exclusivement, par le Roi, sans condition.

Les règles et le mode du service, les peines de discipline, la forme des jugemens, et les moyens d'exécution sont déterminés par la loi.

Dispositions accidentelles.

Art. 18. — Les personnes qui ont été expropriées de leurs biens, pour cause d'émigration ou d'inscription sur la liste des émigrés, seront indemnisées, en rentes sur l'État, de la perte de ces biens, jusqu'à concurrence du tiers de leur valeur, et du tiers des intérêts à partir de l'époque de l'expropriation.

Les revenus annuels alloués en argent, soit à la Couronne, soit aux ministres de la Religion, soit aux pairs, seront convertis en rentes sur l'État, et la liste civile, les ministres de la Religion ainsi que les pairs pourront les aliéner ou échanger contre des biens immeubles, en se conformant, savoir : la liste civile, aux dispositions de la loi du 8 novembre 1814, et les ministres des cultes, ainsi que les pairs, aux dispositions des lois qui seront rendues pour régler les conditions d'échange, de manière à assurer que les biens immeubles achetés produiront un revenu égal à celui des inscriptions de rentes données en échange ou en paiement.

Des lois spéciales seront portées également pour régler le mode de jouissance des usufruitiers des biens appartenans aux divers cultes, ainsi que la surveillance du Gouvernement, de manière à assurer la conservation de ces biens.

FIN.

TABLE DES MATIÈRES.

Voir, pour la distribution des matières et l'indication des chapitres où elles sont traitées, la page xxv de l'Avant-Propos.

ERRATA.

Page 4, ligne 12 de la note, *art.* 5, lisez *art.* 52.
151, ligne 20, *la valeur,* lisez *la vertu.*
301, lignes dernière et avant-dernière, *d'abord, jetées, sur,* lisez *d'abord jetées sur.*
313, dernière ligne de la note, *page* 40, lisez *page* x.

www.ingramcontent.com/pod-product-compliance
Ingram Content Group UK Ltd.
Pitfield, Milton Keynes, MK11 3LW, UK
UKHW021843190726
13855UKWH00001B/118

9 782012 959774